Zbigniew Brzeziński

# VISION STRATÉGIQUE

L'Amérique et la crise du pouvoir mondial

# Zbigniew Brzeziński
# (1928-2017)

Ancien conseiller à la Sécurité Nationale du président Jimmy Carter, membre du CFR et de la Trilatérale. Auteur du *Grand échiquier, l'Amérique et le reste du monde.*

***Vision Stratégique – l'Amérique et la crise du pouvoir mondial***

*Strategic Vision – America and the Crisis of Global Power*
Première publication 2012 par Basic Books, The Perseus Books Group

Traduit de l'américain par Le Retour aux Sources

Publié par Le Retour aux Sources
**www.leretourauxsources.com**

© Le Retour aux Sources – Zbigniew Brzezinski – 2020

Tous droits réservés. Aucune partie de cette publication ne peut être reproduite par quelque moyen que ce soit sans la permission préalable de l'éditeur. Le code de la propriété intellectuelle interdit les copies ou reproductions destinées à une utilisation collective. Toute représentation ou reproduction intégrale ou partielle faite par quelque procédé que ce soit, sans le consentement de l'éditeur, de l'auteur ou de leur ayants cause, est illicite et constitue une contrefaçon sanctionnée par les articles L-335-2 et suivants du Code de la propriété intellectuelle.

# CRITIQUES DE *VISION STRATÉGIQUE* PAR ZBIGNIEW BRZEZIŃSKI

"Lorsqu'il s'agit d'offrir une vision pour guider la politique étrangère américaine, le dernier livre de Zbigniew Brzezinski, contrairement à tant d'autres ouvrages de ce type, refuse de déplorer ou d'exagérer le prétendu déclin de la puissance et de l'influence américaines... Un antidote au discours morne sur le "déclin", qui domine aujourd'hui une grande partie des analyses de la politique étrangère."

— *The New Republic*

"Dans son best-seller du *New York Times*, *Strategic Vision*, Zbigniew Brzezinski lance un appel désespérément nécessaire aux dirigeants politiques et économiques américains alors que le centre de gravité du monde se déplace de l'Ouest vers l'Est."

— *Ventura County Star*

"Le livre de Brzezinski est avant tout un appel au réveil pour les élites politiques américaines. Son analyse sur les défis de la primauté américaine et la stabilité internationale au sens large est toujours aussi nette. Ce livre constitue un excellent argument pour expliquer pourquoi le leadership des États-Unis reste essentiel dans un monde toujours plus complexe."

— *Rusi Journal*

"*Strategic Vision* fournit une évaluation très directe et franche du rôle de l'Amérique sur la scène internationale ainsi qu'une stratégie pertinente pour que l'Amérique maintienne son leadership irremplaçable à court et moyen terme, ce qui fait de ce livre un must pour quiconque dans le domaine de la politique étrangère des États-Unis. Brzezinski présente une vision magistralement écrite pour l'avenir de la géopolitique et le rôle de l'Amérique dans le monde."

— *e-International Relations* (en ligne)

"Ce nouveau livre mérite l'attention car il semble écrit par un esprit inquiet pour l'avenir du monde."

— *The Spokesman* (Royaume-Uni)

"Une fois de plus, Brzezinski donne au lecteur un aperçu réfléchi de l'état des affaires mondiales et de la place de l'Amérique dans le monde. Il tire le signal d'alarme sur les affaires internationales et leurs effets sur ce pays."

— *Polish American Journal*

"Le message central de *Vision Stratégique* est qu'il sera d'autant plus épouvantable sur tous les fronts si l'Amérique ne peut pas mobiliser d'urgence une volonté nationale de renouveau."

— *Daily Beast*

"Ce petit livre, qui regorge de faits et d'analyses pointues, présente bien la "vision stratégique" du monde futur de Zbigniew Brzezinski et le rôle de leader modifié mais toujours essentiel des États-Unis."

— *Michigan War Studies Review*

"*Vision Stratégique* est une documentation puissante sur les mesures qui doivent être prises pour assurer le succès continu des États-Unis."

— *Midwest Book Review*

"Une analyse rigoureuse et perspicace. L'approche *realpolitik* [de Brzezinski] est en fait rafraîchissante à l'ère des bombardements aériens humanitaires désinvoltes d'aujourd'hui."

— *Spiked Reviews of Books* (en ligne)

"Zbigniew Brzezinski a écrit un autre livre important."

— *The Diplomat* (Asie)

"[Brzezinski] présente une vision forte dans son livre de 200 pages. Des hommes politiques comme la chancelière allemande Angela Merkel et le président français Nicolas Sarkozy devraient le lire."

— *Today's Zaman* (Turquie)

"[Brzezinski] offre une évaluation élégante et astucieuse du déclin de l'attrait mondial de l'Amérique et des graves conséquences du déplacement du pouvoir de l'Ouest vers l'Est. Brzezinski fournit un puissant récit édifiant Un appel urgent à un "renouveau historique" par l'un des les esprits les plus aiguisés d'Amérique."

— *Kirkus Reviews*

| | |
|---|---|
| Introduction | 15 |

# PARTIE I ............................................................................21

Le recul de l'Occident........................................................... 21
   I – L'émergence d'une puissance mondiale ..................... 22
   II – La montée de l'Asie et la dispersion du pouvoir mondial ......... 31
   III : L'impact du réveil politique mondial ........................ 41

# PARTIE 2 ............................................................................53

Le déclin du rêve américain ................................................. 53
   1 : Le rêve américain partagé ........................................ 53
   2 : Au-delà de l'illusion sur soi-même ............................. 62
   3 : Les forces résiduelles de l'Amérique ......................... 72
   4 : La longue guerre impériale de l'Amérique................. 82

# PARTIE 3 ............................................................................93

Le monde après l'Amérique : En 2025, pas chinois mais chaotique ......... 93
   1 : La ruée post-américaine ........................................... 93
   2 : Les États les plus menacés géopolitiquement.......... 107
   3 : La fin d'un bon voisinage ........................................ 122
   4 : Les biens communs mondiaux peu communs.......... 129

# PARTIE 4 ..........................................................................141

Au-delà de 2025 : Un nouvel équilibre géopolitique ........... 141
   1 : La volatilité géopolitique de l'Eurasie ...................... 143
   2 : Un Occident plus large et plus vital ......................... 152
   3 : Un nouvel Orient stable et coopératif ..................... 176

# CONCLUSION ...................................................................207

Le double rôle de l'Amérique ............................................. 207

# POSTFACE .......................................................................217

Appliquer une vision stratégique à certains dilemmes actuels émergents
........................................................................................... 217
   Sur l'Iran ..................................................................... 218
   Sur les conflits en Asie ............................................... 220
   Sur les guerres anonymes .......................................... 224
Remerciements .................................................................. 229

# DÉJÀ PARUS ....................................................................233

# Introduction

LE MONDE EST DÉSORMAIS interactif et interdépendant. Pour la première fois dans l'histoire, il s'agit d'un monde où les problèmes de survie de l'homme commencent à éclipser les traditionnel conflits internationaux. Malheureusement, les grandes puissances n'ont pas encore apporté de réponses coopératives sur une base globale aux nouveaux défis de plus en plus graves qui se posent au bien-être humain – environnementaux, climatiques, socio-économiques, nutritionnels ou démographiques. Car sans une stabilité géopolitique fondamentale, tout effort visant à parvenir à la nécessaire coopération mondiale sera voué à l'échec.

En effet, l'évolution de la répartition du pouvoir mondial et le nouveau phénomène de réveil politique massif intensifient, chacun à leur manière, la volatilité des relations internationales contemporaines. À mesure que l'influence de la Chine se développe et que d'autres puissances émergentes – la Russie, l'Inde ou le Brésil, par exemple – se font concurrence pour l'accaparement des ressources, la sécurité et les avantages économiques, le risque d'erreur de calcul et de conflit augmente. En conséquence, les États-Unis doivent chercher à établir une base géopolitique plus large pour une coopération constructive dans l'arène mondiale, tout en répondant aux aspirations croissantes d'une population mondiale de plus en plus agitée.

Dans cette optique, ce livre cherche à répondre à quatre grandes questions :

## Vision Stratégique

1. Quelles sont les implications du changement de la répartition du pouvoir mondial de l'Ouest vers l'Est, et comment est-il affecté par la nouvelle réalité d'une humanité politiquement éveillée ?

2. Pourquoi l'attrait mondial de l'Amérique diminue-t-il, quels sont les symptômes du déclin intérieur et international de l'Amérique, et comment l'Amérique a-t-elle gâché l'occasion mondiale unique

offerte par la fin pacifique de la guerre froide ? Inversement, quelles sont les forces de récupération de l'Amérique et quelle réorientation géopolitique est nécessaire pour revitaliser son rôle mondial ?

**3.** Quelles seraient les conséquences géopolitiques probables *si* l'Amérique déclinait de sa position de prééminence mondiale, qui seraient les victimes géopolitiques quasi immédiates d'un tel déclin, quels effets aurait-il sur les problèmes de dimension mondiale du vingt-et-unième siècle ? La Chine pourrait-elle assumer le rôle central dans les affaires mondiales en lieu et place de l'Amérique d'ici 2025 ?

**4.** Au-delà de 2025, comment une Amérique renaissante pourrait-elle définir ses objectifs géopolitiques de long terme, et comment, avec ses alliés européens traditionnels, pourrait-elle chercher à rallier la Turquie et la Russie afin de construire un Occident encore plus grand et plus vigoureux ? Dans le même temps, comment l'Amérique pourrait-elle parvenir à un équilibre à l'Est entre la nécessité d'une coopération étroite avec la Chine et le fait qu'un rôle américain constructif en Asie ne devrait pas être exclusivement centré sur la Chine ni impliquer de dangereux enchevêtrements dans les conflits entre pays asiatiques ?

En répondant à ces questions, ce livre fera valoir que le rôle de l'Amérique dans le monde continuera à être essentiel dans les années à venir. En effet, les changements en cours dans la répartition du pouvoir mondial et les conflits d'amplitude globale croissants rendent d'autant plus impératif que l'Amérique ne se replie pas sur une mentalité isolationniste ou ne se complaise pas dans un hédonisme culturel autosuffisant. Une telle Amérique pourrait rendre de plus en plus dramatiques les perspectives géopolitiques d'un monde en évolution – dans lequel le centre de gravité se déplace de l'Ouest vers l'Est. Le monde a besoin d'une Amérique économiquement viable, socialement attrayante, puissante et responsable, délibérément stratégique, respectée internationalement et historiquement éclairée dans son engagement global avec le nouvel Orient.

Quelle est la probabilité qu'une telle Amérique ait une vocation mondiale ? Aujourd'hui, la tendance de l'Amérique au mal-être et les notions de son déclin comme étant historiquement inévitable, sont intellectuellement à la mode. Cependant, ce genre de pessimisme périodique n'est ni nouveau ni propre à l'Amérique. Même la conviction, qui s'est répandue au lendemain de la Seconde Guerre mondiale, selon laquelle le XXe siècle a été "le siècle de l'Amérique", n'a pas empêché les phases d'anxiété concernant son avenir à long terme.

Lorsque l'Union Soviétique a lancé Spoutnik, son premier satellite orbital, sous l'administration Eisenhower, les Américains se sont inquiétés de leurs perspectives en matière de concurrence pacifique et de guerre stratégique. À nouveau, lorsque les États-Unis n'ont pas réussi à remporter une victoire significative au Viêt Nam pendant les années Nixon, les dirigeants soviétiques ont prédit avec confiance la fin de l'Amérique alors que les décideurs politiques américains, historiquement pessimistes, promouvaient la détente en échange du statu quo dans l'Europe divisée. Mais l'Amérique s'est finalement montrée plus résistante et le système soviétique a fini par imploser.

En 1991, après la désintégration du bloc soviétique et de l'Union Soviétique elle-même, les États-Unis sont devenus la seule superpuissance mondiale. Non seulement le XXe siècle, mais aussi le XXIe siècle semblait alors destiné à être le siècle américain. Le président Bill Clinton et le président George W. Bush l'ont tous deux sincèrement affirmé. Les cercles universitaires leur ont fait écho avec des pronostics audacieux selon lesquels la fin de la guerre froide signifiait en fait "la fin de l'histoire" concernant les débats doctrinaux sur la supériorité relative des systèmes sociaux concurrents. La victoire de la démocratie libérale a été proclamée non seulement comme décisive mais aussi comme finale. Étant donné que la démocratie libérale avait d'abord émergée en Occident, l'hypothèse implicite était que ce dernier serait désormais la norme devant être adoptée par le monde entier. Cependant, ce super-optimisme n'a pas duré longtemps. La culture de l'autocongratulation et la déréglementation amorcée pendant les années Clinton, suivie de la crise sous le président George W. Bush, a conduit à l'éclatement d'une bulle boursière au début du siècle et à un crash financier complet moins d'une décennie plus tard. L'unilatéralisme coûteux de la première présidence Bush a conduit à une décennie de guerre au Moyen-Orient et au déraillement de la politique étrangère américaine dans son ensemble. La catastrophe financière de 2008 a failli provoquer une dépression économique calamiteuse, poussant l'Amérique et une grande partie de l'Occident à reconnaître soudainement leur vulnérabilité systémique face à la cupidité non régulée. De plus, en Chine et dans d'autres États asiatiques, un amalgame déroutant de libéralisme économique et de capitalisme d'État a fait montre d'une capacité surprenante de croissance économique et d'innovation technologique. Cela a suscité une nouvelle anxiété quant à l'avenir du statut de l'Amérique en tant que première puissance mondiale.

En effet, il existe plusieurs similitudes alarmantes entre l'Union Soviétique des années précédant sa chute et l'Amérique du début du XXe siècle. L'Union Soviétique, avec un système gouvernemental de plus en plus bloqué et incapable de mettre en œuvre des réformes politiques sérieuses, s'est en effet ruinée en engageant un pourcentage démesuré de son PNB dans une rivalité militaire de plusieurs décennies avec les États-Unis et a exacerbé ce problème en assumant les coûts supplémentaires d'une tentative décennale de conquête de l'Afghanistan. Il n'est pas surprenant qu'elle n'ait pas pu se permettre de soutenir sa concurrence avec l'Amérique dans les secteurs technologiques de pointe et qu'elle ait ainsi pris encore plus de retard ; son économie a décrue et la qualité de vie de la société s'est encore détériorée par rapport à l'Occident ; sa classe communiste au pouvoir est devenue cyniquement insensible à l'aggravation des disparités sociales tout en masquant hypocritement son propre mode de vie privilégié ; et finalement, dans le domaine des affaires étrangères, elle s'est de plus en plus isolée, tout en provoquant une hostilité géopolitiquement préjudiciable avec son allié eurasiatique autrefois privilégié, la Chine communiste.

Ces parallèles, même s'ils sont exagérés, confirment que l'Amérique doit se renouveler et poursuivre une vision géopolitique globale et à long terme, qui réponde aux défis du contexte historique changeant. Seule une Amérique dynamique et stratégique, associée à une Europe unificatrice, peut promouvoir conjointement un Occident capable d'agir comme un partenaire responsable de l'Orient, qui s'affirme de plus en plus. Sinon, un Occident géopolitiquement divisé et égocentrique pourrait glisser dans un déclin historique rappelant l'humiliante impuissance de la Chine du XIXe siècle, tandis que l'Orient pourrait être tenté de reproduire les rivalités de pouvoir autodestructrices de l'Europe du XXe siècle.

En bref, la crise de la puissance mondiale est la conséquence cumulée du déplacement dynamique du centre de gravité du monde de l'Ouest vers l'Est, de l'accélération du phénomène agité du réveil politique mondial et des performances déficiente de l'Amérique sur le plan intérieur et à l'international depuis son émergence en 1990 en tant que seule superpuissance mondiale. Ce qui précède pose de sérieux risques à long terme pour la survie de certains États en danger, pour la sécurité des avoirs communs mondiaux et pour la stabilité mondiale dans son ensemble. Ce livre cherche à définir la vision stratégique nécessaire, en regardant au-delà de 2025.

Zbigniew Brzezinski, *Mars 2011*

# Partie I

## LE RECUL DE L'OCCIDENT

> *À long terme, la politique mondiale ne manquera pas d'être de moins en moins sensible à la concentration du pouvoir hégémonique entre les mains d'un seul État. Ainsi, l'Amérique n'est pas seulement la première, ainsi que la seule superpuissance véritablement mondiale, mais elle est également susceptible d'être la toute dernière...*
>
> *Le pouvoir économique risque également de se disperser davantage. Dans les années à venir, aucune puissance ne devrait atteindre à elle seule les quelque 30% du PIB mondial que l'Amérique a maintenu pendant une grande partie de ce siècle, sans parler des 50% qu'elle a atteints en 1945.*
>
> - Tiré de la conclusion au *Grand Échiquier*,
> par cet auteur, 1997

DEPUIS QUELQUES DÉCENNIES, la longue domination politique du monde par l'Occident s'est estompée. Dans les années 1990, il a cependant semblé pendant un bref moment, que l'Occident, malgré les deux tentatives de suicide collectif de l'Europe au cours de la moitié du XXe siècle, pourrait effectuer un retour historique. La fin pacifique de la guerre froide, dont le point culminant a été la fragmentation de l'Union Soviétique, a marqué l'étape de l'ascension rapide des États-Unis en tant que superpuissance véritablement mondiale. Cette puissance internationale dominante, avec son partenaire politiquement motivé et économiquement dynamique de l'Union européenne, semblait capable non seulement de redonner à l'Occident sa prééminence mondiale, mais aussi de demeurer un acteur mondial constructif.

Vingt ans plus tard, peu de gens s'attendent à ce que l'Union européenne devienne bientôt un acteur mondial politiquement sérieux, alors que le statut mondial prééminent de l'Amérique semble précaire. Parce que l'Occident dans son ensemble est désormais moins capable d'agir à l'unisson, son héritage politique durable est donc également plus incertain. Il fut un temps où il semblait que la démocratie mondiale, la paix internationale et même un pacte social de plus en plus confortable constitueraient le legs durable de l'Occident à l'humanité. Cependant, les changements fondamentaux dans la répartition du pouvoir mondial, l'impact du nouveau phénomène de réveil politique global sur l'exercice de ce pouvoir, et les conséquences négatives des récentes mesures de politique étrangère des États-Unis ainsi que des doutes croissants concernant la vitalité du système américain, ont cumulativement remis en question cet héritage plus prometteur de l'Occident.

## I – L'ÉMERGENCE D'UNE PUISSANCE MONDIALE

La notion même de puissance dominante mondiale est une évolution historique récente. Pendant des millénaires, les gens ont vécu dans des communautés isolées, ignorant l'existence de leurs voisins plus éloignés. Les migrations et les collisions sporadiques avec des étrangers se sont déroulées dans un contexte d'ignorance totale du monde en général. Ce n'est que depuis environ huit cents ans qu'une conscience initialement vague de la présence d'"autres" lointains a imprégné la conscience humaine, d'abord à travers des expéditions et la cartographie de zones autrefois inconnues, puis à travers la colonisation et les grandes migrations. Finalement, cette connaissance a conduit à des rivalités impériales, qui à leur tour ont conduit à deux guerres destructrices pour la domination mondiale, puis à la confrontation systémique mondiale de la guerre froide. Ces derniers temps, l'exploration spatiale a amplifié la nouvelle appréciation de la relative "petitesse" de la Terre, tandis que les photographies prises la nuit dans l'espace ont montré le contraste saisissant entre les concentrations éclairées de l'humanité urbanisée – en particulier dans ce que l'on décrit généralement comme l'Occident – et les zones plus sombres des régions du reste du monde moins technologiquement avancées, mais de plus en plus peuplées.

## Carte I.I LA TERRE LA NUIT

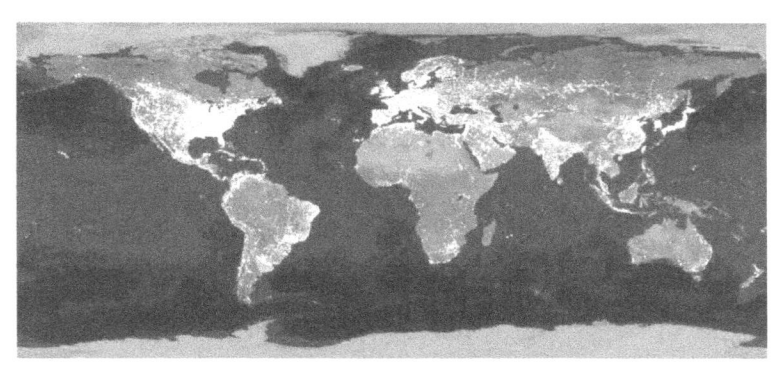

Les États situés sur les rives de l'Europe occidentale de l'océan Atlantique Nord ont été les premiers à se lancer, consciemment et vigoureusement, dans le monde en général. Ils étaient animés par un puissant mélange de progrès technologiques maritimes, de passion prosélyte, de visions de gloire monarchique et personnelle, et d'une avidité matérielle manifeste. En partie grâce à cette avance, ils ont contrôlé des territoires éloignés de leurs bases continentales pendant près d'un demi-millénaire. L'étendue géographique de l'Occident s'est ainsi étendue – d'abord par la conquête puis par la colonisation – des rivages atlantiques de l'Europe à l'hémisphère occidental. Le Portugal et l'Espagne ont conquis et colonisé l'Amérique du Sud, tandis que la Grande-Bretagne et la France ont fait de même en Amérique du Nord. L'indépendance politique des deux Amériques vis-à-vis de l'Europe a été suivie par une migration européenne à grande échelle vers l'hémisphère occidental. Dans le même temps, les États maritimes d'Europe occidentale bordant l'Atlantique ont également pénétré dans les océans Indien et Pacifique, établissant leur domination sur l'Inde et l'Indonésie actuelles, imposant une présence paternaliste dans certaines parties de la Chine, découpant presque toute l'Afrique et le Moyen-Orient, et s'emparant de dizaines d'îles dans les océans Pacifique et Indien ainsi que dans la mer des Caraïbes.

### LES EMPIRES À LEUR PLUS GRANDE EXTENSION

| | | |
|---|---|---|
| 1. | Empire Britannique (1920) | 34 000 000 km² |
| 2. | Empire Mongol (1309) | 24 000 000 km² |
| 3. | Empire Russe (1905) | 23 000 000 km² |
| 4. | Deuxième Empire colonial Français (1920) | 15 000 000 km² |
| 5. | Dynastie Mandchoue-Qing, Chine (1800) | 15 000 000 km² |
| 6. | Empire Espagnol (1800) | 14 000 000 km² |
| 7. | Califat Omeyade (720) | 11 000 000 km² |
| 8. | Dynastie Yuan, Chine (1320) | 11 000 000 km² |
| 9. | Califat Abbaside (750) | 11 000 000 km² |
| 10. | Empire Portugais (1815) | 10 400 000 km² |
| 11. | Empire Achéménide Perse (480 av. J-C.) | 8 000 000 km² |
| 12. | Empire Romain (117) | 6 500 000 km² |

Du XVIe siècle jusqu'au milieu du XXe siècle, cette combinaison de rayonnement culturel et politique a permis aux États européens de l'Atlantique Nord de devenir politiquement dominants dans des zones s'étendant sur tout le globe. (À cet égard, leurs domaines impériaux différaient fondamentalement des empires régionaux beaucoup plus anciens, mais essentiellement isolés et contigus – tels que les empires romain, persan, moghol, mongol, chinois ou inca -, dont chacun se concevait comme le centre du monde, mais avec une faible connaissance géographique de l'au-delà). La Russie tsariste a massivement étendu son empire terrestre du XVIIe au XIXe siècle, mais elle n'a également absorbé que les territoires adjacents, à la brève exception de l'Alaska. Il en a été de même pour l'expansion de l'Empire ottoman au Moyen-Orient et en Europe du Sud-Est.

Mais alors que les puissances maritimes européennes sur la côte atlantique s'étendaient sur le monde entier, la prolongation de conflits parmi elles a affaibli leur position géopolitique par rapport aux puissances montantes du continent européen et de l'Amérique du Nord. Le coût matériel et stratégique d'une guerre prolongée dans les Pays-Bas et les provinces allemandes au cours des XVIe et XVIIe siècles a épuisé la puissance ibérique, tandis que la prééminence néerlandaise a commencé à s'affaiblir à la fin du XVIIe siècle face à la montée de la Grande-Bretagne sur les mers et à l'affirmation de la France voisine sur terre. Au moment où la fumée des combats s'est dissipée au milieu du XVIIIe siècle, la Grande-Bretagne et la France étaient les seuls concurrents restants dans la lutte pour la domination impériale.

Leur rivalité transocéanique pour les possessions coloniales s'est développée au cours du XIXe siècle en une lutte pour la suprématie sur l'Europe elle-même, avant de se transformer au début du XXe siècle en une alliance commune contre une puissance continentale européenne montante qui, ce n'est pas un hasard, était également entrée dans la compétition coloniale mondiale : l'Allemagne. Après les deux guerres mondiales qui ont suivi, l'Europe est sortie dévastée, divisée et démoralisée. En effet, après 1945, une vaste puissance terrestre eurasienne, l'Union Soviétique, victorieusement installée au centre géographique de l'Europe, semblait prête – comme l'Empire mongol quelque sept cents ans plus tôt – à s'étendre encore plus à l'ouest.

Pendant ce temps, de l'autre côté de l'Atlantique Nord, les États-Unis ont passé le XIXe siècle à développer leurs capacités industrielles et militaires dans un heureux isolement géographique des rivalités continentales et impériales dévastatrices de l'Europe. Leurs interventions dans les deux guerres mondiales de la première moitié du XXe siècle ont été décisives pour empêcher la prépondérance de la puissance allemande en Europe, et ce à l'abri de la destruction et du carnage sans précédent de ces conflits. En outre, la position économique et géopolitique enviable de l'Amérique à la fin de la Seconde Guerre mondiale lui a conféré un statut nouveau, celui d'une prééminence mondiale. En conséquence, la guerre froide américano-soviétique qui a suivi a précipité l'émergence d'un Occident transatlantique redéfini, dépendant et donc dominé par les États-Unis d'Amérique.

L'Amérique et les restes indépendants de l'Europe occidentale – liés par l'objectif commun de contenir la Russie soviétique ainsi que par des systèmes politiques et économiques similaires et donc des orientations idéologiques en rapport – sont devenus le noyau géopolitique du monde atlantique nouvellement délimité, défensivement préoccupée par sa propre survie face au bloc sino-soviétique transeurasien. Ce lien a été institutionnalisé dans le domaine de la sécurité avec la création de l'OTAN transocéanique, tandis que l'Europe occidentale, cherchant à accélérer son redressement d'après-guerre, s'est intégrée économiquement par l'adoption de la Communauté Économique Européenne, qui s'est ensuite transformée en Union Européenne. Mais, toujours vulnérable à la puissance soviétique, l'Europe occidentale est devenue presque formellement le protectorat de l'Amérique et informellement sa dépendance économique.

Cependant, en l'espace d'environ quatre décennies, ce même Occident transatlantique et défensif est soudainement apparu comme dominant au niveau mondial. L'implosion de l'Union Soviétique en 1991 – dans le sillage de la fragmentation du bloc soviétique en Europe de l'Est deux ans plus tôt – a été causée par une combinaison de lassitude sociale, d'inaptitude politique, d'échecs idéologiques et économiques du marxisme adossés aux politiques étrangères occidentales réussies de confinement militaire et de pénétration idéologique pacifique. Sa conséquence immédiate a été la fin de la division de l'Europe qui a duré un demi-siècle. Au niveau mondial, elle a également mis en évidence l'émergence de l'Union Européenne comme une grande une puissance économique et financière (et peut-être même militaire/politique) à part entière. Ainsi, alors que l'Europe unifiée était encore géopolitiquement liée aux États-Unis – alors la seule superpuissance militaire dotée de l'économie la plus innovante et la plus riche au monde – l'Ouest atlantique, à l'aube du XXe siècle, semblait prêt pour une nouvelle ère de suprématie mondiale de l'Occident.

Le cadre économique et financier de cette suprématie mondiale existaient déjà. Même pendant la guerre froide, l'Ouest atlantique, en raison de son système capitaliste et du dynamisme extraordinaire de l'économie américaine, avait un avantage économique et financier clair sur son antagoniste géopolitique et idéologique, l'Union Soviétique. Par conséquent, malgré de graves menaces militaires, les puissances atlantiques ont pu institutionnaliser leur position dominante dans les affaires mondiales grâce à un réseau émergent d'organisations internationales coopératives, allant de la Banque mondiale et du FMI à l'ONU elle-même, consolidant ainsi, semble-t-il, un cadre mondial pour leur prééminence durable.

## Carte I.2 membres de l'OTAN

L'attrait idéologique de l'Occident s'est accru de la même manière durant cette période. En Europe centrale et orientale, l'Occident a pu projeter sa vision séduisante des droits de l'homme et de la liberté politique, mettant ainsi l'Union Soviétique sur la défensive idéologique. À la fin de la guerre froide, l'Amérique et le monde occidental se sont trouvés généralement associés aux principes mondialement attrayants de la dignité humaine, de la liberté et de la prospérité.

Néanmoins, alors que l'attrait de l'Occident était plus grand que jamais, sa portée géographique de contrôle s'était en fait réduite au lendemain de la Seconde Guerre mondiale. Les puissances impériales occidentales étaient sorties des deux guerres mondiales profondément affaiblies, tandis que l'Amérique nouvellement dominante répudiait l'héritage impérial de ses alliés européens. Le président Roosevelt n'a pas caché sa conviction que l'engagement des États-Unis pour la libération de l'Europe pendant la Seconde Guerre mondiale n'incluait pas la restauration des empires coloniaux de Grande-Bretagne, de France, des Pays-Bas, de Belgique ou du Portugal.

Cependant, l'opposition de principe de Roosevelt au colonialisme ne l'a pas empêché de poursuivre une politique américaine d'acquisition déterminée à obtenir une position lucrative pour l'Amérique dans les principaux pays producteurs de pétrole du Moyen-Orient. En 1943, le président Roosevelt a déclaré, de façon moins subtile, à l'ambassadeur de Grande-Bretagne aux États-Unis, Lord Halifax, tout en pointant une carte du Moyen-Orient, que "le pétrole persan est à vous. Nous partageons le pétrole de l'Irak et du Koweït. Quant au pétrole de l'Arabie Saoudite, il est à nous".[1] C'est ainsi qu'a commencé l'engagement politique douloureux de l'Amérique dans cette région.

La fin des empires européens a été encore plus le produit de l'agitation croissante de leurs sujets coloniaux. L'émancipation nationale est devenue leur cri de guerre, tandis que le soutien idéologique et même militaire des Soviétiques rendait la répression trop coûteuse. La nouvelle réalité politique était que la dissolution des anciens empires coloniaux de l'Occident centré sur l'Europe était inévitable. Les Britanniques se sont sagement retirés – avant d'y être contraints – de l'Inde et plus tard du Moyen-Orient (bien qu'ils aient laissé derrière eux une violence religieuse et ethnique qui a produit une tragédie humaine colossale en Inde et un conflit politique israélo-palestinien intraitable qui hante toujours l'Occident au Moyen-Orient). Avec l'encouragement des États-Unis, ils ont ensuite procédé à un retrait semi-volontaire de leurs colonies en Afrique. Les Néerlandais des Indes orientales (Indonésie) ont choisi de rester et de se battre – ils

---

[1] Peter Nolan, *Crossroads* (Londres, 2009), 220. Voir aussi Daniel Yergin, *The Prize* (New York, 1993), 401.

ont perdu. Les Français aussi, dans deux sanglantes guerres coloniales, ont combattu d'abord au Vietnam puis en Algérie. Les Portugais se sont retirés sous la pression du Mozambique et de l'Angola. L'étendue géographique de l'Occident s'est donc réduite alors même que sa prééminence géopolitique et économique augmentait, en grande partie en raison de l'extension de la portée mondiale de la puissance culturelle, économique et politique de l'Amérique.

Dans le même temps, au milieu du brouillard de la guerre froide, qui empêchait l'opinion publique de prendre conscience de la situation, un changement plus fondamental dans la répartition mondiale du pouvoir politique et économique se produisait également. Finalement, il a donné naissance à un nouvel ordre de priorité dans le système international, devenu plus clairement visible lors de la crise financière de fin 2007. Cette crise a montré clairement que pour faire face aux défis économiques mondiaux, il fallait désormais non seulement la force de la seule superpuissance mondiale, ou de l'Occident dans son ensemble, mais aussi des États qui, jusqu'à présent, étaient considérés comme ne participant pas encore à la prise de décision économique et financière mondiale.

L'acceptation pratique de cette nouvelle réalité est venue avec l'admission en 2008 de nouveaux venus d'Asie, d'Afrique et d'Amérique latine au sein du G-8, un club de décideurs financiers jusqu'alors exclusif et largement occidental, transformant ce cercle précédemment étroit en un G-20 plus représentatif au niveau mondial. Le fait que les positions de leadership les plus importantes de la première réunion du G-20 qui s'est tenue aux États-Unis en 2009 aient été tenues par les présidents de deux États : les États-Unis d'Amérique et la République populaire de Chine respectivement, fut l'illustration symbolique de ce changement,

L'effet cumulatif de ces événements a été de rendre évidente une nouvelle réalité géopolitique : le déplacement consécutif du centre de gravité de la puissance mondiale et du dynamisme économique de l'Atlantique vers le Pacifique, de l'Occident vers l'Orient. Certes, les historiens de l'économie nous rappellent qu'en fait l'Asie a été le producteur prédominant du PNB total du monde pendant quelque dix-huit siècles. En 1800 encore, l'Asie représentait environ 60% du PNB total du monde, contre 30% pour l'Europe. La part de l'Inde à elle seule dans le produit mondial en 1750 s'élevait à 25% (selon Jaswant Singh, ancien ministre indien des finances), tout comme celle des États-Unis aujourd'hui. Mais au cours des XIXe et XXe siècles, avec l'intrusion de l'impérialisme européen soutenue par l'innovation industrielle et la sophistication financière croissante de l'Europe, la part de l'Asie dans le monde a décliné précipitamment. En 1900, par exemple, sous le régime impérial britannique prolongé, la part de l'Inde s'est réduite à seulement 1,6%.

En Chine, tout comme en Inde, l'impérialisme britannique a suivi le sillage des commerçants britanniques. Ces derniers avaient accumulé d'énormes déficits en achetant du thé, de la porcelaine, de la soie, etc. chinois, auxquels ils cherchaient à remédier en vendant de l'opium aux importateurs chinois. Les efforts tardifs de Pékin pour interdire l'importation d'opium et restreindre l'accès des négociants étrangers ont ensuite précipité deux interventions armées, d'abord par les Britanniques suivis des Français, ce qui a encore contribué à un déclin précipité du rôle de la Chine dans l'économie mondiale.

Le fait historique de la prééminence économique passée de la Chine et de l'Inde a conduit certains à affirmer que l'essor économique actuel de l'Asie est essentiellement un retour à une normalité lointaine mais prolongée. Mais il est important de noter que la supériorité antérieure de l'Asie en termes de PNB a été atteinte dans un monde composé de régions fondamentalement isolées et donc d'interactions économiques très limitées. Les liens économiques entre l'Europe et l'Asie impliquaient un commerce basé en grande partie sur le troc, effectué principalement dans quelques ports seulement (notamment Calcutta) ou transporté par des caravanes périodiques parcourant lentement la route de la soie. Une économie mondiale, continuellement interactive et de plus en plus interdépendante, n'existait pas à l'époque.

Ainsi, dans le passé, les prouesses économiques statistiquement impressionnantes mais isolées de l'Asie n'étaient pas projetées vers l'extérieur. Au début du XVe siècle, la Chine a choisi une politique d'auto-isolement vigoureusement appliquée, s'étant même abstenue auparavant d'exploiter la supériorité technologique de sa marine commerciale et océanique pour affirmer une portée politique. L'Inde sous l'Empire moghol possédait de grandes richesses, mais elle manquait de cohésion politique ou d'ambitions extérieures. En effet, le seul cas signifiant de projection affirmée vers l'ouest de la puissance politique asiatique s'est produit sous la direction du Mongol Gengis Khan, dont les guerriers à cheval se sont taillé un vaste empire eurasien. Cependant, ils ont galopé à partir d'un pays dont le PNB était minuscule – ce qui démontre qu'à l'époque, les prouesses militaires n'étaient pas handicapées par la faiblesse économique.

## II – LA MONTÉE DE L'ASIE ET LA DISPERSION DU POUVOIR MONDIAL

La montée en puissance mondiale de trois pays asiatiques – le Japon, la Chine et l'Inde – a non seulement modifié de façon spectaculaire le classement mondial des forces en présence d'envergure internationale, mais a également mis en évidence la dispersion des pouvoirs géopolitiques. L'émergence de ces États asiatiques comme des acteurs majeurs du jeu politico-économique est un phénomène spécifiquement d'après-guerre car aucun d'entre eux n'a pu exploiter son avantage démographique avant la seconde moitié du XXe siècle. Il est vrai que les signes avant-coureurs de l'émergence de l'Asie sur la scène internationale sont apparus avec la brève ascension du Japon en tant que puissance militaire majeure après sa victoire dans la guerre russo-japonaise de 1905. Ce triomphe inattendu a cependant été suivi peu de temps après par l'adhésion du Japon à l'impérialisme militariste qui s'est soldée par une défaite totale aux mains des États-Unis en 1945, dans une guerre que les Japonais avaient proclamée comme visant à libérer l'Asie de la domination occidentale. Le redressement national du Japon après sa destruction massive pendant la Seconde Guerre mondiale a fourni le premier aperçu majeur d'une Asie dont la croissance économique témoignait d'une stature internationale croissante.

La combinaison d'une démocratie pacifiste stable, d'une acceptation nationale de la protection militaire américaine et d'une détermination populaire à reconstruire l'économie dévastée du pays a créé un climat fertile pour la croissance économique rapide du Japon. Grâce à des taux d'épargne élevés, des salaires modérés, une concentration délibérée sur la haute technologie et la promotion énergique des exportations par le biais d'afflux des capitaux étrangers, le PIB du Japon est passé de 500 milliards de dollars en 1975 à 5,2 billions de dollars en 1995.[2] En peu de temps, la réussite économique du Japon a été imitée – bien que dans des contextes politiques plus autoritaires – par la Chine, la Corée du Sud, Taiwan, les pays de l'Association des nations de l'Asie du Sud-Est (ANASE) et l'Indonésie, ainsi que par l'Inde, cette dernière étant plus démocratique.

Le peuple américain relativement complaisant du milieu du XXe siècle, ne s'est guère tout d'abord intéressé au nouveau rôle du Japon dans l'économie mondiale. Mais au cours des années 1980 et au début des années 1990, l'anxiété des américains s'est soudainement focalisée sur le Japon. L'opinion publique a été stimulée non pas par l'affirmation géopolitique du Japon – car il possédait une constitution pacifiste et était un allié solide des États-Unis – mais plutôt par la domination très visible des produits électroniques puis automobiles japonais sur le marché intérieur américain. La paranoïa américaine a été encore plus attisée par les rapports alarmistes des médias sur les rachats par le Japon d'actifs industriels américains clés (et certains tout à fait symboliques : comme par exemple, le Rockefeller Center à New York).

Le Japon en est venu à être considéré comme une puissance économique, un géant commercial, et même une menace croissante pour la prééminence industrielle et financière mondiale de l'Amérique. Le Japon en tant que nouveau "super-État" est devenu le slogan redoutable et largement cité d'une campagne médiatique exagérée et d'une rhétorique démagogique émanant du Congrès. Les théories universitaires sur le déclin inévitable de l'Amérique face au "soleil levant" ont donné une crédibilité intellectuelle à l'anxiété populiste généralisée qui n'a reculé qu'après la "décennie perdue" de croissance économique anémique du Japon dans les années 1990.

Bien que les craintes d'une domination économique mondiale par les Japonais soient irréalistes, le redressement du Japon après la

---

2 Banque mondiale : Indicateurs du développement mondial, 26 avril 2011.

Seconde Guerre mondiale a réveillé l'Occident quant au potentiel de l'Asie à assumer un rôle économique et politique majeur. Les succès économiques ultérieurs dans la région, notamment la volonté similaire de la Corée du Sud, à partir des années 1960, d'établir une économie axée sur l'exportation, ont encore renforcé ce constat. D'ici 2010, le président de la Corée du Sud, un pays autrefois pauvre, pourrait affirmer en toute confiance que son pays était prêt à jouer un rôle significatif dans la prise de décision économique mondiale ; symboliquement, Séoul a même accueilli un sommet du G-20 en 2010. Parallèlement, Taïwan et Singapour sont également devenus des exemples dynamiques de réussite économique et de développement social, avec des taux de croissance considérablement plus élevés durant la seconde moitié du XXe siècle que ceux atteints par les économies d'Europe occidentale lors de leur redressement après la Seconde Guerre mondiale.

Mais ce n'était qu'un prélude au changement le plus spectaculaire de l'ordre géopolitique et économique mondial : L'ascension fulgurante de la Chine, au cours de la première décennie du XXe siècle, au rang principal des grandes puissances mondiales. Les racines de cette émergence remontent à de nombreuses décennies, à commencer par la quête de renouveau national lancée il y a plus d'un siècle par de jeunes intellectuels chinois nationalistes et culminant quelques décennies plus tard avec la victoire des communistes chinois. Bien que le Grand Bond en avant et la Révolution Culturelle de Mao, dévastateurs sur le plan économique et social, aient retardé l'essor de la Chine pendant quelques années, le décollage sans précédent de la modernisation sociale et économique de la Chine a commencé en 1978 avec l'adoption audacieuse par Deng Xiaoping de la libéralisation des marchés, qui a "ouvert" la Chine au monde extérieur et l'a placée sur une trajectoire de croissance nationale sans précédent. Son essor signale à la fois la fin de la prééminence singulière de l'Occident et le déplacement concomitant du centre de gravité mondial vers l'Orient.

La réorientation intérieure de la Chine a coïncidé avec un réalignement géopolitique spectaculaire, sa séparation de l'Union Soviétique. Leur éloignement progressif et l'hostilité mutuelle croissante ont éclaté au grand jour au cours des années 1960. Cela a donné aux États-Unis une occasion unique, exploitée d'abord par le président Richard Nixon en 1972, puis accomplie par le président

Jimmy Carter en 1978, d'engager la Chine dans un front commun contre Moscou. Au cours des trois décennies qui ont suivi, la Chine, qui n'était plus confrontée à une menace soviétique potentielle et pouvait donc concentrer ses ressources sur son développement intérieur, a atteint un degré de modernisation de ses infrastructures comparable à ce qui s'était passé en Occident au cours du siècle précédent. Bien que confrontée à des défis ethniques internes persistants posés par le Tibet et le Xinjiang, à un bouleversement politique interne en 1989 et à une inégalité socialement douloureuse dans le développement rural et urbain, les résultats de la Chine ont été spectaculaires. Cependant, ils ont également fini par alimenter l'anxiété populiste et géopolitique des Américains. Les slogans selon lesquels la Chine "possède" les États-Unis ont fait écho à l'agitation qui avait entouré les achats japonais d'actifs industriels et immobiliers américains à la fin des années 1980. En 2010, dans une réaction excessive qui rappelle le cas précédent du Japon, beaucoup craignaient que la Chine ne supplante bientôt l'Amérique en tant que première superpuissance mondiale. Le glissement actuel vers l'Est de la répartition de la puissance mondiale a également été provoqué par l'émergence récente sur la scène mondiale de l'Inde postcoloniale, l'un des deux pays les plus peuplés du monde et un État qui nourrit également des ambitions mondiales. L'Inde contemporaine est un mélange complexe d'autonomie démocratique, d'injustice sociale massive, de dynamisme économique et de corruption politique généralisée. De ce fait, son émergence politique en tant que force dans les affaires mondiales est restée à la traîne en comparaison de celle de la Chine. L'Inde a joué un rôle de premier plan au sein des nations dites non alignées constituées d'un ensemble d'États neutres mais politiquement hésitants, dont Cuba et la Yougoslavie, tous prétendument opposés à la guerre froide. Sa brève collision militaire avec la Chine en 1962, qui s'est soldée par la défaite de l'Inde, n'a été que partiellement rachetée par ses succès militaires dans les deux guerres avec le Pakistan de 1965 et 1971. Dans l'ensemble, le point de vue dominant sur l'Inde, jusqu'à une date relativement récente, était celui d'un pays ayant des opinions moralisatrices fortes sur les affaires du monde, mais sans l'exercice d'une influence en rapport.

Cette perception a commencé à changer à la suite de deux développements significatifs : l'essai par l'Inde de son propre dispositif nucléaire en 1974 et de ses armes nucléaires en 1998, puis sa période de croissance économique impressionnante à partir des années 1990. Les réformes de libéralisation de l'Inde – y compris la déréglementation du commerce et des investissements internationaux et le soutien à la privatisation – transforment ce qui était une économie quasi-socialiste anémique et lourde en une économie plus dynamique basée sur les services et la haute technologie, plaçant ainsi l'Inde sur une trajectoire de croissance tirée par les exportations similaire à celle du Japon et de la Chine. En 2010, l'Inde, dont la population commençait à dépasser celle de la Chine, était même considérée par certains comme un rival potentiel à la prééminence politique émergente de la Chine en Asie, malgré les problématiques internes persistantes de l'Inde (allant de la diversité religieuse, linguistique et ethnique au faible taux d'alphabétisation, aux disparités sociales aiguës, aux troubles ruraux et aux infrastructures obsolètes).

L'élite politique indienne est motivée par une vision stratégique ambitieuse visant à lui assurer une plus grande influence mondiale tout en préservant sa primauté régionale. L'amélioration progressive des relations américano-indiennes au cours de la première décennie du XXe siècle a encore renforcé la stature mondiale de l'Inde et confirmé ses ambitions. Cependant, son conflit larvé avec le Pakistan, cette rivalité par procuration pour accroître son influence en Afghanistan, reste un sérieux détournement de ses plus larges aspirations géopolitiques. Par conséquent, l'opinion de son élite en matière de politique étrangère, selon laquelle l'Inde est non seulement un rival de la Chine mais aussi déjà l'une des superpuissances mondiales, manque de réalisme.

Néanmoins, l'apparition sur la scène mondiale de la Chine en tant que challenger économique de l'Amérique, de l'Inde en tant que puissance régionale, et d'un Japon riche en tant qu'allié de l'Amérique dans l'Océan Pacifique ont non seulement modifié de façon spectaculaire le classement mondial des puissances, mais ont également mis en évidence leur dispersion. Cela pose de sérieux risques. Les puissances asiatiques ne sont pas (et n'ont pas été) régionalement alliées comme dans le cas de l'alliance atlantique pendant la guerre froide. Elles sont rivales et donc, à certains égards, potentiellement similaires aux puissances atlantiques européennes lors de leurs luttes coloniales puis continentales pour la suprématie géopolitique, qui ont finalement abouti à la dévastation de la Première et de la Deuxième Guerre mondiale. La nouvelle rivalité asiatique pourrait à un moment donné menacer la stabilité régionale, un défi accru dans son potentiel destructeur par les populations massives des puissances asiatiques et la possession par plusieurs d'entre elles d'armes nucléaires.

Il y a, certes, une différence fondamentale entre la vieille rivalité impériale transocéanique des puissances européennes et celle des actuelles puissances asiatiques. Les principaux acteurs de la rivalité asiatique ne se disputent pas les empires d'outre-mer, pour lesquels l'Europe, a changé de lointains affrontements en conflits d'envergure internationale. Les tensions régionales sont plus susceptibles de se produire dans la région de l'océan Pacifique. Néanmoins, même une collision régionale circonscrite entre n'importe lequel des États asiatiques (par exemple, pour des îles, des routes maritimes, ou pour des questions de bassins versants) pourrait provoquer des ondes de choc dans toute l'économie mondiale.

Le risque le plus immédiat de la dispersion continuelle du pouvoir provient d'une hiérarchie mondiale potentiellement instable. Les États-Unis sont toujours prééminents, mais la légitimité, l'efficacité et la durabilité de leur leadership sont de plus en plus remises en question dans le monde entier en raison de la complexité de leurs défis internes et externes. Néanmoins, dans chaque dimension tangible et signifiante du pouvoir traditionnel – militaire, technologique, économique et financier – l'Amérique reste toujours inégalable. Elle possède de loin la plus grande économie nationale, la plus grande influence financière, la technologie la plus avancée, un budget militaire plus important que celui de tous les autres États réunis, et des forces armées capables de se déployer rapidement à l'étranger et effectivement déployées dans le monde entier. Cette réalité ne durera peut-être pas très longtemps, mais il s'agit toujours de la réalité actuelle de la vie internationale.

L'Union européenne pourrait rivaliser pour occuper la deuxième place de puissance mondiale, mais cela nécessiterait de forger une union plus solide dotée d'une politique étrangère commune et d'une capacité de défense partagée. Mais malheureusement pour l'Occident, l'élargissement de la Communauté Économique Européenne de l'après-guerre froide en une "Union" européenne plus large n'a pas produit une véritable union mais une appellation erronée ; en fait, les désignations auraient dû être inversées. La "communauté" plus petite de l'Europe occidentale était politiquement plus unie que l'"union" plus grande de la quasi-totalité de l'Europe, cette dernière étant unie par une monnaie partiellement commune mais sans autorité politique centrale véritablement décisive ni politique fiscale commune. Sur le plan économique, l'Union européenne est un acteur mondial de premier plan ; elle a une population et un commerce extérieur considérablement plus importants que ceux des États-Unis. Cependant, grâce à ses liens culturels, idéologiques et économiques avec l'Amérique et plus concrètement grâce à l'OTAN, l'Europe reste un partenaire géopolitique de second rang pour les États-Unis au sein de l'Occident semi-unifié. L'UE aurait pu combiner la puissance mondiale avec la pertinence systémique mondiale mais, depuis l'effondrement final de leurs empires, les puissances européennes ont choisi de laisser la tâche plus coûteuse du maintien de la sécurité mondiale à l'Amérique afin d'utiliser leurs ressources pour créer un mode de vie à la sécurité socialement assurée (du berceau jusqu'à la retraite anticipée) financé par des dettes publiques croissantes sans lien avec la croissance économique.

En conséquence, l'UE en tant que telle n'est pas une grande puissance indépendante sur la scène mondiale, même si la Grande-Bretagne, la France et l'Allemagne jouissent d'un statut mondial résiduel. Depuis 1945, la Grande-Bretagne et la France, ainsi que l'Amérique, la Russie et la Chine, jouissent d'un droit de veto au Conseil de sécurité des Nations unies et, comme elles, possèdent des armes nucléaires. Cependant, la Grande-Bretagne reste méfiante à l'égard de l'unité européenne, tandis que la France n'est pas sûre de son objectif global plus large. L'Allemagne est le moteur économique de l'Europe et fait jeu égal avec la Chine dans ses prouesses exportatrices mais reste réticente à assumer des responsabilités militaires en dehors de l'Europe. Par conséquent, ces États européens ne peuvent véritablement exercer une influence mondiale que dans le cadre de l'Union élargie, malgré toutes les faiblesses collectives actuelles de l'UE.

En revanche, le remarquable dynamisme économique de la Chine, sa capacité à prendre des décisions politiques décisives motivées par un intérêt national lucide et égocentrique, sa relative liberté par rapport à des engagements extérieurs débilitants, et son potentiel militaire en constante augmentation associé à l'attente mondiale qu'elle remettra bientôt en question le statut de premier plan de l'Amérique justifient que la Chine soit classée juste en dessous des États-Unis dans la hiérarchie internationale actuelle. Les allusions fréquentes des médias contrôlés par l'État à la perception croissante de la Chine comme le rival émergent de l'Amérique dans la prééminence mondiale – malgré les problématiques internes résiduelles toujours non résolue de la Chine : inégalité rurale contre urbaine et le potentiel de ressentiment populaire à l'égard de l'autorité politique absolue. – sont symptomatiques de la confiance grandissante de la Chine en son potentiel.

Un classement séquentiel des autres grandes puissances au-delà des deux premières serait au mieux imprécis. Cependant, toute liste doit inclure la Russie, le Japon et l'Inde, ainsi que les dirigeants informels de l'UE : la Grande-Bretagne, l'Allemagne et la France. La Russie occupe un rang géopolitique élevé, en grande partie en raison de ses riches réserves de pétrole et de gaz et de son statut de puissance nucléaire, qui la place en deuxième position après les États-Unis, bien que cet atout militaire soit dilué par ses handicaps économiques, politiques et démographiques intérieurs, sans parler du fait que, tant à l'Est qu'à l'Ouest, elle est confrontée à des voisins beaucoup plus puissants sur le plan économique. Sans les armes nucléaires ou la dépendance de certains États européens à l'égard du pétrole et du gaz russes, la Russie ne serait pas très haut placée dans la pyramide des puissances géopolitiques mondiales. Sur le plan économique, elle est à la traîne du Japon ; un choix stratégique de ce dernier l'amenant à jouer un rôle international plus actif pourrait l'élever au-dessus de la Russie en tant qu'acteur mondial majeur. L'Inde, régionalement affirmée et globalement ambitieuse, est le nouveau venu dans la liste des pays présumés les plus importants, mais elle reste entravée par l'antagonisme stratégique avec ses deux voisins immédiats, la Chine et le Pakistan, ainsi que par ses diverses faiblesses sociales et démographiques. Le Brésil et l'Indonésie ont déjà revendiqué leur participation à la prise de décision économique mondiale au sein du G-20 et aspirent à jouer un rôle de leader régional en Amérique latine et en Asie du Sud-Est respectivement.

La composition de l'élite mondiale actuelle représente donc, comme nous l'avons déjà noté, un changement historique dans la répartition mondiale du pouvoir, qui s'est éloigné de l'Occident et s'est dispersé dans quatre régions différentes du monde. Dans un sens positif, la domination intéressée de grandes parties du monde par les puissances européennes étant désormais chose du passé, ces nouvelles réalités du pouvoir sont plus représentatives de la diversité du monde. L'époque où un club occidental exclusif – dominé par la Grande-Bretagne, la France ou les États-Unis – pouvait se réunir pour partager le pouvoir mondial au Congrès de Vienne, à la Conférence de Versailles ou à la réunion de Bretton Woods est irrévocablement révolue. Mais, étant donné la persistance d'antagonismes historiquement enracinés et de rivalités régionales entre les dix grandes puissances actuellement plus diversifiées et géographiquement plus étendues, ce nouvel état de fait met également en évidence la multiplication des difficultés de prises de décision consensuelles au niveau mondial à un moment où l'humanité dans son ensemble est de plus en plus confrontée à des défis critiques, certains pouvant même aller jusqu'à mettre en jeu sa survie même.

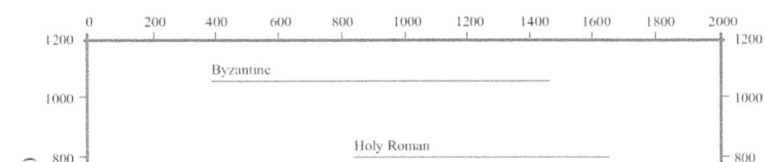

### CHIFFRES I.I : LA LONGÉVITÉ IMPÉRIALE DÉCLINANTE

Il est loin d'être certain que ce nouveau couvent d'États dominants sera durable. Il ne faut pas oublier qu'en un siècle seulement – de 1910 à 2010 environ – la hiérarchie des puissances mondiales a changé pas moins de cinq fois, toutes les fois sauf la quatrième signalant une détérioration de la prééminence mondiale de l'Occident.

Tout d'abord, à la veille de la Première Guerre mondiale, les empires britannique et français dominaient le monde et étaient alliés à une Russie tsariste affaiblie, récemment vaincue par un Japon en pleine ascension. Ils étaient défiés de l'intérieur de l'Europe par l'ambitieuse Allemagne impériale soutenue par un faible empire austro-hongrois et des empires ottomans en déclin. Une Amérique industriellement dynamique, bien que neutre au départ, a finalement apporté une contribution décisive à la victoire anglo-française. Deuxièmement, pendant l'intermède entre la Première et la Seconde Guerre mondiale, la Grande-Bretagne semblait occuper une place prépondérante sur la scène internationale, bien que l'Amérique soit clairement en train de se relever. Cependant, au début des années 1930, l'Allemagne nazie et la Russie soviétique, qui se réarmaient rapidement devenant de plus en plus révisionnistes, complotaient déjà contre le statu quo. Troisièmement, l'Europe a été ébranlée par la Seconde Guerre mondiale, qui a entraîné dans son sillage la guerre froide qui a duré quarante ans entre les superpuissances américaine et soviétique, la puissance de chacune éclipsant celle des autres. Quatrièmement, la "défaite" ultime de l'Union Soviétique pendant la guerre froide a conduit à une brève phase unipolaire dans les affaires mondiales, dominée par l'Amérique en tant que seule superpuissance mondiale. Cinquièmement, en 2010, avec l'Amérique toujours prééminente, une nouvelle constellation de puissance plus complexe contenant une composante asiatique croissante émergeait visiblement.

La haute fréquence de ces déplacements de pouvoir signale une accélération historique dans la distribution changeante du pouvoir mondial. Avant le XXe siècle, la prééminence mondiale d'un État dirigeant durait généralement un siècle environ. Mais à mesure que l'activisme politique conscient devenait un phénomène social de plus en plus répandu, la politique est devenue plus volatile et une prééminence mondiale moins durable. Le fait que l'Occident soit resté globalement dominant pendant tout le XXe siècle ne doit pas occulter le fait que les conflits au sein de l'Occident ont sapé sa position autrefois dominante.

En effet, même aujourd'hui, l'incertitude concernant la durabilité du leadership international actuel de l'Amérique, la fin du rôle central de l'Europe dans les affaires mondiales ainsi que l'impuissance politique de l'UE, la nostalgie de la Russie pour un rôle mondial de premier plan qu'elle est incapable d'exercer, la spéculation selon laquelle la Chine pourrait bientôt accéder à la primauté mondiale, L'ambition impatiente de l'Inde d'être considérée comme une puissance mondiale et ses vulnérabilités tant externes qu'internes, et la réticence persistante du Japon à traduire son poids économique mondial en affirmation politique collective reflètent la réalité d'un leadership mondial plus large mais moins cohésif.

## III : L'IMPACT DU RÉVEIL POLITIQUE MONDIAL

La dispersion actuelle du pouvoir mondial est favorisée par l'émergence d'un phénomène volatile : le réveil politique mondial de populations jusqu'à récemment politiquement passives ou réprimées. Ce réveil, qui s'est produit récemment en Europe centrale et orientale et, plus récemment, dans le monde arabe, est le produit cumulé d'un monde interactif et interdépendant relié par des communications visuelles instantanées et du gonflement démographique de la jeunesse dans les sociétés les moins avancées, composé d'étudiants universitaires faciles à mobiliser car politiquement agités et de chômeurs socialement défavorisés. Ces deux groupes en veulent aux parties les plus riches de l'humanité et à la corruption privilégiée de leurs dirigeants. Ce ressentiment à l'égard de l'autorité et des privilèges déchaîne des passions populistes qui risquent de provoquer des troubles à grande échelle comme jamais auparavant.

La portée universelle et l'impact dynamique de ce nouveau phénomène social sont historiquement nouveaux. Pendant la plus grande partie de l'histoire, l'humanité a vécu non seulement dans un isolement compartimenté, mais aussi dans un état de stupeur politique. La plupart des gens, dans la plupart des endroits, n'avaient pas de conscience politique ni d'engagement politique actif. Leur vie quotidienne était axée sur la survie personnelle dans des conditions de privation physique et matérielle. La religion offrait un certain réconfort, tandis que les traditions sociales apportaient un certain degré de stabilité culturelle et un soulagement collectif occasionnel face aux difficultés du destin. L'autorité politique était lointaine, souvent considérée comme un prolongement de la volonté divine et souvent légitimée par des droits héréditaires. Les luttes pour le pouvoir au sommet tendaient à être restreinte à un cercle étroit de participants, tandis que les rivalités avec les communautés voisines se concentrait largement sur les possessions territoriales ou matérielles et était alimenté par des haines ethniques instinctives et/ou des croyances religieuses divergentes. Les conversations politiques, les convictions politiques et les aspirations politiques étaient le fait d'une couche sociale privilégiée dans le voisinage immédiat du dirigeant lui-même. À mesure que les sociétés devenaient plus complexes, une classe distincte de personnes engagées dans le discours politique et dans les luttes pour le pouvoir politique a émergé au sommet de la société organisée. Que ce soit à la cour de l'empereur romain ou de l'empereur chinois, les courtisans ou les mandarins étaient des crypto-politiciens actifs, bien qu'ils se consacraient davantage aux intrigues de palais qu'à des questions politiques plus générales. Et à mesure que les sociétés évoluaient et que l'alphabétisation augmentait, de plus en plus de participants ont pris part au dialogue politique : l'aristocratie terrienne dans les zones rurales, les riches marchands et artisans dans les villes en expansion, et une élite limitée d'intellectuels. Malgré tout, la population dans son ensemble est restée politiquement désengagée et en sommeil, à l'exception de poussées périodiques d'indignation violente mais largement anarchique, comme dans le cas des soulèvements paysans.

La première manifestation socialement inclusive mais géographiquement limitée de l'éveil politique a été la Révolution française. Son éruption a été provoquée par la combinaison d'une rébellion atavique venant du bas et d'une nouvelle propagation de masse venant du haut. Elle s'est produite dans une société où une monarchie traditionnelle était soutenue par une aristocratie politiquement instruite mais divisée en son sein et par une Église catholique matériellement privilégiée. Cette structure de pouvoir était alors contestée par une bourgeoisie politiquement instruite mais remuante, engagée dans l'agitation publique dans les principaux centres urbains et même par une paysannerie de plus en plus consciente de sa relative misère.

La diffusion sans précédent des pamphlets politiques dans l'histoire, facilité par la presse écrite, a rapidement traduit les ressentiments sociaux en aspirations politiques révolutionnaires cristallisées dans des slogans émotionnellement captivants : "*liberté, égalité, fraternité*".

Le violent bouleversement politique qui en a résulté a produit une soudaine poussée unificatrice de l'identité nationale collective consciente d'elle-même. Les triomphes militaires de Napoléon au lendemain de la Révolution de 1789 doivent au moins autant à la ferveur collective d'une identité nationale française politiquement éveillée qu'à son génie militaire. Et cette ferveur s'est rapidement répandue dans toute l'Europe, avec sa contagion favorisant d'abord les victoires napoléoniennes et contribuant ensuite, dans un rebondissement (ayant suscité les passions nationalistes prussiennes, autrichiennes et russes), à la défaite de Napoléon. Mais au "printemps des nations" de 1848, une grande partie de l'Europe – notamment l'Allemagne, mais aussi l'Italie, la Pologne et bientôt la Hongrie – a plongé dans une ère de nationalisme fervent et de réveil politique socialement conscient. À cette époque, les Européens les plus conscients de leurs responsabilités politiques étaient également captivés par les idéaux démocratiques d'un humanisme socialement moins révolutionnaire mais politiquement plus inspiré de la lointaine république américaine, ouverte et postaristocratique.

Pourtant, moins d'un siècle plus tard, l'Europe est victime de guerres inspirées par ses propres passions populistes conflictuelles. Les deux guerres mondiales, associées à l'anti-impérialisme explicite de la révolution bolchevique, ont contribué à faire du réveil politique de masse un phénomène mondial. Les soldats conscrits des empires coloniaux britannique et français sont rentrés chez eux imprégnés d'une nouvelle conscience de leur propre identité politique, raciale et religieuse et de leurs privations économiques. Parallèlement, l'accès croissant à l'enseignement supérieur occidental et la diffusion des idées occidentales qui en résulte ont attiré les esprits des couches supérieures des populations indigènes des colonies européennes vers des notions captivantes de nationalisme et de socialisme.

> L'un des moments les plus mémorables de ma carrière politique s'est produit en 1978, lorsque j'étais à Pékin pour lancer des efforts secrets visant à normaliser les relations sino-américaines et à forger une coalition de convenance contre l'Union Soviétique alors en pleine expansion. À la suite des négociations très délicates et très serrées avec Deng, il m'a invité de manière inattendue à un dîner privé. Alors que nous étions assis dans un pavillon donnant sur un petit lac de la Cité interdite et que je l'interrogeais sur l'évolution de ses propres opinions politiques, il a commencé à se souvenir de sa jeunesse. Notre conversation a porté sur son expédition, en tant que très jeune étudiant, de la Chine centrale (d'abord par un bateau fluvial jusqu'à la côte, puis par un bateau à vapeur) jusqu'au Paris des années 20, alors si éloigné. C'était pour lui, à l'époque, un voyage littéralement dans l'inconnu lointain. Il m'a raconté à quel point il avait été saisi par la conscience du relatif retard social de la Chine par rapport à la France et comment son sentiment d'humiliation nationale l'avait poussé à se tourner vers les enseignements marxistes sur la révolution sociale comme raccourci vers la rédemption nationale. C'est alors que son ressentiment national, son éveil politique et sa formation idéologique se sont fondus en un seul et même sentiment, et qu'il en est venu à façonner sa participation ultérieure à deux révolutions : sous Mao, pour rompre avec le passé de la Chine, puis (lorsqu'il est devenu le leader) pour façonner son avenir. Moins d'un an après ce moment mémorable, Deng Xiaoping et sa femme – au cours de la visite d'État du dirigeant chinois en Amérique – sont venus, dans un geste unique, à un dîner privé chez moi, dans la banlieue de Washington.

Nehru (Inde), Jinnah (Pakistan), Sukarno (Indonésie), Nkrumah (Ghana) et Senghor (Sénégal) ont parcouru de tels chemins, passant de leur propre éveil politique à un leadership charismatique au service d'un prosélytisme de masse, culminant dans leur leadership des émancipations nationales respectives. L'irruption soudaine du Japon dans la politique mondiale au début du XXe siècle a également stimulé un réveil politique parallèle en Chine, alors mise à mal sous la subordination humiliante imposée par les puissances européennes. Sun Yat-sen a lancé sa quête pour le renouveau de la Chine au début du XXe siècle en se basant sur ses observations personnelles de la manière dont la modernisation à l'occidentale, dont il avait pris l'initiative, avait bénéficié au Japon. Un autre jeune Chinois, Deng Xiaoping, fut imbibé par le marxisme alors qu'il était étudiant dans le lointain Paris.

En deux siècles, la révolution de la communication de masse et la diffusion progressive de l'alphabétisation, en particulier parmi la concentration croissante des résidents urbains, ont transformé l'éveil politique individuel en un phénomène de masse. L'intensité de l'édition pamphlétaire et l'émergence de journaux publiés régulièrement au cours du XIXe siècle ont commencé à alimenter les désirs populaires de changement politique. À mesure que les classes moyennes et supérieures ont pris l'habitude de lire régulièrement les journaux, leur conscience politique s'est développée et le dialogue politique sur l'état des affaires nationales est devenu un événement social normal. L'apparition de la radio au début du XXe siècle a ensuite donné à l'oratoire politique une portée nationale (pensez à Hitler) tout en donnant aux événements, même lointains, un sentiment d'immédiateté dramatique, exposant des peuples jusqu'alors politiquement passifs et semi-isolés à une cacophonie de clameurs politiques.

L'émergence récente de la télévision mondiale, puis d'Internet, a à son tour connecté des populations auparavant isolées avec le monde en général, et a également augmenté la capacité des militants politiques à atteindre et à mobiliser la loyauté et les émotions politiques de millions de personnes. La connectivité universelle de la fin du XXe siècle a transformé l'agitation politique en un processus d'apprentissage mondial de tactiques de rue dans lequel des factions politiques par ailleurs disparates et éloignées peuvent emprunter des tactiques les unes des autres. Les slogans se sont rapidement répandus du Népal à la Bolivie, tout comme les écharpes colorées de l'Iran à la Thaïlande, les vidéos de souffrance de Sarajevo à Gaza et les tactiques de manifestations urbaines de Tunis à Cairo, pour finir rapidement sur les écrans de télévision et d'ordinateur dans le monde entier. Grâce à ces nouveaux moyens de communication, l'agitation politique de masse implique désormais un rapide saut géographique de l'expérience partagée.

Dans certains pays, les "jeunesses effervescentes" démographiques – des populations disproportionnées de jeunes adultes qui se heurtent à des difficultés dans leur assimilation culturelle et économique – sont particulièrement explosifs lorsqu'ils sont combinés à la révolution des technologies de la communication. Souvent instruits mais sans emploi, la frustration et l'aliénation qui en résultent en font des recrues idéales pour les groupes militants. Selon un rapport de Population Action International publié en 2007, les jeunes étaient présents dans 80% des sites conflits civiques entre 1970 et 1999. Il est également à noter que le Moyen-Orient et le monde musulman au sens large comptent une proportion de jeunes supérieure à la moyenne. L'Irak, l'Afghanistan, les territoires palestiniens, l'Arabie Saoudite et le Pakistan ont tous une population jeune massive que leurs économies ne peuvent pas absorber et qui est susceptible de désaffection et de militantisme. C'est dans cette région, de l'est de l'Égypte à l'ouest de la Chine, que l'accélération du réveil politique a le plus grand potentiel de bouleversements violents. C'est en effet une poudrière démographique. Des réalités démographiques tout aussi dangereuses prévalent dans des pays africains comme le Congo et le Nigeria ainsi que dans certains pays d'Amérique latine.

La jeune génération d'aujourd'hui est particulièrement sensible à l'éveil politique car l'Internet et les téléphones portables libèrent ces jeunes adultes de leur réalité politique locale souvent limitée. Ils sont également la masse politique la plus encline au militantisme. Dans une grande partie du monde actuel, les millions d'étudiants universitaires sont donc l'équivalent du concept de "prolétariat" de Marx : les travailleurs post-paysans agités et rancuniers du début de l'ère industrielle, sensibles à l'agitation idéologique et à la mobilisation révolutionnaire. Les slogans politiques diffusés par les médias peuvent traduire leurs sentiments souvent incohérents en formulations simples et ciblées et en prescriptions d'action. Plus ces dernières peuvent être liées aux ressentiments et aux émotions profondes, plus elles deviennent mobilisatrices sur le plan politique. Il n'est pas surprenant que les discours sur la démocratie, l'État de droit ou la tolérance religieuse aient moins de résonance. Dans certains cas, les visions manichéennes, qui prennent racine dans des réactions à des humiliations raciales, ethniques ou religieuses ressenties subjectivement, ont un attrait plus puissant, comme en Iran en 1979. Elles expliquent mieux ce que les jeunes ressentent tout en légitimant leur soif de châtiment, voire de vengeance.

Les soulèvements populaires en Afrique du Nord et au Moyen-Orient au cours des premiers mois de 2011 fournissent un exemple particulièrement frappant des conséquences potentielles de l'accélération du réveil politique, caractérisé par la convergence de la jeunesse effervescentes de mécontents avec les technologies de communication de masse de plus en plus accessibles. Ils ont été poussés par le ressentiment contre les dirigeants nationaux corrompus et insensibles. Les frustrations locales liées au chômage, à la privation de droits politiques et aux périodes prolongées de lois "d'urgence" ont fourni l'impulsion motivante immédiate. Des dirigeants qui étaient restés au pouvoir pendant des décennies se sont soudainement retrouvés confrontés au réveil politique qui se produisait au Moyen-Orient depuis la fin de l'ère impériale. L'interaction entre les populations de jeunes du Moyen-Orient, privées de leurs droits mais politiquement éveillées, et la révolution des technologies de la communication est aujourd'hui une réalité géopolitique importante de ce siècle.

Dans ses toutes premières phases, le réveil politique a tendance à être plus impatient et plus enclin à la violence. Sa passion est alimentée par un profond sentiment de suffisance historiquement justifiée. En outre, le réveil politique précoce se caractérise par une focalisation sur l'identité nationale, ethnique et religieuse – en particulier l'identité définie par l'opposition à une force extérieure détestée plutôt que par des concepts politiques abstraits. Ainsi, les nationalismes populistes en Europe ont d'abord été enflammés par l'opposition aux conquêtes de Napoléon. Les agitations politiques japonaises de la fin de la période Tokugawa du XIXe siècle prirent d'abord la forme d'une agitation antiétrangère, puis ont été transformées au cours de la première moitié du XXe siècle en un nationalisme expansionniste et militariste. L'opposition chinoise à la domination impériale a fait violemment surface lors de la rébellion des Boxers au début du XXe siècle et a progressivement conduit à une révolution nationaliste et à des guerres civiles.

Dans le monde postcolonial d'aujourd'hui, les personnes nouvellement réveillées politiquement participent à un récit historique commun qui interprète leur dénuement relatif, leur domination extérieure prolongée, le déni de leur dignité et leur désavantage personnel continu comme l'héritage collectif de la domination occidentale. Son arête anticoloniale est dirigée vers l'Occident, nourrie par des souvenirs encore vifs du colonialisme britannique, français, portugais, espagnol, belge, néerlandais, italien et allemand. Dans les pays musulmans du Moyen-Orient, même si de nombreux jeunes musulmans sont fascinés par la culture de masse américaine, l'intense ressentiment contre l'intrusion militaire américaine au Moyen-Orient ainsi que son soutien à Israël est désormais considérée également comme une extension de l'impérialisme occidental et donc comme une source majeure de leur dénuement ressenti.[3]

Une analyse pressentie de ce phénomène a conclu, peu après la fin de la guerre froide, qu'"un ingrédient commun et fondamental des non-occidentalismes culturels actuels est un profond ressentiment contre l'Occident"[4], citant comme exemple évocateur le poème "Vautours" du poète sénégalais David Diop :

> *À l'époque,*
>
> *Quand la civilisation nous a donné un coup de pied au visage*
>
> *Quand l'eau bénite a giflé nos sourcils crissant*
>
> *Les vautours bâtis à l'ombre de leurs serres*
>
> *Le monument de la tutelle taché de sang...*

---

[3] Dans une enquête Pew 2010, le pourcentage de personnes interrogées ayant une opinion favorable des États-Unis était de 17% en Turquie, 17% en Égypte, 21% en Jordanie, 52% au Liban et 17% au Pakistan. Dans cette même enquête, le pourcentage de personnes interrogées qui estiment que les États-Unis tiennent compte des intérêts de leur pays lorsqu'ils élaborent leur politique étrangère, soit "beaucoup", soit "assez", était de 9% en Turquie, 15% en Égypte, 26% en Jordanie, 19% au Liban et 22% au Pakistan.
Dans une enquête de Pew 2008, le pourcentage de personnes interrogées qui associaient selfishness à des personnes de pays occidentaux était de 81% en Indonésie, 73% en Jordanie, 69% en Turquie, 67% parmi les musulmans britanniques, 63% en Égypte, 57% parmi les musulmans allemands, 56% au Nigeria, 54% au Pakistan, 51% parmi les musulmans français et 50% parmi les musulmans espagnols. Dans cette même enquête, le pourcentage de personnes interrogées qui associaient l'arrogance aux habitants des pays occidentaux était de 74% au Nigeria, 72% en Indonésie, 67% en Turquie, 64% parmi les musulmans britanniques, 53% au Pakistan, 49% en Égypte, 48% en Jordanie, 48% parmi les musulmans allemands, 45% parmi les musulmans français et 43% parmi les musulmans espagnols.

[4] Donald J. Puchala, "L'histoire de l'avenir des relations internationales," *Ethics and International Relations* 8 (1994) : 197.

Le poème résume le sentiment anti-impérialiste d'une partie de la nouvelle intelligentsia des régions postcoloniales. Si de telles vues hostiles de l'Occident devaient devenir la mentalité universelle des populations politiquement actives des pays émergents, les valeurs démocratiques plus bénignes que l'Occident propageait si heureusement au début du XXe siècle pourraient historiquement devenir sans objet.

Deux autres conséquences indirectes du phénomène de l'éveil politique mondial sont également à noter. La première est qu'il marque la fin de campagnes militaires relativement peu coûteuses et unilatérales menées par des forces expéditionnaires occidentales technologiquement supérieures contre des populations indigènes politiquement passives, mal armées et rarement unies. Au cours du XIXe siècle, les combattants autochtones ont généralement subi des pertes dans un rapport de 100 contre 1 par rapport à leurs adversaires bien organisés et bien mieux armés, lors de batailles frontales contre les Britanniques en Afrique centrale, contre les Russes dans le Caucase ou contre les Américains par les Indiens. En revanche, l'aube du réveil politique a stimulé un sentiment plus large d'engagement commun, augmentant considérablement les coûts de la domination extérieure, comme l'a démontré ces dernières années la résistance populaire très motivée, beaucoup plus persistante et tactiquement non conventionnelle ("la guerre du peuple") des Vietnamiens, des Algériens, des Tchétchènes et des Afghans contre la domination étrangère. Dans les batailles de volonté et d'endurance qui en ont résulté, les plus avancés technologiquement n'ont pas nécessairement été les vainqueurs.

Deuxièmement, la diffusion généralisée de l'éveil politique a donné une importance particulière à une dimension auparavant absente de la politique mondiale concurrentielle : la rivalité systémique mondiale. Avant le début de l'ère industrielle, les prouesses militaires (armement, organisation, motivation, formation et leadership stratégique), soutenues par une trésorerie adéquate, étaient l'atout central et déterminant dans la quête d'un statut dominant, la question étant souvent résolue par une seule bataille terrestre ou maritime décisive.

À notre époque, la performance sociétale comparative, telle

qu'elle est jugée par le public, est devenue une composante significative de l'influence nationale. Avant 1800, aucune attention n'était accordée aux statistiques sociales comparatives – et elles n'étaient pas facilement disponibles – dans les rivalités entre la France et la Grande-Bretagne, ou l'Autriche-Hongrie et l'Empire ottoman, sans parler de la Chine et du Japon. Mais en moins d'un siècle, les comparaisons sociétales ont pris une importance croissante dans l'élaboration des classements internationaux concurrentiels dans l'opinion publique, en particulier pour les principaux protagonistes tels que les États-Unis et l'URSS pendant la guerre froide, ou actuellement les États-Unis et la Chine. La prise de conscience discriminatoire des différentes conditions sociales est désormais courante. L'accès rapide et étendu aux nouvelles et informations internationales, la disponibilité de nombreux indices sociaux et économiques, les interactions croissantes entre des économies et des bourses géographiquement éloignées, et la dépendance généralisée à l'égard de la télévision et d'Internet sont autant d'éléments qui produisent un flot continu d'évaluations comparatives des performances réelles et des promesses d'avenir de tous les grands systèmes sociaux. La rivalité systémique entre les principaux concurrents est désormais examinée en permanence et son issue future est actuellement considérée par le monde entier comme particulièrement dépendante des performances relatives – soigneusement mesurées et projetées même des décennies à l'avance – des économies et des systèmes sociaux de l'Amérique et de la Chine respectivement.

En résulte l'effet général d'un monde qui est maintenant façonné à un degré sans précédent par l'interaction des émotions populaires, des perceptions collectives et des récits conflictuels d'une humanité qui n'est plus subjectivement soumise au pouvoir objectif d'une région politiquement et culturellement spécifique. En conséquence, l'Occident en tant que tel n'est pas fini, mais sa suprématie mondiale est terminée. Cela souligne à son tour la dépendance centrale du rôle futur de l'Occident vis-à-vis de l'Amérique, de sa vitalité intérieure et de la pertinence historique de sa politique étrangère. La façon dont le système américain fonctionne sur le plan intérieur et dont l'Amérique se comporte à l'étranger déterminera la place et le rôle de l'Occident dans le nouveau contexte mondial, objectif et subjectif. Ces deux questions sont aujourd'hui largement ouvertes et leur résolution constructive relève en fin de compte de la responsabilité historique unique de l'Amérique actuelle.

L'attrait continu du système américain – la pertinence vitale de ses principes fondateurs, le dynamisme de son modèle économique, la bonne volonté de son peuple et de son gouvernement – est donc essentiel si l'Amérique veut continuer à jouer un rôle mondial constructif. Ce n'est qu'en démontrant la capacité de performance supérieure de son système sociétal que l'Amérique pourra retrouver son élan historique, en particulier face à une Chine de plus en plus attractive pour le tiers monde. Par exemple, lorsque les États-Unis se sont présentés comme le champion incontesté de l'anticolonialisme à la fin de la Seconde Guerre mondiale, l'Amérique est devenue l'alternative favorite des États qui cherchaient à se moderniser par le biais de la libre entreprise, surtout par rapport à la Grande-Bretagne. Il est plus facile pour un État d'assurer ses intérêts lorsqu'il est perçu par les autres comme étant dans le vent de l'histoire. Bien qu'il n'existe pas encore d'alternative explicitement idéologique aux États-Unis en ce nouveau siècle, le succès continu de la Chine pourrait devenir une alternative systémique si le système américain venait à être largement considéré comme un modèle non pertinent.

Dans un tel cas, l'Occident tout entier pourrait se retrouver en danger. Le déclin historique de l'Amérique saperait l'autonomie politique et l'influence internationale de l'Europe, qui se retrouverait alors seule dans un monde potentiellement plus turbulent. L'Union européenne – avec sa population vieillissante, ses taux de croissance plus faibles, ses dettes publiques encore plus importantes que celles de l'Amérique et, à ce stade de son histoire, l'absence d'une ambition "européenne" commune d'agir comme une grande puissance – ne pourra probablement pas remplacer l'attrait autrefois irrésistible de l'Amérique ni remplir son rôle mondial.

L'UE risque donc de ne pas pouvoir servir de modèle à d'autres régions. Trop riche pour être utile aux pauvres du monde, elle attire l'immigration mais ne peut encourager l'imitation. Trop passive en matière de sécurité internationale, elle ne jouit pas de l'influence nécessaire pour décourager l'Amérique de poursuivre des politiques qui ont intensifié les clivages mondiaux, en particulier avec le monde islamique. Trop autosatisfaite, elle agit comme si son objectif politique central était de devenir la maison de retraite la plus confortable du monde. Trop figée dans ses habitudes, elle craint la diversité multiculturelle. La moitié de l'Occident géopolitique s'étant ainsi désengagée de toute participation active à la garantie de la stabilité géopolitique mondiale à un moment où le nouvel ordre de pouvoir mondial manque de cohérence et de vision commune de l'avenir, la tourmente mondiale et la montée de l'extrémisme politique pourraient devenir l'héritage involontaire de l'Occident.

Paradoxalement, cela rend l'auto-revitalisation de l'Amérique plus cruciale que jamais.

# Partie 2

## LE DÉCLIN DU RÊVE AMÉRICAIN

L'AMÉRIQUE, POUR LE MEILLEUR OU POUR LE PIRE, est au centre de l'attention mondiale. Plus que tout autre pays, la démocratie multiethnique de l'Amérique a été et est encore l'objet de la fascination, de l'envie et même de l'hostilité occasionnelle des masses mondiales politiquement conscientes. Cette réalité fondamentale suscite certaines questions critiques : Le système américain est-il encore un exemple digne d'être imité dans le monde entier ? Les masses politiquement éveillées voient-elles l'Amérique comme le signe d'espoir de leur propre avenir ? Considèrent-elles l'Amérique comme exerçant une influence positive dans les affaires mondiales ? Étant donné que la capacité de l'Amérique à influer sur les événements internationaux de manière constructive dépend de la façon dont le monde perçoit son système social et son rôle mondial, il s'ensuit que la position de l'Amérique dans le monde diminuera inévitablement si les réalités intérieures négatives et les initiatives étrangères ressenties au niveau international délégitiment le rôle historique de l'Amérique. Par conséquent, les États-Unis, avec toutes leurs forces inhérentes et uniques sur le plan historique, doivent surmonter leurs défis intérieurs ahurissants et réorienter leur politique étrangère à la dérive afin de retrouver l'admiration du monde et raviver leur primauté systémique.

### I : LE RÊVE AMÉRICAIN PARTAGÉ

Au fil des décennies, le "rêve américain" a captivé des millions de personnes et les a attirées sur les côtes américaines. Ce n'est pas un hasard si l'Amérique continue d'attirer les plus motivés, non seulement parmi les personnes déjà très instruites ou celles qui cherchent à faire des études supérieures, mais aussi parmi celles qui sont déterminées à sortir du cycle de l'esclavage de la pauvreté dans leurs propres sociétés moins favorisées. De nombreux scientifiques, médecins et entrepreneurs étrangers voient encore des opportunités professionnelles plus gratifiantes pour eux en Amérique que chez eux. Leurs homologues plus jeunes cherchent à accéder aux écoles supérieures américaines parce qu'un diplôme de haut niveau délivré aux États-Unis améliore leurs perspectives de carrière, tant dans leur pays qu'à l'étranger. Parmi le million d'étudiants qui étudient ici chaque année, nombreux sont ceux qui restent, séduits par les possibilités qu'offre l'Amérique. De même, les pauvres centraméricains qui, dans certains cas, risquent leur vie pour accéder au marché du travail américain peu qualifié, font un choix individuel qui les distingue de ceux qui n'osent pas s'engager dans un voyage aussi risqué. Pour des personnes aussi motivées, l'Amérique reste le raccourci le plus attrayant au monde pour accéder à une vie bien meilleure. Et l'Amérique a été l'ultime bénéficiaire de leurs aspirations personnelles.

La clé de l'attrait historique prolongé de l'Amérique a été sa combinaison d'idéalisme et de matérialisme, qui sont tous deux de puissantes sources de motivation pour la psyché humaine. L'idéalisme exprime le meilleur des instincts humains car il sanctifie la priorité des autres sur soi-même et exige le respect social et politique du caractère sacré intrinsèque de tous les humains. Les auteurs de la Constitution américaine ont résumé cet idéalisme en cherchant à structurer un système politique qui protège les hypothèses fondamentales communes concernant les "droits inaliénables" de l'être humain (bien qu'il n'interdise pas l'esclavage, ce qui est honteux). L'idéalisme politique s'est ainsi institutionnalisé. Dans le même temps, la réalité même des espaces ouverts de l'Amérique et l'absence de tradition féodale ont fait que les opportunités matérielles du pays nouvellement émergent, avec ses frontières illimitées, ont séduit ceux qui souhaitaient non seulement une émancipation personnelle mais aussi un enrichissement personnel. Sur ces deux plans, la citoyenneté et l'esprit d'entreprise, l'Amérique offrait ce qui manquait alors à l'Europe et au reste du monde.

Le double appel de l'idéalisme et du matérialisme ont défini l'Amérique dès le début. Elle a également attiré des gens d'outre-Atlantique qui désiraient pour leur propre pays la promesse inhérente à la Révolution américaine. Qu'il s'agisse de Lafayette en France ou de Kosciuszko en Pologne pendant la guerre d'indépendance américaine, ou de Kossuth en Hongrie au milieu du XIXe siècle, leur engagement personnel pour l'Amérique a popularisé en Europe l'image d'un nouveau type de société digne d'être imité. L'admiration des Européens a été encore renforcée par la dissection tranchante de de Tocqueville sur les rouages de la nouvelle démocratie américaine et par les aperçus captivants de Mark Twain sur l'unicité sans entrave de la vie aux frontières de l'Amérique.

Mais rien de tout cela n'aurait été aussi attrayant pour les masses d'immigrants au début de leur séjour en Amérique, si ce n'était les abondantes opportunités matérielles de la jeune nation. Les terres libres et l'absence de maîtres féodaux leur tendaient les bras. L'expansion économique, alimentée par la main-d'œuvre bon marché des immigrants, a créé des opportunités commerciales sans précédent. Les lettres des immigrants à leurs proches au pays répandent une vision tentante, souvent très exagérée, de leur réussite personnelle dans la poursuite du rêve américain. Hélas, certains ont dû supporter la douloureuse découverte que les rues de l'Amérique n'étaient en fait pas "pavées d'or".

L'absence de menaces extérieures majeures évidentes et le sentiment d'éloignement sûr (contrairement aux réalités qui prévalent de l'autre côté de l'océan), la nouvelle conscience de la liberté personnelle et religieuse, et la tentation des opportunités matérielles sans frontière ont fait de l'idéalisation de ce nouveau mode de vie un synonyme de la réalité. Elle a également contribué à obscurcir, voire à justifier, ce qui aurait autrement dû être profondément troublant : l'expulsion progressive, puis l'extinction des Indiens (avec la loi sur le déplacement des Indiens, adoptée par le Congrès en 1830, représentant le premier cas formel de nettoyage ethnique), et la persistance de l'esclavage suivie d'une répression sociale prolongée et de la ségrégation des Noirs américains. Mais la version largement idéalisée de la réalité américaine propagée par les Américains eux-mêmes n'était pas seulement une image de soi gratifiante, elle était aussi largement partagée à l'étranger, notamment en Europe.

En conséquence, l'image moins nette des États-Unis, entretenue par le voisinage immédiat de l'Amérique au sud, a été largement ignorée jusqu'à quelques décennies après le début du XXe siècle. Pour le Mexique, la nouvelle Amérique était quelque chose de très différent : une puissance expansionniste et avide de territoire, impitoyable dans sa poursuite d'intérêts matériels, impérialiste dans ses ambitions internationales et hypocrite dans ses affections démocratiques. Et si l'histoire mexicaine elle-même n'est pas irréprochable, une grande partie de ses griefs nationaux contre l'Amérique était fondée sur des faits historiques. L'Amérique s'est développée aux dépens du Mexique, avec un élan impérial et une avarice territoriale qui ne correspond pas tout à fait à l'image internationale attrayante de la jeune république américaine. Peu après, l'élan de cette expansion a abouti à l'implantation du drapeau américain dans le royaume hawaïen et quelques décennies plus tard même à travers le Pacifique, aux Philippines (dont les États-Unis ne se sont retirés qu'après la Seconde Guerre mondiale). Cuba et certaines parties de l'Amérique centrale ont également eu maille à partir avec la puissance américaine qui n'étaient pas sans rappeler l'expérience du Mexique.

Ailleurs, les attitudes envers l'Amérique étaient plus mitigées au XIXe siècle et au début du XXe. Certaines parties de l'Amérique du Sud ont d'abord été captivées par le rejet par l'Amérique de la domination européenne, et certaines ont également imité l'innovation constitutionnelle américaine. Mais la doctrine Monroe, qui interdisait l'intervention européenne dans l'hémisphère occidental, était considérée de manière ambivalente, certains Sud-Américains soupçonnant que sa véritable motivation était intéressée. L'antagonisme politique et culturel a progressivement fait surface, en particulier parmi les parties politiquement actives de l'intelligentsia de la classe moyenne. Deux pays sud-américains aux ambitions régionales, l'Argentine de Péron et le Brésil de Vargas, ont explicitement contesté la domination régionale américaine au cours du XXe siècle. Les pays d'Asie, géographiquement plus éloignés et dont le réveil politique est retardé, ont également été vaguement attirés par les remarquables développement matériel, mais il leur manquait l'enthousiasme intellectuel et l'affinité idéologique de l'Europe.

Au cours du XXe siècle, la position mondiale de l'Amérique a atteint deux fois des sommets vertigineux. Sa première manifestation a eu lieu au lendemain de la première guerre mondiale, et la seconde à la fin de la guerre froide. Le nouveau statut international de l'Amérique était alors symbolisé par l'idéalisme du président Wilson, qui contrastait fortement avec l'héritage impérial et colonial de l'Europe. Pour les praticiens de la puissance internationale, il était évident que l'intervention militaire de l'Amérique dans la Première Guerre mondiale et, plus encore, son rôle prééminent dans la définition des nouveaux principes d'autodétermination nationale pour les réarrangements de pouvoir intra-européens marquaient l'entrée sur la scène mondiale d'un État puissant doté d'un attrait idéologique et matériel unique. Cet attrait n'a pas été diminué même par le fait que, pour la première fois, l'Amérique idéalisée fermait ses portes à l'immigration étrangère. Le plus important était que le nouvel engagement mondial de l'Amérique avait commencé à remodeler les schémas fondamentaux des affaires internationales.

Cependant, la Grande Dépression, survenu à peine dix ans plus tard, a été un signal d'alarme de la vulnérabilité interne du système américain et une secousse à l'appel mondial de l'Amérique. La crise économique soudaine, avec son chômage massif et ses difficultés sociales, a mis en évidence les faiblesses fondamentales et les iniquités du système capitaliste américain ainsi que l'absence connexe d'un filet de sécurité sociale efficace (que l'Europe commençait à peine à expérimenter). Le mythe de l'Amérique comme terre d'opportunité a néanmoins persisté, en grande partie parce que la montée de l'Allemagne nazie a constitué un défi direct aux valeurs que l'Europe et l'Amérique prétendaient partager. En outre, peu après, l'Amérique est devenue le dernier espoir de l'Europe après l'éclatement de la Seconde Guerre mondiale. La Charte de l'Atlantique codifiait ceux qui partageaient ces valeurs mais les menaçaient et reconnaissait, en effet, que leur survie dépendait en fin de compte de la puissance de l'Amérique. L'Amérique est également devenue le point central de refuge pour les immigrants européens fuyant la montée du nazisme, l'évasion des fléaux de la guerre et la crainte croissante de la propagation du communisme. Contrairement aux périodes précédentes, un pourcentage beaucoup plus élevé des nouveaux arrivants étaient bien éduqués, ce qui explique de manière tangible le développement social et le statut international de l'Amérique.

Peu après la fin de la Seconde Guerre mondiale, l'Amérique a dû faire face à un nouveau défi : celui de la rivalité systémique avec l'Union Soviétique. Le nouveau rival était non seulement un concurrent sérieux pour la puissance mondiale, mais il offrait également une alternative ambitieuse qui lui était propre en réponse à la quête d'un avenir meilleur pour l'humanité. La combinaison de la Grande Dépression en Occident et de l'émergence de l'Union Soviétique comme principal vainqueur géopolitique de la Seconde Guerre mondiale – Moscou dominant à la fin des années 1940 une grande partie de l'Eurasie, y compris à l'époque même la Chine – a encore renforcé l'attrait du communisme soviétique. Sa combinaison brute et plus idéologique d'idéalisme et de matérialisme a ainsi permis de lutter à l'échelle mondiale contre la promesse du rêve américain.

Dès ses débuts révolutionnaires, le nouvel État soviétique a affirmé qu'il était en train de créer la première société mondiale parfaitement juste. Confiante dans les perspectives historiques uniques du marxisme, l'URSS a inauguré une nouvelle ère d'innovation sociale délibérément planifiée, prétendument fondée sur des principes égalitaires institutionnalisés de manière coercitive par une direction éclairée. L'idéalisme coercitif au service du matérialisme rationnel est devenu une formule utopique contagieuse.

Bien que motivée par la terreur de masse, le travail forcé, les déportations à grande échelle et les meurtres commandités par l'État, la formule soviétique a touché une corde sensible chez de nombreuses personnes dans l'humanité politiquement éveillée et secouée par deux guerres successives et extrêmement sanglantes. Elle a séduit les couches les plus pauvres de l'Occident plus avancé, dont la confiance au progrès industriel a été sapé par la Grande Dépression, les masses de plus en plus anticoloniales d'Asie et d'Afrique, et surtout les intellectuels radicaux en quête de certitude historique pendant un siècle de bouleversements. Même peu après la révolution bolchevique, alors que l'expérience était à peine entamée au milieu des privations sociales et de la guerre civile, elle a attiré l'adhésion d'intellectuels étrangers en visite, rappelant les premiers effets de l'Amérique. "J'ai été dans le futur, et ça marche", proclamait le célèbre écrivain politique américain de gauche des étoiles plein les yeux, Lincoln Steffens, après une brève visite en Russie en 1919.

Dans les décennies qui ont suivi, cette conviction a servi de cadre à la glorification générale de l'expérience soviétique et à l'indifférence, voire à la justification, face à l'ampleur sans précédent de ses massacres. Que ce soit Jean-Paul Sartre ou Kim Philby, des clercs anglicans ou des prédicateurs quakers, des militants politiques anticoloniaux d'Asie ou d'Afrique, ou même un ancien vice-président des États-Unis visitant un camp de concentration soviétique qui lui a été présenté comme un centre de réhabilitation sociale, l'idée que la construction délibérément "rationnelle" de l'avenir de l'Union Soviétique était une amélioration du développement largement spontané de l'Amérique est devenue largement séduisante à une époque où, pour la première fois, l'ingénierie sociale semblait réalisable.

L'attrait trompeur du système soviétique était renforcé par les affirmations selon lesquelles, en Union Soviétique, l'égalité sociale, le plein emploi et l'accès universel aux soins médicaux devenaient en fait une réalité. En outre, au milieu des années 60, les succès soviétiques dans la phase initiale de la compétition spatiale avec les États-Unis, sans parler de l'accumulation de l'arsenal nucléaire russe, semblaient préfigurer un triomphe soviétique inévitable dans la rivalité idéaliste/matérialiste plus large avec l'Amérique. En fait, un tel résultat a même été officiellement prédit par les dirigeants soviétiques, qui ont publiquement affirmé que d'ici les années 1980, l'économie soviétique dépasserait celle des États-Unis.

Ce défi systémique ouvert en premier lieu à l'Amérique a pris fin abruptement un quart de siècle plus tard, plus ou moins au moment où le Kremlin s'attendait à ce que l'Union Soviétique atteigne une prééminence systémique mondiale. Pour diverses raisons, dont certaines sont liées aux erreurs de la politique étrangère soviétique et d'autres à la stérilité idéologique intérieure, à la dégénérescence bureaucratique et à la stagnation socio-économique, sans parler de l'agitation politique croissante en Europe de l'Est et l'hostilité de la Chine – l'Union Soviétique a implosé. Son implosion a révélé une vérité ironique : les prétentions soviétiques à la supériorité, dont se sont fait l'écho des admirateurs extérieurs, ont été exposées comme une imposture dans presque toutes les dimensions sociales. Ce grand échec avait été occulté par la prétention intellectuellement attrayante de gestion sociale "scientifique" revendiquée par une élite dirigeante qui cachait cyniquement ses privilèges tout en exerçant un contrôle totalitaire. Une fois que ce contrôle s'est effondré, le système politique soviétique en pleine désintégration a dévoilé une société de retard et de privation relatives. En réalité, l'Union Soviétique n'avait été rivale de l'Amérique que dans une seule dimension : la puissance militaire. Ainsi, pour la deuxième fois au XXe siècle, l'Amérique était sans rivale.

Après 1991, il a semblé que le triomphe de l'Amérique pourrait durer longtemps, sans rival en vue, sans imitation dans le monde entier et avec une histoire apparemment arrêtée. La rivalité systémique étant ainsi considérée comme terminée, les dirigeants américains, dans une imitation quelque peu ironique de leurs rivaux soviétiques déchus, ont commencé à parler du vingt-et-unième siècle comme d'un autre siècle américain. Le président Bill Clinton a donné le ton dans son deuxième discours inaugural du 20 janvier 1997 : "En cette dernière inauguration présidentielle du XXe siècle, levons les yeux vers les défis qui nous attendent au cours du siècle prochain. À l'aube du XXIe siècle... l'Amérique est la seule nation indispensable au monde." Son successeur, le président George W. Bush, lui a fait écho, de façon beaucoup plus grandiose : "Notre nation est choisie par Dieu et mandatée par l'histoire pour être un modèle pour le monde" (28 août 2000).

Mais en peu de temps, la combinaison de l'impressionnant bond de la Chine dans les rangs supérieurs de la hiérarchie mondiale – faisant renaître l'anxiété nationale latente depuis la spectaculaire montée économique du Japon dans les années 1980 – et de l'endettement croissant des États-Unis dans les années 2000 a généré une incertitude croissante quant à la durabilité à long terme de la vitalité économique américaine. Après le 11 septembre, la vaguement définie "guerre contre le terrorisme" et son expansion en 2003 en une guerre unilatérale contre l'Irak ont précipité une délégitimisation largement répandue de la politique étrangère américaine, même parmi ses amis. La crise financière de 2008-2009 a ensuite ébranlé la confiance dans la capacité des États-Unis à maintenir leur leadership économique sur le long terme tout en posant des questions fondamentales sur la justice sociale et l'éthique commerciale du système américain.

Pourtant, même la crise financière et la récession qui l'a suivie de

2007 à 2009 – accompagnée de révélations choquantes sur la spéculation irresponsable et avide de Wall Street, incompatible avec les notions de base d'un capitalisme socialement responsable et productif – n'a pas pu effacer entièrement l'image profondément ancrée à l'étranger du succès distinctif de l'Amérique à mélanger l'idéalisme politique et le matérialisme économique. Il est frappant de constater que peu après cette crise, la chancelière allemande, Angela Merkel, a ardemment proclamé dans un discours au Congrès américain (3 novembre 2009) son engagement "passionné" en faveur du "rêve américain". Elle l'a défini comme "la possibilité pour chacun de réussir, de s'accomplir dans la vie par son effort personnel", ajoutant avec une grande conviction qu'"il n'y a encore rien qui m'inspire plus, rien qui me stimule plus, rien qui ne me donne plus de sentiments positifs que le pouvoir de la liberté" inhérent au système américain.

Le message de Mme Merkel comportait toutefois un avertissement implicite sur ce que cela pourrait signifier pour l'Occident si l'image particulière du *American way of life* devait s'estomper. Et cette image a commencé à pâlir, même avant la crise de 2008. L'image de l'Amérique était plus convaincante à une époque où elle était considérée de loin, comme elle l'a été jusqu'à la seconde moitié du XXe siècle, ou lorsqu'elle était considérée comme le défenseur de l'Occident démocratique dans deux guerres mondiales, ou comme le contrepoids nécessaire au totalitarisme soviétique, et surtout lorsqu'elle est apparue comme le vainqueur incontestable de la guerre froide. Mais dans le cadre historiquement nouveau d'une Amérique à cheval sur le monde, les lacunes internes de l'Amérique n'étaient plus à l'abri d'un examen minutieux et critique. L'idéalisation générale de l'Amérique a fait place à des évaluations plus approfondies. Ainsi, le monde est devenu plus conscient que l'Amérique – bien qu'elle soit l'espoir de beaucoup de ceux qui ont la volonté et la volonté personnelles de s'en sortir – est un pays qui a besoin d'une approche plus globale.

L'ambition de faire partie du "rêve américain" – est assaillie par de sérieux défis opérationnels : une dette nationale massive et croissante, des inégalités sociales croissantes, une culture de la corne d'abondance qui vénère le matérialisme, un système financier adonné à la spéculation avide, et un système politique polarisé.

## 2 : Au-delà de l'illusion sur soi-même

Les Américains doivent comprendre que notre force à l'étranger dépendra de plus en plus de notre capacité à affronter les problèmes chez nous. Des décisions nationales délibérées concernant les améliorations systémiques nécessaires sont désormais la condition préalable essentielle à toute évaluation raisonnable des perspectives mondiales de l'Amérique. Cela exige de la part des Américains une prise de conscience claire concernant les vulnérabilités de leur pays ainsi que de ses forces résiduelles au niveau mondial. Une évaluation lucide est le point de départ nécessaire des réformes qui sont essentielles si l'Amérique veut conserver sa position de leader mondial tout en protégeant les valeurs fondamentales de son ordre intérieur.

Six dimensions critiques se dégagent comme les principaux passifs de l'Amérique, et de plus en plus menaçants :

Tout d'abord, la dette nationale croissante et finalement insoutenable de l'Amérique. Selon le bureau du budget du Congrès, publié en août 2010 sous le titre "Budget and Economic Outlook", la dette publique américaine en pourcentage du PIB s'élevait à environ 60% – un chiffre troublant, mais qui ne place pas les États-Unis dans le peloton de tête des pires délinquants mondiaux (la dette nationale du Japon, par exemple, s'élève à environ 115% du PIB selon les chiffres de la dette nette de l'OCDE, bien que la majeure partie soit détenue par les Japonais eux-mêmes ; la Grèce et l'Italie se situent chacune à environ 100%). Mais le déficit structurel du budget entraîné par le départ imminent à la retraite de la génération du baby-boom laisse présager un défi significatif à long terme. Selon une étude de la Brookings Institution d'avril 2010 qui projette la dette américaine selon diverses hypothèses, la dette actuelle de l'administration Obama devrait permettre à la dette nationale américaine de dépasser le niveau record de 108,6% du PIB atteint après la Seconde Guerre mondiale d'ici 2025. Étant donné que le paiement de cette trajectoire de dépenses nécessiterait une augmentation substantielle des impôts, pour laquelle il n'existe actuellement aucune volonté nationale, la réalité incontournable est que l'endettement national croissant augmentera la vulnérabilité des États-Unis face aux machinations des principales nations créancières telles que la Chine, qui menacent le statut du dollar américain en tant que monnaie de réserve mondiale, sapent le rôle de l'Amérique en tant que modèle économique prééminent du monde et, par conséquent, son leadership dans des organisations telles que le G-20, la Banque mondiale et le FMI, et limitent sa capacité à s'améliorer sur le plan intérieur et, à un certain moment même, à réunir les capitaux nécessaires pour conduire les guerres nécessaires.

Les sombres perspectives de l'Amérique ont récemment été résumées en ces termes sinistres par deux défenseurs expérimentés des politiques publiques, R. C. Altman et R. N. Haass, dans leur article de 2010 dans *Foreign Affairs* intitulé "La débauche du pouvoir américain" : "Les perspectives fiscales d'après 2020 sont carrément apocalyptiques. Les États-Unis s'approchent rapidement d'un tournant : soit elle agira pour mettre de l'ordre dans ses finances, rétablissant ainsi les conditions de sa primauté dans le monde, soit elle n'agira pas et en subira les conséquences tant au niveau national qu'international". Si l'Amérique continue à remettre à plus tard l'instauration d'un plan de réforme sérieux qui réduise les dépenses et augmente les recettes, les États-Unis risquent de connaître un sort similaire à celui des grandes puissances paralysées de l'ancien monde, qu'il s'agisse de la Rome antique ou de la Grande-Bretagne du XXe siècle.

Deuxièmement, le système financier américain déficient est un handicap majeur. Il présente une double vulnérabilité : D'abord, il s'agit d'une bombe à retardement systémique qui menace non seulement l'économie américaine mais aussi l'économie mondiale en raison de son comportement risqué et croissant. Ensuite, il a produit un risque moral qui provoque l'indignation sur le plan intérieur et sape l'attrait de l'Amérique à l'étranger en intensifiant ses dilemmes sociaux. L'excès, le déséquilibre et l'imprudence des banques d'investissement et des compagnies commerciales américaines – encouragés par l'irresponsabilité du Congrès concernant la déréglementation du financement de l'accession à la propriété, et poussés par la cupidité des spéculateurs de Wall Street, a provoqué la crise financière de 2008 et la récession qui s'en est suivie, infligeant des difficultés économiques à des millions de gens[5].

Pour aggraver les choses, les spéculateurs financiers au sein des banques et des fonds spéculatifs, à l'abri du contrôle des actionnaires, ont récolté d'énormes profits personnels sans le bénéfice rédempteur de l'innovation économique ou de la création d'emplois. La crise de 2008 a également révélé la déconnexion frappante déjà constatée entre la vie de ceux qui sont au sommet du système financier et le reste du pays, sans parler du monde en développement. En fait, selon un document de travail de 2009 du National Bureau of Economic Research, le rapport de proportion entre les salaires du secteur financier et ceux du reste de l'économie privée dépassait 1,7 juste avant la crise de 2008 – des niveaux jamais atteints depuis la Seconde Guerre mondiale. Une

---

[5] *La fin de Wall Street* (New York) de Roger Lowenstein, perspicace : Penguin Press, 2010) contient les données suivantes concernant les conséquences sociales et économiques globales de la crise financière auto-induite de 2008-2009 :
- La moyenne des déficits des pays du G-20 est passée de 1% à 8%. (294).
- En 2009, chaque part américaine de la dette nationale était de 24 000 à 2500 dollars, dont une dette envers la Chine (294).
- La richesse nationale totale de l'Amérique a diminué de 64 000 milliards de dollars à 51 000 milliards de dollars (284).
- Le taux de chômage américain a atteint 10,2%. (284).
- Les États-Unis ont perdu 8 millions d'emplois (284).
- Les saisies hypothécaires sont passées de 74 000 par mois en 2005 à 280 000 par mois à l'été 2008, et à un maximum de 360 000 en juillet 2009 (147, 283).
- Les banques ont fait faillite à raison de trois par semaine en 2009 (282).
- Au printemps 2009, 15 millions de familles américaines devaient plus sur leur hypothèque que la valeur de leur maison (282).
- Le PIB total s'est contracté de 3,8%, soit la plus forte contraction depuis la démobilisation de l'après-guerre (282).
- L'Amérique a connu sa plus longue récession depuis les années 1930 (282).
- Les actions ont chuté de 57%, la plus forte baisse depuis la Grande Dépression (281).

réforme du système financier par la mise en œuvre d'une réglementation simple mais efficace, qui accroît la transparence et la responsabilité tout en favorisant la croissance économique globale, est nécessaire pour garantir que les États-Unis restent compétitifs sur le plan économique.

Troisièmement, l'aggravation des inégalités de revenus, associée à une mobilité sociale stagnante, constitue un danger à long terme pour le consensus social et la stabilité démocratique, deux conditions nécessaires au maintien d'une politique étrangère américaine efficace. Selon le Bureau américain du recensement, depuis 1980, l'Amérique connaît une augmentation des inégalités de revenus : en 1980, les 5% des ménages les plus riches empochaient 16,5% du revenu national total, tandis que les 40% des ménages les plus pauvres en touchaient 14,4% ; en 2008, ces disparités se sont creusées pour atteindre respectivement 21,5% et 12%. La répartition non pas du revenu annuel mais de la richesse possédée par les familles était encore plus asymétrique : selon la Réserve fédérale, en 2007, le 1% des familles américaines les plus riches possédait une part stupéfiante de 33,8% de la richesse nationale nette totale des États-Unis, tandis que les 50% des familles américaines les plus pauvres ne représentaient que 2,5%.

Cette tendance a propulsé les États-Unis au sommet des indices mondiaux d'inégalité des revenus et des richesses, faisant de l'Amérique le principal pays développé le plus inégalitaire du monde (voir figures 2.1 et 2.2). Cette inégalité des revenus pourrait être plus acceptable si elle s'accompagnait d'une mobilité sociale, conformément aux notions du rêve américain. Mais la mobilité sociale américaine a essentiellement stagné au cours des dernières décennies alors que, dans le même temps, l'inégalité des revenus augmentait. En fait, des données récentes du coefficient Gini, une mesure de l'inégalité des revenus citée dans la figure 2.1, indiquent que les États-Unis sont les plus mal classés parmi les grandes économies, à peu près au même niveau que la Chine et la Russie, seul le Brésil parmi les principaux pays en développement affichant des niveaux d'inégalité plus élevés.

En outre, des études récentes comparant la mobilité intergénérationnelle des revenus aux États-Unis à celle de divers pays européens montrent que la mobilité économique globale est en fait plus faible dans "la terre d'opportunité" que dans le reste du monde développé. Pire encore, l'Amérique est aujourd'hui à la traîne de certains pays européens en ce qui concerne le taux de mobilité ascendante des revenus. L'une des principales causes de cette situation est la déficience du système d'éducation publique américain. Selon l'OCDE, l'Amérique dépense l'un des montants les plus élevés par élève pour son enseignement primaire et secondaire, et pourtant, elle a l'un des résultats les plus faibles du monde industrialisé aux tests. Cette situation compromet les perspectives économiques de l'Amérique en laissant des pans entiers de capital humain inexploités tout en dégradant l'attrait mondial du système américain.

### CHIFFRES 2.1 : L'INÉGALITÉ DES REVENUS

*(Du plus inégal au moins égal)*

|  | ANNÉE | COEFFICIENT GINI |
|---|---|---|
| Brésil | 2005 | 56.7 |
| USA | 2007 | 45.0 |
| Russie | 2009 | 42.2 |
| Chine | 2007 | 41.5 |
| Japon | 2008 | 37.6 |
| Indonésie | 2009 | 37.0 |
| Inde | 2004 | 36.8 |
| R.U. | 2005 | 34.0 |
| France | 2008 | 32.7 |
| Italie | 2006 | 32.0 |
| UE | 2009 | 30.4 |
| Allemagne | 2006 | 27.0 |

SOURCE : CIA World Factbook

## CHIFFRES 2.2 : PART DE LA RICHESSE NATIONALE TOTALE

|  | ANNÉE, UNITÉ | 10% LES PLUS RICHES | 50% LES PLUS PAUVRES |
|---|---|---|---|
| USA | 2001, famille | 69.8% | 2.8% |
| UK | 2000, adulte | 56.0% | 5.0% |
| Japon | 1999, ménages | 39,3% | 13,9% |
| Italie | 2000, ménages | 48,5% | 7,0% (les 40% les plus modestes) |
| Indonésie | 1997, ménages | 65,4% | 5.1% |
| Inde | 2002-03, ménages | 52,9% | 8.1% |
| Allemagne | 1998, ménages | 44,4% | 3.9% |
| France | 1994, personne | 61.0% | NA |
| Chine | 2002, personne | 41.4% | 14.4% |
| Canada | 1999, unité familiale | 53.0% | 6.0% |
| Australie | 2002, ménages | 45.0% | 9.0% |

SOURCE : Université des Nations Unies, rapport 02/2008

La quatrième responsabilité de l'Amérique est la dégradation de ses infrastructures nationales. Alors que la Chine construit de nouveaux aéroports et de nouvelles autoroutes, et que l'Europe, le Japon et maintenant la Chine possèdent un train à grande vitesse avancé, les équivalents américains remontent au vingtième siècle. À elle seule, la Chine possède des trains à grande vitesse sur près de 5000 kilomètres de rails, alors que les États-Unis n'en ont aucun. Les aéroports de Pékin et de Shanghai ont des décennies d'avance en élégance comme en efficacité sur leurs équivalents à Washington et à New York, qui ont tous deux une ambiance de tiers monde de plus en plus embarrassante. Sur un plan symbolique, le fait que la Chine – respecte encore une société au mode de vie prémoderne dans les zones rurales et les petites villes – devance désormais les États-Unis dans ces exemples très visibles d'innovation structurelle du XXIe siècle en dit long.

Dans son rapport 2009 sur les infrastructures américaines, l'American Society of Civil Engineers a attribué à l'Amérique la note globale de D, un D pour l'aviation, un C- pour le rail, un D- pour les routes et un D+ pour l'énergie. La rénovation urbaine a été lente, avec des bidonvilles et des logements publics en détérioration dans de nombreuses villes, y compris dans la capitale du pays, ce qui témoigne d'une forme de négligence sociale. Un simple trajet en train de New York à Washington, DC (sur l'Acela, le train "à grande vitesse" américain, qui se déplace lentement en tremblant) offre, depuis les fenêtres de ses wagons, un spectacle déprimant de la stagnation des infrastructures américaines, en contraste avec l'innovation sociétale qui a caractérisé l'Amérique pendant une grande partie du XXe siècle.

Des infrastructures fiables sont essentielles à la croissance et à l'efficacité économique et symbolisent en même temps le dynamisme global d'une nation. Historiquement, le succès systémique des grandes nations a été jugé, en partie, sur l'état et l'ingéniosité des infrastructures nationales – des routes et aqueducs des Romains aux chemins de fer des Britanniques. L'état des infrastructures américaines, comme indiqué ci-dessus, est aujourd'hui plus représentatif d'une puissance en déclin que de l'économie la plus innovante du monde. Comme les infrastructures américaines continuent de se détériorer, cela aura inévitablement un impact sur la production économique, probablement à un moment où la concurrence avec les puissances émergentes est encore plus forte. Dans un monde où la rivalité systémique entre les États-Unis et la Chine est susceptible de s'intensifier, le délabrement des infrastructures sera à la fois symbolique et symptomatique du malaise américain.

La cinquième grande vulnérabilité de l'Amérique tient à la très grande ignorance de sa population sur le reste du monde. La triste vérité est que le public américain a une connaissance extrêmement limitée de la géographie mondiale de base, des événements actuels et même des moments charnières de l'histoire du monde – une réalité qui découle certainement en partie de son système d'éducation publique déficient. Une enquête du National Geographic de 2002 a révélé qu'un pourcentage plus élevé de jeunes de 18 à 24 ans au Canada, en France, au Japon, au Mexique et en Suède pouvaient identifier les États-Unis sur une carte que leurs homologues américains. Une enquête réalisée en 2006 auprès de jeunes adultes américains a révélé que 63% d'entre eux ne pouvaient pas indiquer l'Irak sur une carte du Moyen-Orient, 75% ne pouvaient pas trouver l'Iran et 88% ne pouvaient pas localiser l'Afghanistan – à une époque où l'engagement militaire américain dans la région s'avère des plus coûteux. En ce qui concerne l'histoire, des sondages récents ont montré que moins de la moitié des étudiants en dernière année d'université savaient que l'OTAN avait été créée pour résister à l'expansion soviétique et que plus de 30% des adultes américains ne pouvaient pas nommer deux pays que l'Amérique a combattus pendant la Seconde Guerre mondiale. En outre, les États-Unis sont à la traîne par rapport à d'autres pays développés dans ces catégories de sensibilisation du public. Une enquête du National Geographic de 2002 comparant les événements actuels et les connaissances en géographie des jeunes adultes en Suède, en Allemagne, en Italie, en France, au Japon, au Royaume-Uni, au Canada, aux États-Unis et au Mexique a révélé que les États-Unis se classaient avant-derniers, devançant leur voisin moins développé, le Mexique.

Ce niveau d'ignorance est aggravé par l'absence de rapports internationaux informatifs facilement accessibles au public. À l'exception peut-être de cinq grands journaux, la presse locale et la télévision américaine fournissent une couverture très limitée des affaires mondiales, à l'exception de la couverture ponctuelle d'événements sensationnels ou catastrophiques. Ce qui passe pour de l'information tend à n'être que des futilités ou des histoires à l'intérêt purement humain. L'effet cumulatif d'une telle ignorance généralisée rend le public encore plus susceptible d'éprouver une peur démagogiquement stimulée, en particulier lorsqu'elle est suscitée par une attaque terroriste. Cela augmente la probabilité d'initiatives autodestructrices en matière de politique étrangère. En général, l'ignorance du public crée un environnement politique américain plus hospitalier pour les simplifications extrémistes – favorisées par les lobbies intéressés – que pour des opinions nuancées sur les réalités mondiales intrinsèquement plus complexes de l'après-guerre froide.

La sixième responsabilité, liée à la cinquième, est le système politique américain de plus en plus bloqué et hautement partisan. Le compromis politique est devenu plus difficile à atteindre, en partie parce que les médias, en particulier la télévision, la radio et les blogs politiques, sont de plus en plus dominés par un discours partisan vitriolique, tandis que le public relativement mal informé est vulnérable à la démagogie manichéenne. En conséquence, la paralysie politique empêche souvent l'adoption des remèdes nécessaires, comme dans le cas de la réduction du déficit budgétaire. Ceci, à son tour, alimente l'impression globale d'impuissance des Américains face aux besoins sociaux urgents. En outre, le système politique américain actuel – qui dépend fortement des contributions financières aux campagnes politiques – est de plus en plus vulnérable au pouvoir de lobbies nationaux et étrangers bien dotés mais aux motivations étroites, qui sont capables d'exploiter la structure politique existante pour faire avancer leurs programmes au détriment de l'intérêt national. Pire encore, selon une étude minutieuse de la RAND Corporation,

> "un processus dont les racines sont aussi vastes et profondes que la polarisation politique a peu de chances d'être inversé facilement, voire pas du tout... Notre nation est engagée dans une longue période de guerre politique entre la gauche et la droite"[6]

Les six conditions précédentes fournissent actuellement des munitions à ceux qui sont déjà convaincus du déclin inévitable de l'Amérique. Elles suscitent également des comparaisons négatives avec l'éternel paternalisme de l'Europe relativement prospère. Le modèle européen, qui a acquis ces dernières décennies une plus grande notoriété internationale grâce à la puissance commerciale et financière combinée de l'Union européenne, est considéré par beaucoup comme socialement plus juste que le modèle américain. Toutefois, en y regardant de plus près, il est devenu plus évident que le système européen présente une grande partie des points négatifs susmentionnés de son homologue américain, avec des vulnérabilités potentiellement graves pour sa viabilité à long terme. En particulier, les crises de la dette grecque et plus tard irlandaise de 2010 et leurs effets de contagion ont suggéré que le paternalisme et la générosité sociale du système économique

---

[6] James Thomson, *A House Divided* (Arlington, VA, 2010), 17.

européen sont potentiellement insoutenables et pourraient à terme menacer la solvabilité financière de l'Europe, une prise de conscience prise récemment à cœur par le gouvernement conservateur au Royaume-Uni, conduisant à des mesures d'austérité provoquant des coupes drastiques dans les programmes de protection sociale.

En même temps, comme nous l'avons déjà mentionné, il est un fait que l'Europe a des taux d'égalité sociale et de mobilité plus élevés que l'Amérique, malgré la réputation traditionnelle de l'Amérique comme "la terre des opportunités". Ses infrastructures, en particulier dans les transports publics respectueux de l'environnement comme les trains à grande vitesse, sont supérieures aux aéroports, aux gares, aux routes et aux ponts délabrés des États-Unis. Elle possède également une population plus instruite géographiquement et mieux informée sur le plan international, moins vulnérable aux campagnes de peur (malgré l'existence de partis nationalistes/racistes marginaux de droite) et donc aussi aux manipulations internationales.

Par ailleurs, la Chine est souvent considérée comme un modèle d'avenir. Cependant, étant donné son retard social et son autoritarisme politique, elle n'est pas le concurrent de l'Amérique en tant que modèle pour les États relativement plus prospères, plus modernes et plus démocratiquement gouvernés. Mais, si la Chine continue sur sa trajectoire actuelle et évite une perturbation économique ou sociale majeure, elle pourrait devenir le principal concurrent de l'Amérique dans le domaine de l'influence politique mondiale, et même éventuellement dans celui de la puissance économique et militaire. Le dynamisme non égalitaire et matérialiste de la modernisation chinoise offre déjà un modèle attrayant pour les régions du monde où le sous-développement, la démographie, les tensions ethniques et, dans certains cas, l'héritage colonial négatif ont conspiré pour perpétuer le retard social et la pauvreté. Pour cette partie de l'humanité, la démocratie par rapport à l'autoritarisme tend à être une question secondaire. Il est concevable qu'une Inde démocratique et en développement puisse être le rival le plus pertinent de la Chine, mais en surmontant des problèmes sociaux aussi importants que l'analphabétisme, la malnutrition, la pauvreté et la dégradation des infrastructures, l'Inde n'est pas encore compétitive par rapport à la Chine.

> **LE BILAN DE L'AMÉRIQUE**
>
> | ACTIF | PASSIF |
> |---|---|
> | Dettes publiques | Résilience économique |
> | Système financier défaillant | Potentiel d'innovation |
> | Inégalités sociales grandissantes | Démographie dynamique |
> | Infrastructures en délabrement | Mobilisation rapide |
> | Système politique verrouillé | Démocratie attractive |

## 3 : LES FORCES RÉSIDUELLES DE L'AMÉRIQUE

Le tableau ci-dessus, qui résume les actifs et les passifs des États-Unis, met en évidence une proposition critique concernant la capacité du système américain à être compétitif au niveau mondial : l'avenir prévisible (c'est-à-dire les deux prochaines décennies) est encore largement celui de l'Amérique. Les États-Unis ont la capacité de corriger leurs lacunes évidentes – s'ils tirent pleinement parti de leurs atouts considérables dans les six domaines clés suivants : puissance économique globale, potentiel d'innovation, dynamique démographique, mobilisation réactive, base géographique et attrait démocratique. Le fait fondamental, que la déconstruction actuellement à la mode du système américain tend à atténuer, est que le déclin de l'Amérique n'est pas prévisible.

L'atout essentiel est la force économique globale de l'Amérique. L'Amérique reste de loin la plus grande économie nationale du monde. Seule la région européenne économiquement unie dépasse légèrement les États-Unis, mais même ainsi, le modèle d'Europe occidentale présente un chômage structurel plus élevé et des taux de croissance plus faibles. Pour en savoir plus sur les tendances futures, il faut comprendre que les États-Unis, malgré la croissance économique rapide de l'Asie, maintiennent depuis plusieurs décennies leur part majeure du PIB mondial (voir figure 2.3). En 2010, leur PIB de plus de 14 000 milliards de dollars ne représentait qu'environ 25% de la production mondiale, tandis que leur plus proche concurrent, la Chine, représentait plus de 9% de la production mondiale avec près de 6000 milliards de dollars de PIB.

### CHIFFRES 2.3 : PART EN POURCENTAGE DU PIB MONDIAL

|  | 1970 | 1980 | 1990 | 2000 | 2010 |
| --- | --- | --- | --- | --- | --- |
| **US** | 27.26 | 26.18 | 26.76 | 28.31 | 26.30 |
| **Europe** | 35.92* | 33.77 | 31.70 | 31.92 | 28.30 |
| **Chine** | 0.78* | 1.00 | 1.80 | 3.72 | 7.43 |
| **Inde** | 0.87 | 0.82 | 1.07 | 1.40 | 2.26 |
| **Russie** | 4.27* | 4.09 | 3.84 | 1.50 | 1.86 |
| **Japon** | 9.84 | 10.68 | 11.88 | 10.25 | 8.74 |

SOURCE : Economic Research Service, USDA, International Macroeconomic Data Set (mise à jour du 22/12/10)

\* Les chiffres pour l'Europe pour 2000 et 2010 inclut les 27 membres de l'UE, et les autres données sur l'Europe se rapportent à l'"UE15" ; la Russie est calculée comme l'ancienne Union Soviétique pour 1970, 1980 et 1990, et la Fédération de Russie pour 2000 et 2010 ; la part de la Chine dans le PIB est maintenant supérieure à celle du Japon – l'ESI n'a pas été mise à jour depuis que l'économie chinoise a pris le relais de celle du Japon fin 2010/début 2011.

Le Carnegie Endowment for International Peace estime que les États-Unis passeront d'un PIB inférieur de 1,48 billions de dollars à celui de l'UE en 2010 à un PIB supérieur de 12,03 billions de dollars à celui de l'UE en 2050 ; et en termes de PIB par habitant, les États-Unis augmenteront leur avance sur l'UE de 12 723 dollars en 2010 à 32 266 dollars en 2050.

Il est vrai que, selon les prévisions actuelles, la Chine, en grande partie en raison de son énorme population, dépassera les États-Unis en termes de taille économique totale au cours du XXIe siècle ; le Carnegie Endowment situe cette date aux alentours de 2030. Pour des raisons similaires, bien qu'à une vitesse différente, l'Inde devrait également grimper dans le classement du PIB mondial au cours des quarante prochaines années. Mais ni la Chine ni l'Inde ne se rapprocheront des niveaux américains en termes de PIB par habitant (voir figure 2.4). Ainsi, ni la Chine, ni l'Inde, ni l'Europe ne peuvent rivaliser avec les États-Unis en termes de puissance économique, de taille globale et de PIB par habitant élevé. Cet avantage économique – en supposant que l'Amérique exploite également ses autres atouts – peut préserver le poids économique mondial et l'attrait systémique de l'Amérique, ainsi que son effet d'aspiration sur les talents mondiaux.

### CHIFFRES 2.4 : LE PIB ET LE PIB PAR HABITANT PROJETÉS

| PIB ($ 2005 ; PAS PPP) | US | EU | CHINE | JAPON | RUSSIE | INDE |
|---|---|---|---|---|---|---|
| 1) PIB 2010 (billions de dollars de 2005) | $13.15 | $14.63 | $3.64 | $4.54 | $0.88 | $1.13 |
| 2) PIB 2025 (billions de dollars de 2005) | $19.48 | $19.10 | $16.12 | $5.56 | $2.01 | $3.80 |
| 3) PIB 2030 (billions de dollars de 2005) | $22.26 | $20.34 | $21.48 | $5.79 | $2.49 | $5.33 |
| 4) PIB 2050 (billions de dollars de 2005) | $38.65 | $26.62 | $46.27 | $6.22 | $4.30 | $15.38 |
| 5) PIB par habitant 2010 ($ 2005) | $42,372 | $29,649 | $2,699 | $35,815 | $6,328 | $966 |
| 6) PIB par habitant 2025 ($ 2005) | $54,503 | $38,320 | $11,096 | $47,163 | $15,714 | $2,722 |
| 7) PIB par habitant 2030 ($ 2005) | $59,592 | $40,901 | $14,696 | $50,965 | $20,039 | $3,648 |
| 8) PIB par habitant 2050 ($ 2005) | $88,029 | $55,763 | $32,486 | $66,361 | $39,350 | $9,287 |

SOURCE : Carnegie Endowment for International Peace's The World Order in 2050, février 2010

## CHIFFRES 2.5 : ÉVALUATION QUALITATIVE DES ÉTATS-UNIS ET DES PUISSANCES ÉMERGENTES*.

CLASSEMENT MOYEN DES INDICATEURS ÉCONOMIQUES

*Classement mondial moyen selon les indices de l'esprit d'entreprise, de la compétitivité économique et de la logistique commerciale*

| *Pays* | *Rang moyen dans le monde* |
|---|---|
| États-Unis | 7ème |
| Chine | 31ème |
| Inde | 50ème |
| Brésil | 51ème |
| Russie | 71ème |

CLASSEMENT MOYEN SELON LES INDICATEURS SOCIAUX ET POLITIQUES

*Classement mondial moyen selon les indices de corruption, de développement humain, d'éducation et de liberté de la presse*

| *Pays* | *Rang moyen dans le monde* |
|---|---|
| États-Unis | 20ème |
| Brésil | 75ème |
| Russie | 110ème |
| Inde | 111ème |
| Chine | 112ème |

\* Ces deux tableaux représentent les classements moyens des États-Unis, de la Chine, de la Russie, de l'Inde et du Brésil dans plusieurs indices internationaux qui mesurent le développement économique, social et politique dans le monde. Alors que les États-Unis se classent largement devant les autres grands aspirants à la primauté mondiale dans les indicateurs économiques et sociopolitiques, les États-Unis ne se classent premier dans aucun de ces indices par rapport à tous les autres pays. Ces deux tableaux révèlent qu'alors que la concurrence pour la puissance mondiale s'intensifie, aucune autre puissance émergente ne présente la combinaison de puissance douce et de puissance dure qui fait la prééminence mondiale de l'Amérique.

La réussite économique de l'Amérique est en partie due à son deuxième atout majeur : les prouesses technologiques et innovantes découlant d'une culture entrepreneuriale et de la supériorité des établissements d'enseignement supérieur. Les États-Unis sont classés par le Forum économique mondial comme ayant la quatrième économie la plus compétitive au monde derrière la Suisse, la Suède et Singapour, et un classement du Boston Consulting Group des économies les plus innovantes au monde place les États-Unis au-dessus de toutes les grandes économies à l'exception de la Corée du Sud.

En outre, des évaluations comparatives d'autres aspects "plus doux" de la vitalité sociale suggèrent que les États-Unis se classent encore relativement bien dans certaines catégories qualitatives clés utilisées pour mesurer la performance systémique dans d'autres grands pays (voir figure 2.5). Il est inquiétant que l'Amérique ne soit pas en tête, mais ce qui est plus important pour l'avenir à court terme, c'est le fait que les principaux candidats à l'élite mondiale obtiennent des résultats nettement moins bons dans la plupart des catégories. Cela renforce l'argument développé plus loin concernant l'absence, dans un avenir proche, de tout substitut efficace à l'Amérique ayant la capacité d'exercer à la fois la dimension douce et la dimension dure de la puissance internationale.

La domination américaine dans l'enseignement supérieur est très importante à cet égard : selon un classement des meilleures universités mondiales établi par l'université Jiao Tong de Shanghai, huit des dix premières universités du monde sont américaines, de même que dix-sept des vingt premières. Ces institutions ne se contentent pas de fournir à l'Amérique les moyens et le savoir-faire technique nécessaires pour maintenir une avance économique, voire militaire, dans la création des produits et des industries de l'avenir. Elles contribuent également à l'accumulation intérieure de capital humain, puisque les meilleurs chercheurs, ingénieurs et entrepreneurs du monde entier immigrent aux États-Unis afin d'atteindre leur plein potentiel éducatif et économique. Ce fait devrait rappeler aux Américains à quel point leur domination dans l'enseignement supérieur est essentielle à la vitalité intérieure de leur pays, à son prestige international et au influence.

Le troisième avantage est la base démographique relativement forte de l'Amérique, surtout si on la compare à celles de l'Europe, du Japon et de la Russie. L'importante population américaine de 318 millions d'habitants est une source inhérente de son influence. De plus, les États-Unis ne souffrent pas du même niveau de vieillissement de la population, ni même de déclin démographique, que celui prévu ailleurs. Selon l'ONU, d'ici 2050, les États-Unis compteront 403 millions d'habitants, dont 21,6% auront plus de soixante-cinq ans. Au cours de cette période, l'UE passera d'une population de 497 à 493 millions d'habitants, dont 28,7% auront plus de soixante ans en 2050. Les chiffres du Japon sont encore plus frappants : sa population passera de 127 millions d'habitants en 2010 à 101 millions en 2050, et sa part de population dépassant les 66 ans sera de 37,8% d'ici le milieu du siècle (voir figure 2.6).

L'une des raisons de cet heureux écart est la capacité de l'Amérique à attirer et à assimiler les immigrants – malgré les récents troubles intérieurs à ce sujet. L'Amérique a actuellement un taux de migration nette de 4,25 pour mille habitants ; l'Allemagne en attire 2,19, le Royaume-Uni 2,15, la France 1,47, la Russie 0,28 et la Chine - 0,34. Cette capacité à attirer et à assimiler les étrangers vient renforcer la base démographique de l'Amérique et augmente ses perspectives économiques à long terme et son attrait international. Si l'Amérique cède aux tendances anti-immigrationnistes et xénophobes, elle pourrait mettre en péril l'effet phare qui s'est avéré si bénéfique pour son dynamisme, sa prospérité et ses perspectives d'avenir.

Le quatrième atout est la capacité de mobilisation réactive de l'Amérique. Le modèle de sa politique démocratique est celui des réactions tardives, suivies d'une mobilisation sociale face à un danger qui incite à l'unité nationale en action. C'est ce qui s'est passé pendant la guerre, avec "Remember Pearl Harbor" devenu un slogan qui a contribué à mobiliser un effort national pour faire de l'Amérique un arsenal de guerre. La course à la lune, une fois qu'elle a saisi l'imagination du public, a eu pour effet de stimuler une innovation technologique massive. Les dilemmes actuels de l'Amérique exigent un effort similaire, et certaines des responsabilités de l'Amérique fournissent des foyers prêts à l'emploi pour la mobilisation sociale en faveur d'objectifs socialement constructifs. Une attaque contre les infrastructures américaines effilochées et obsolètes est une cible évidente. Une Amérique verte, en réponse au réchauffement climatique, pourrait en être une autre. Avec un appel présidentiel efficace au soutien populaire, les atouts matériels de l'Amérique ainsi que ses talents d'entrepreneur pourraient être exploités pour entreprendre le renouveau intérieur nécessaire.

### CHIFFRES 2.6 : PROJECTION DE LA POPULATION TOTALE ET DU VIEILLISSEMENT

| POPULATION TOTALE (EN MILLIONS) | US | EU | CHINE | JAPON | RUSSIE | INDE |
|---|---|---|---|---|---|---|
| 1) Population 2010 | 317.64 | 497.53 | 1,354.15 | 127.00 | 140.37 | 1,166.08 |
| 2) Population 2025 | 358.74 | 506.22 | 1,453.14 | 120.79 | 132.35 | 1,431.27 |
| 3) Population 2030 | 369.98 | 505.62 | 1,462.47 | 117.42 | 128.86 | 1,484.60 |
| 4) Population 2050 | 403.93 | 493.86 | 1,417.05 | 101.66 | 116.10 | 1,613.80 |

Sources : (1-4) Projections de l'ONU, en supposant une variante de fécondité moyenne

| VIEILLISSEMENT DE LA POPULATION 65 ANS ET PLUS | US | EU | CHINE | JAPON | RUSSIE | INDE |
|---|---|---|---|---|---|---|
| 1)% de la population totale 2010 | 13.0% | 17.5% | 8.2% | 22.6% | 12.9% | 4.9% |
| 2)% de la population totale en 2025 | 18.1% | 22.0% | 13.4% | 29.7% | 17.7% | 7.3% |
| 3)% de la population totale en 2030 | 19.8% | 23.8% | 15.9% | 30.8% | 19.4% | 8.4% |
| 4)% de la population totale en 2050 | 21.6% | 28.7% | 23.3% | 37.8% | 23.4% | 13.7% |

| 5) Espérance de vie actuelle à la naissance (en années) | 78.11 | 78.67 | 73.47 | 82.12 | 66.03 | 66.09 |

Sources : (1-4) Projections de l'ONU, en supposant une variante de fécondité moyenne, l'UE est l'UE 27 ; (5) CIA World Factbook.

Cinquièmement, contrairement à certaines grandes puissances, l'Amérique a l'avantage d'avoir une base géographique unique, sûre, riche en ressources naturelles, stratégiquement favorable et très large pour une population qui est cohésive au niveau national et qui n'est pas assaillie par un quelconque séparatisme ethnique. L'Amérique n'est pas non plus menacée par les ambitions territoriales d'un quelconque voisin. Son voisin du nord est un ami et, à vrai dire, une version plus réussie d'un mode de vie commun. Le Canada, par sa grande profondeur géographique, renforce également la sécurité de l'Amérique. La masse continentale américaine est riche en ressources naturelles, allant des minéraux à l'agriculture et, de plus en plus, à l'énergie, dont une grande partie – en particulier en Alaska – reste inexploitée. La situation de l'Amérique au bord des deux plus importants océans du monde, l'Atlantique et le Pacifique, constitue une barrière de sécurité, tandis que les côtes américaines servent de tremplin au commerce maritime et, si nécessaire, à la projection d'énergie transocéanique. En bref, aucun autre grand pays ne bénéficie de tous ces avantages à la fois comme condition permanente et comme opportunité bénéfique.

Le sixième atout de l'Amérique est son association à un ensemble de valeurs – droits de l'homme, liberté individuelle, démocratie politique, opportunités économiques – qui sont généralement approuvées par sa population et qui, au fil des ans, ont renforcé la position mondiale du pays. L'Amérique a longtemps bénéficié de cet avantage idéologique, l'exploitant ces dernières années pour s'imposer avec succès dans la Guerre Froide. Par la suite, cependant, cet attrait s'est quelque peu estompé, en grande partie à cause de la désapprobation internationale généralisée de l'invasion de l'Irak en 2003 et des excès qui y ont été associés. Malgré cette dernière, l'idée générale selon laquelle l'Amérique est fondamentalement une démocratie conserve toujours son attrait résiduel. Par exemple, selon l'enquête Pew Global Attitudes Survey de 2010, en 2007, la cote de popularité des États-Unis était à son plus bas niveau depuis dix ans, alors que des nations comme l'Indonésie n'avaient qu'une opinion favorable de 29% sur les États-Unis et que même des alliés comme l'Allemagne n'avaient qu'une opinion favorable de 30%. Cependant, ces chiffres ont rebondi en 2010, avec, par exemple, l'Indonésie avec 59% d'opinions favorables et l'Allemagne avec 63% d'opinions favorables.

C'est pourquoi il est à la fois possible et souhaitable de revigorer l'identification internationale positive de l'Amérique avec ses traditions démocratiques.

De telles valeurs ont été, et pourraient encore être, un atout pour l'Amérique, surtout en comparaison avec les régimes autoritaires de la Chine et de la Russie. Le fait que ces deux pays ne puissent se targuer d'une idéologie politique universellement attrayante, bien que l'ex-Union Soviétique ait fait un effort futile en ce sens pendant sa rivalité systémique avec les États-Unis, est à l'avantage de l'Amérique à long terme. Si une grande partie du monde peut en vouloir aux États-Unis pour leurs actions unilatérales en matière de politique étrangère, beaucoup sont également conscients qu'un déclin rapide des États-Unis et un repli isolationniste feraient reculer les perspectives d'une propagation internationale stable tant du développement économique mondial que de la démocratie.

Les six atouts fondamentaux susmentionnés constituent donc un puissant tremplin pour le renouveau historique dont l'Amérique a tant besoin. Mais la partie la plus difficile de ce renouveau de pertinence reste le besoin urgent de remédier à ses vulnérabilités systémiques déjà constatées et potentiellement très graves. Les remèdes pour faire face à chaque risque majeur existent, et ils font déjà l'objet de débats nationaux animés. Il ne s'agit pas de quelques déterminants historiques mystérieux, mais plutôt de l'absence persistante de volonté politique et de consensus national pour relever les défis qui menacent les perspectives à long terme de l'Amérique.

Les Américains reconnaissent désormais largement l'importance des réformes intérieures essentielles, telles que la révision générale du système financier et l'équilibre fiscal à long terme, pour la prospérité intérieure future de l'Amérique et son rôle international constructif.

Une réforme efficace des défaillances du système d'enseignement secondaire américain contribuerait également à renforcer les perspectives économiques à long terme des États-Unis, car son amélioration qualitative permettrait de remédier à bon nombre des lacunes mentionnées précédemment (notamment l'inégalité, l'immobilité sociale et l'ignorance du public). Équilibrer le budget, réformer les finances et s'attaquer à l'inégalité inique des revenus, tout cela nécessitera des compromis sociaux inconfortables en matière d'incitations, de taxes et de réglementations. Seul un sentiment de véritable partage social dans la poursuite d'un renouveau national générera la solidarité nécessaire à tous les niveaux de la société.

En fin de compte, le succès à long terme de l'Amérique dans l'auto-renouvellement peut nécessiter un changement fondamental d'orientation de la culture sociale américaine : comment les Américains définissent leurs aspirations personnelles et le contenu éthique de leur "rêve" national. L'acquisition de biens matériels dépasse-t-elle de loin les exigences de commodité, de confort et d'autonomie comme gratification et définition ultime d'une bonne vie ? Des réformes intérieures menées avec patience et persévérance pourraient-elles faire de l'Amérique un exemple de société intelligente dans laquelle une économie productive, énergique et innovante sert de base pour façonner une société culturellement, intellectuellement et spirituellement plus gratifiante ? Malheureusement, une réévaluation aussi profonde du sens d'une vie de qualité ne peut avoir lieu qu'après que le public américain ait été choqué par la douloureuse prise de conscience que l'Amérique elle-même sera en danger si elle continue sur une voie qui mène de la poursuite de la corne d'abondance intérieure à un plongeon dans la faillite internationale.

Les prochaines années devraient donner un aperçu partiel de l'avenir. Si l'impasse politique et la partisanerie continuent à paralyser la politique publique, si elles empêchent un partage socialement équitable des coûts du renouveau national, si elles ignorent la dangereuse tendance sociale qui amplifie les disparités de revenus, si elles ignorent le fait que la position de l'Amérique dans l'ordre mondial peut être compromise, le pronostic anxieux du déclin de l'Amérique pourrait devenir son diagnostic historique. Mais ce n'est pas inévitable. Il n'est pas nécessaire qu'il en soit ainsi, étant donné les forces résiduelles de l'Amérique contemporaine et sa capacité démontrée à apporter une réponse nationale à un défi. Cela a été le cas après la Grande Dépression et pendant la Seconde Guerre mondiale, dans les années 1960 pendant la guerre froide, et cela peut l'être à nouveau.

## 4 : LA LONGUE GUERRE IMPÉRIALE DE L'AMÉRIQUE

Si le krach de 2007 a fourni une leçon impérative concernant la nécessité d'entreprendre une réévaluation majeure de certaines des caractéristiques systémiques fondamentales, des valeurs intérieures et des politiques sociales de l'Amérique, la date du 11 septembre devrait de même encourager l'Amérique à repenser sérieusement si elle a intelligemment exploité l'extraordinaire opportunité de la fin pacifique mais géopolitiquement réussie de la guerre froide.

Il est maintenant facile d'oublier à quel point la guerre froide a été menaçante pendant ses longues quatre décennies et demie. Une guerre chaude aurait pu éclater à tout moment avec une frappe foudroyante qui, en quelques minutes, aurait pu éliminer le leadership américain et, en quelques heures, incinérer une grande partie des États-Unis et de l'Union Soviétique. La guerre "froide" n'était stable que dans le sens où sa fragile contrainte mutuelle dépendait de la rationalité de quelques êtres humains faillibles.

Après la désintégration de l'Union Soviétique en 1991, les États-Unis ont régné en maître. Ses valeurs politiques et son système socio-économique ont suscité l'admiration du monde entier et ont fait l'objet d'une imitation enthousiaste. Sa position internationale n'a pas été remise en cause. La relation transatlantique avec l'Europe n'était plus principalement fondée sur une crainte partagée, mais sur une foi commune dans une communauté atlantique plus large au sein de laquelle l'Europe était censée progresser rapidement vers sa propre unité politique plus authentique. En Extrême-Orient, le plus proche allié asiatique du Japon et de l'Amérique s'est progressivement hissé au rang d'éminence internationale. Les craintes que le "super-État" japonais ne s'empare des actifs américains s'estompent tranquillement. Les relations avec la Chine ont continué à s'améliorer après la reconnaissance diplomatique en 1978 et la Chine est même devenue le partenaire de l'Amérique pour s'opposer à l'Union Soviétique en Afghanistan en 1980. L'attitude des États-Unis à l'égard de la Chine est donc devenue plus positive et, à tout le moins, l'Amérique a fait preuve d'une complaisance déraisonnable en pensant que le retard intérieur de la Chine l'empêcherait pendant longtemps de devenir le concurrent viable des États-Unis.

L'Amérique était donc largement considérée comme le moteur économique du monde, un exemple politique, un phare social et une puissance suprême incontestable. Exploitant cet avantage, elle a dirigé, presque simultanément, une coalition mondiale réussie expulsant l'Irak de son Koweït récemment saisi – et l'a fait avec le soutien de la Russie, le respect de la Chine et la participation de la Syrie, sans parler de la coopération des alliés traditionnels de l'Amérique. Mais dans les années qui ont suivi, l'Amérique n'a pas su saisir l'occasion et résoudre l'énigme du conflit israélo-palestinien. Depuis la guerre de 1967, le problème du Moyen-Orient était devenu – pour ainsi dire – la propriété des États-Unis en raison de leur position prééminente dans la région. Cependant, à l'exception de la promotion réussie d'un accord de paix israélo-égyptien par le président Carter, les États-Unis ont joué un rôle largement passif, même pendant leur position dominante au niveau mondial tout au long des années 1990. Après l'assassinat, en 1995, du réaliste premier ministre israélien Yitzhak Rabin par un opposant israélien au processus de paix, les États-Unis ont tenté, tardivement mais en vain, de relancer les négociations israélo-palestiniennes – mais de manière plutôt passive – uniquement au cours des six derniers mois de la présidence Clinton, qui a duré huit ans.

Peu après, le 11 septembre 2001 a marqué le point culminant des attaques de plus en plus violentes d'Al-Qaida contre des cibles américaines tout au long des années 1990. Cet événement tragique a provoqué trois réactions américaines majeures. Premièrement, le président George W. Bush a engagé les États-Unis dans une entreprise militaire en Afghanistan, non seulement pour écraser Al-Qaïda et renverser le régime taliban qui l'avait abrité, mais aussi pour façonner en Afghanistan une démocratie moderne. Puis, au début de 2002, il a approuvé l'opération militaire entreprise par le Premier ministre Sharon (qu'il a décrit comme "un homme de paix") pour écraser l'OLP en Cisjordanie palestinienne. Troisièmement, au début du printemps 2003, il a envahi l'Irak en raison d'accusations infondées de connexion de l'Irak avec Al-Qaïda et de sa prétendue possession d'"armes de destruction massive". Cumulativement, ces actions ont renforcé l'animosité du public envers les États-Unis au Moyen-Orient, amélioré la position régionale de l'Iran et entrainé l'Amérique dans deux guerres interminables.

En 2010, les guerres afghane et irakienne étaient parmi les plus longues de l'histoire de l'Amérique. La première de celles-ci, entreprises dans les semaines qui ont suivi l'attaque des terroristes sur la ville de New York, qui a produit le plus grand nombre de victimes civiles jamais infligé par un ennemi sur la société américaine, a précipité une réaction militaire publiquement approuvée, destinée à détruire le réseau d'Al-Qaïda responsable de l'attaque, et à écarter du pouvoir le régime des Talibans en Afghanistan, qui avait fourni un refuge aux auteurs de l'attaque. La deuxième de ces longues guerres a été l'invasion militaire américaine de l'Irak au début de 2003, soutenue de l'étranger uniquement par un Premier ministre britannique politiquement souple et par Israël, mais à laquelle la plupart des autres alliés des États-Unis se sont opposés ou qu'ils considèrent avec scepticisme. Elle a été publiquement justifiée par le président américain sur la base des accusations de possession d'armes de destruction massive par l'Irak, qui se sont évaporées en quelques mois, sans qu'aucune preuve à l'appui n'ait jamais été trouvée en Irak sous occupation américaine. Comme cette guerre a suscité l'enthousiasme du président Bush, la guerre en Afghanistan a été reléguée à près de sept ans de relative négligence.

### DURÉE DES PRINCIPALES GUERRES AMÉRICAINES
*(Telles qu'en mars 2011, en nombre de mois,*
*\*signifie une guerre encore active)*

| | |
|---|---|
| Afghanistan* | 112 |
| Vietnam | 102 |
| Indépendance | 100 |
| Irak* | 96 |
| Guerre de sécession | 48 |
| Seconde Guerre mondiale | 45 |
| Corée | 37 |
| Britannique (1812) | 32 |
| Insurrection des Philippines | 30 |
| Mexique | 21 |
| Première Guerre mondiale | 20 |
| Espagne | 3 |
| Irak (1991) | 2 |

Ces deux guerres avaient un trait commun : il s'agissait d'opérations militaires expéditionnaires en territoire hostile. Dans les deux cas, l'administration Bush n'a guère tenu compte des cadres culturels complexes, des rivalités ethniques profondément enracinées générant conflits sur conflits, des ancrages régionaux dangereusement instables (impliquant notamment le Pakistan et l'Iran), et des différends territoriaux non résolus, qui ont tous compliqué sérieusement les actions américaines en Afghanistan et en Irak et ont déclenché des passions anti-américaines régionales plus larges. Bien que les interventions américaines rappellent les expéditions impériales punitives du XIXe siècle contre des tribus primitives et généralement désunies, en cette nouvelle ère de réveil politique de masse, la guerre contre le populisme exacerbé est devenue, comme l'a dit le président de l'Assemblée générale des Nations Unies, péniblement plus longue et plus éprouvante. Enfin et surtout, à l'ère de la transparence mondiale, une victoire totale, obtenue sans ménagement par tous les moyens nécessaires, a cessé d'être une option viable ; même les Russes, qui n'ont pas hésité à tuer des centaines de milliers d'Afghans et qui ont poussé plusieurs millions d'entre eux à l'exil, n'ont pas tout fait pour l'emporter.

Mais en même temps, tant les conflits Afghans que les Irakiens – tout comme les guerres expéditionnaires occidentales du passé – ont laissé la patrie américaine largement intacte, sauf bien sûr pour les soldats et leurs familles. Bien que ces deux guerres aient coûté des milliards de dollars à l'Amérique et que leur total ait été plus élevé que celui de toutes les guerres précédentes, à l'exception de la Seconde Guerre mondiale, leur coût en pourcentage du PIB américain a été faible en raison de l'énorme expansion de l'économie américaine. De plus, l'administration Bush s'est abstenue d'augmenter les impôts afin de financer les guerres, les remplaçant par des emprunts plus opportuns politiquement, y compris à l'étranger. D'un point de vue social, le fait que le combat et la mort étaient le fait de volontaires – contrairement aux guerres vietnamienne et coréenne précédentes – a également réduit la portée sociétale de la douleur personnelle.

En ce qui concerne la conduite effective de ces guerres, la négligence de plusieurs années de la guerre en Afghanistan en faveur de la guerre en Irak a été aggravée par l'utilisation de l'administration Bush d'une définition délibérément balayée du terrorisme comme justification pour donner la priorité à la campagne contre Saddam Hussein, ignorant l'hostilité idéologique de l'Irak envers Al-Qaïda et l'animosité réciproque d'Al-Qaïda envers le régime de Saddam. En rassemblant implicitement les deux sous la rubrique générale du "jihad islamique" et en faisant de la "guerre contre le terrorisme" la justification pour les réactions militaires américaines, il est devenu plus facile de mobiliser l'indignation de l'opinion publique américaine au 11 septembre contre les véritables auteurs des attentats, mais aussi contre d'autres entités islamiques. Le "champignon atomique", dont Condoleezza Rice (alors conseillère à la sécurité nationale) disait qu'il menaçait l'Amérique, est ainsi devenu un symbole commode pour mobiliser l'opinion publique contre une cible nouvellement désignée et très large. Il a servi à faire monter les craintes de l'opinion publique en flèche, en désavantageant ceux qui osaient exprimer les réserves de la presse concernant l'exactitude factuelle des arguments de la Maison Blanche en faveur de la guerre contre l'Irak.

La démagogie alimentée par la peur peut être un outil puissant, efficace à court terme mais avec des coûts intérieurs et étrangers significatifs à long terme. Ses effets pernicieux peuvent être constatés dans certains des cas les plus notoires de mauvais traitements infligés à des prisonniers irakiens, notamment à certains officier Irakiens de haut rang. Ils étaient les sous-produits d'une atmosphère dans laquelle l'ennemi en est venu à être considéré comme la personnification du mal, et donc pouvant faire l'objet justifié de cruauté personnelle. Les médias américains, y compris les films et les séries télévisées d'Hollywood, ont également contribué à façonner une atmosphère publique dans laquelle la peur et la haine étaient visuellement centrées sur des acteurs ayant des caractéristiques arabes personnelles distinctives. Une telle démagogie a inspiré des actes discriminatoires contre des Américains musulmans, en particulier des Américains arabes, allant de l'établissement de profils raciaux à de larges incriminations contre des organisations caritatives américaines arabes. Cumulativement, l'introduction d'une dimension raciale et religieuse dans la "guerre contre le terrorisme" a terni les références démocratiques de l'Amérique, tandis que la décision d'entrer en guerre contre l'Irak un an et demi après le 11 septembre s'est avérée une diversion coûteuse.

Il aurait pu et aurait dû en être autrement. Tout d'abord, la guerre en Irak était inutile et aurait dû être évitée. Elle a rapidement acquis une plus grande importance pour le président Bush que la précédente et une réaction militaire américaine justifiée à l'attaque lancée par Al-Qaïda depuis l'Afghanistan. Cela a rendu le conflit en Afghanistan plus prolongé, plus sanglant et finalement plus complexe géopolitiquement en raison de son effet d'aspiration croissant sur le Pakistan. Deuxièmement, même plus tôt, les États-Unis n'auraient pas dû négliger l'Afghanistan après le retrait des Soviétiques. Le pays était littéralement en ruines et avait désespérément besoin d'une aide économique pour retrouver une certaine stabilité. Les administrations Bush I et Clinton ont toutes deux fait preuve d'une indifférence passive. Le vide qui en a résulté a été comblé dans les années 1990 par les Talibans, soutenus par le Pakistan, qui ont ainsi cherché à gagner en profondeur géostratégique contre l'Inde. Très vite, les talibans ont offert l'hospitalité à Al-Qaïda et le reste appartient à l'histoire. Après le 11 septembre, les États-Unis n'ont eu d'autre choix que de réagir avec force.

Mais même dans ce cas, les États-Unis auraient pu chercher à élaborer une stratégie globale pour isoler les terroristes extrémistes d'Al-Qaïda du courant musulman dominant. Cette stratégie, comme l'écrivain l'a fait valoir à l'époque dans les pages d'opinion du *Wall*

*Street Journal* et du *New York Times,* aurait dû combiner une campagne énergique visant à perturber les réseaux terroristes existants (ce que l'administration Bush, et c'est tout à son honneur, a entrepris) avec une réponse politique plus large et à plus long terme conçue pour réduire le soutien au terrorisme en encourageant les modérés du monde musulman à isoler l'extrémisme islamique comme une aberration, d'une manière qui rappelle la coalition politique réussie contre Saddam Hussein une décennie plus tôt. Mais la poursuite de cet objectif stratégique aurait également nécessité un engagement sérieux des États-Unis en faveur de la paix au Moyen-Orient, et cette proposition était un anathème pour Bush et ses conseillers.

Les conséquences en ont été un déclin dramatique de la position mondiale de l'Amérique par rapport à la dernière décennie du XXe siècle, une délégitimisation progressive de la crédibilité présidentielle et donc aussi nationale de l'Amérique, et une réduction de la solidarité identificatrice des alliés de l'Amérique avec sa sécurité. La grande majorité des alliés des États-Unis ont considéré la guerre de 2003 en Irak comme une réaction unilatérale, douteuse et opportune des États-Unis au 11 septembre. Même en Afghanistan, où les alliés des États-Unis ont rejoint l'Amérique dans une cause commune centrée sur Al-Qaïda, leur soutien a vacillé et s'est progressivement effacé. Plus tôt que les Américains, les alliés de l'OTAN engagés en Afghanistan ont réalisé que la campagne de Bush contre Al-Qaïda, qui avait pour but de créer un Afghanistan moderne et démocratique, était une contradiction dans ses termes et ses objectifs.

Le fait est que les réformes de modernisation introduites à la hâte sous la contrainte étrangère avec des siècles de tradition enracinée dans de profondes convictions religieuses ne sont pas susceptibles de durer sans une présence étrangère prolongée et affirmée. Et cette dernière est susceptible de stimuler de nouveaux spasmes de résistance, sans parler du fait que la présence d'environ 14 millions de Pachtounes en Afghanistan (environ 40% de sa population) et d'environ 28 millions de Pachtounes au Pakistan (environ 15% de sa population) est une menace pour l'avenir. Cette situation rend plus probable la propagation éventuelle du conflit du premier au second, ce qui entraîne une escalade territoriale et démographique ingérable.

Les leçons inquiétantes qui en découlent sont pertinentes pour l'avenir proche de l'Amérique. En plus des affaires inachevées de l'Afghanistan, et même encore de l'Irak, l'Amérique continue à faire face dans la vaste région instable et fortement peuplée à l'est de Suez et à l'ouest du Xinjiang à trois dilemmes géopolitiques potentiellement plus importants : la montée du fondamentalisme islamique dans le Pakistan doté de l'arme nucléaire, la possibilité d'un conflit direct avec l'Iran, et la probabilité qu'un échec des États-Unis à promouvoir un accord de paix israélo-palestinien équitable génère une hostilité populaire plus intense contre l'Amérique dans le Moyen-Orient qui se réveille politiquement.

En attendant, la solitude stratégique de base de l'Amérique persiste, malgré quelques déclarations cosmétiques des amis de l'Amérique et quelques gestes de soutien de partenaires régionaux nominaux. Non seulement les alliés de l'Amérique se désengagent discrètement de l'Afghanistan, mais les trois puissances régionales voisines de l'Afghanistan, elles-mêmes potentiellement menacées par un extrémisme islamique en expansion, sont prudemment passives. Elles maintiennent une position de coopération formelle de sympathie pour les préoccupations américaines : dans le cas de la Russie, en fournissant une certaine assistance logistique aux efforts militaires américains ; dans le cas de la Chine, en réservant leur approbation aux sanctions contre l'Iran ; et dans le cas de l'Inde, en apportant une modeste assistance économique à l'Afghanistan. Dans le même temps, leurs principaux stratèges sont sans doute conscients que l'implication continue des États-Unis dans la région diminue le statut mondial de l'Amérique, même si elle détourne les menaces potentielles pour la sécurité de leurs pays. Cela, dans un large calcul stratégique, est doublement bénéfique pour la Russie toujours pleine de ressentiment, pour la Chine qui monte prudemment et pour l'Inde, inquiète sur le plan régional. Tant à l'échelle régionale que mondiale, leur poids géopolitique augmente à mesure que la stature mondiale de l'Amérique diminue progressivement.

Il est donc important que le public américain et le Congrès américain digèrent pleinement l'inquiétante réalité qui, outre l'impasse politique intérieure qui perpétue le déclin intérieur de l'Amérique, une politique étrangère qui n'est pas modelée par un calcul réaliste de l'intérêt national est une prescription pour une Amérique gravement menacée dans les vingt prochaines années. Une guerre plus importante qui s'étendrait de l'Afghanistan au Pakistan, ou une collision militaire avec l'Iran, ou même la reprise des hostilités entre les Israéliens et les Palestiniens, entraînerait l'Amérique dans un conflit régional sans qu'une fin claire ne soit en vue, l'hostilité anti-américaine se propageant au monde de l'Islam dans son ensemble, qui représente environ 25% de la population mondiale totale. Cela mettrait fin à toute possibilité pour l'Amérique d'exercer le rôle mondial plein d'espoir qui lui faisait si singulièrement signe il y a seulement deux décennies.

Comme nous l'avons déjà dit, les États-Unis conservent le potentiel d'un véritable renouveau national, mais seulement s'il y a une mobilisation de la volonté nationale. Les États-Unis devraient également être en mesure de défaire l'auto-isolement et la perte d'influence provoquée par les récentes politiques étrangères américaines. Étant donné le large fossé entre la puissance politique et militaire des États-Unis et celle de tout rival probable, une combinaison opportune d'amélioration nationale déterminée et de vision stratégique largement redéfinie pourrait encore préserver la prééminence mondiale de l'Amérique pendant une période significative.

Mais ce serait un joyeux échappatoire que d'écarter totalement une vision beaucoup moins positive de l'avenir de l'Amérique. Trois scénarios de base sur la façon dont le déclin éventuel de l'Amérique pourrait se produire et le moment où il se produirait viennent à l'esprit. Le scénario extrêmement négatif pourrait impliquer une crise financière sévère plongeant soudainement l'Amérique et une grande partie du monde dans une dépression dévastatrice. La situation de crise que l'Amérique a connue en 2007 nous rappelle qu'un tel scénario n'est pas totalement hypothétique. Combiné aux conséquences destructrices d'une escalade de l'engagement militaire américain à l'étranger, une telle catastrophe pourrait précipiter – en quelques années seulement – la fin de la suprématie mondiale de l'Amérique. Il serait peu réconfortant que ce qui précède se produise, selon toute probabilité, dans le contexte d'un bouleversement mondial généralisé, impliquant l'effondrement économique, la propagation explosive du chômage mondial, les crises politiques, l'éclatement de certains États ethniquement vulnérables et la montée de la violence de la part des masses politiquement éveillées et socialement frustrées du monde.

Bien qu'un tel effondrement très rapide et historiquement drastique de l'Amérique soit moins probable qu'une correction de la politique intérieure et étrangère des États-Unis (en partie parce que 2007 a été un signal d'alarme précieux bien que douloureux), deux autres scénarios "intermédiaires" mais alternatifs de déclin continu pourraient donner lieu à un avenir beaucoup moins réjouissant. La réalité de base est la suivante : L'Amérique est simultanément menacée par un retour en arrière vers une obsolescence systémique résultant de l'absence de tout progrès en matière de réformes sociales, économiques et politiques et par les conséquences d'une politique étrangère malavisée qui, ces dernières années, a été sinistrement déconnectée de l'ère post-impériale. Pendant ce temps, les rivaux potentiels de l'Amérique (en particulier dans certaines régions d'Asie) atteignent, pas à pas et avec détermination, la maîtrise de la modernité du XXIe siècle. D'ici peu, une combinaison de ces éléments pourrait s'avérer fatale pour les idéaux intérieurs de l'Amérique ainsi que pour ses intérêts à l'étranger.

Par conséquent, un résultat "intermédiaire" et peut-être plus probable pourrait impliquer une période de dérive intérieure peu concluante, combinant une dégradation progressive de la qualité de vie, des infrastructures nationales, de la compétitivité économique et du bien-être social des États-Unis, bien qu'avec quelques ajustements tardifs de la politique étrangère américaine réduisant quelque peu les coûts élevés et les risques douloureux de la propension à l'interventionnisme solitaire pratiquée récemment par les États-Unis. Néanmoins, l'aggravation de la stagnation intérieure nuirait davantage à la position mondiale des États-Unis, saperait la crédibilité de leurs engagements internationaux et inciterait d'autres puissances à entreprendre une recherche de plus en plus urgente, mais potentiellement futile, de nouveaux arrangements pour sauvegarder leur stabilité et leur sécurité financière nationale.

Inversement, l'Amérique pourrait se redresser chez elle et échouer encore à l'étranger. Par conséquent, l'autre résultat intermédiaire mais toujours négatif pourrait entraîner des progrès modérés sur le plan intérieur, mais avec le potentiel international de ce qui précède malheureusement vicié par les conséquences cumulativement destructrices d'aventures solitaires à l'étranger qui se poursuivent et peut-être même s'étendent quelque peu (par exemple au Pakistan ou en Iran). La réussite sur le plan intérieur ne peut pas compenser une politique étrangère qui ne fait pas appel à la coopération des autres et ne la génère pas, mais qui engage les États-Unis dans des campagnes solitaires et épuisantes contre un nombre croissant d'ennemis (parfois auto-générés). Aucun succès sur le plan intérieur ne peut être vraiment complet si les ressources sont gaspillées pour des mésaventures étrangères débilitantes.

Dans les deux cas, il en résulterait un déclin constant et même final de la capacité continue de l'Amérique à jouer un rôle mondial majeur. Un malaise intérieur ou étranger prolongé saperait la vitalité de l'Amérique, démoraliserait progressivement la société américaine, réduirait son attrait social et sa légitimité mondiale, et produirait peut-être d'ici 2025, dans un contexte mondial instable, la fin de facto de la propriété jadis proclamée avec orgueil par l'Amérique du vingt-et-unième siècle. Mais qui pourrait alors chercher à la revendiquer ?

# Partie 3

## LE MONDE APRÈS L'AMÉRIQUE : EN 2025, PAS CHINOIS MAIS CHAOTIQUE

SI L'AMÉRIQUE VACILLE, il est peu probable que le monde soit dominé par un seul successeur prééminent, comme la Chine. Alors qu'une crise soudaine et massive du système américain provoquerait une réaction en chaîne rapide conduisant au chaos politique et économique mondial, une dérive constante de l'Amérique vers un déclin de plus en plus généralisé et/ou vers une guerre sans fin avec l'Islam ne produirait probablement pas, même en 2025, le "couronnement" d'un successeur mondial efficace. Aucune puissance ne sera prête d'ici là à exercer le rôle que le monde, à la chute de l'Union Soviétique en 1991, attendait des États-Unis. Il est plus probable qu'il y ait une phase prolongée de réalignements plutôt peu concluants et quelque peu chaotiques de la puissance mondiale et régionale, sans grand gagnant et avec beaucoup plus de perdants, dans un contexte d'incertitude internationale et même de risques potentiellement mortels pour le bien-être mondial. Ce qui suit analyse les implications de ce "si" historiquement inquiétant – bien que certainement pas prédéterminé.

### I : LA RUÉE POST-AMÉRICAINE

En l'absence d'un leader reconnu, l'incertitude qui en résulte est susceptible d'accroître les tensions entre concurrents et d'inspirer un comportement intéressé. Ainsi, la coopération internationale est plus susceptible de décliner, certaines puissances cherchant à promouvoir des accords régionaux exclusifs comme cadres alternatifs de stabilité pour le renforcement de leurs propres intérêts. Les concurrents historiques peuvent rivaliser plus ouvertement, même avec l'usage de la force, pour la prééminence régionale. Certains États plus faibles pourraient être sérieusement menacés par de nouveaux réalignements de pouvoir en réponse à des changements géopolitiques majeurs dans la répartition mondiale du pouvoir. La promotion de la démocratie pourrait céder la place à la recherche d'une sécurité nationale renforcée, fondée sur des fusions diverses d'autoritarisme, de nationalisme et de religion. Les "biens communs mondiaux" pourraient souffrir de l'indifférence passive ou de l'exploitation produite par une concentration défensive sur des préoccupations nationales plus étroites et plus immédiates.

Certaines institutions internationales clés, telles que la Banque mondiale ou le FMI, subissent déjà une pression croissante de la part des États en pleine croissance, plus pauvres mais très peuplés – la Chine et l'Inde en tête – pour un réaménagement général de la répartition actuelle des droits de vote, qui est actuellement pondérée en faveur de l'Occident. Cette répartition a déjà été contestée par certains États du G-20, qui la jugent injuste. La demande évidente est qu'elle soit basée dans une plus large mesure sur les populations réelles des États membres et moins sur leurs contributions financières effectives. Une telle demande, qui s'inscrit dans un contexte de désordre accru et de troubles généralisés parmi les peuples du monde nouvellement réveillés politiquement, pourrait gagner en popularité auprès de nombreux pays, en tant qu'étape vers une démocratisation internationale (même si elle n'est pas intérieure). Et d'ici peu, le système du Conseil de sécurité des Nations unies, jusqu'ici intouchable et vieux de près de soixante-dix ans, qui ne compte que des membres permanents avec un droit de veto exclusif, pourrait être largement considéré comme illégitime.

Même si une dérive américaine se déroule de manière vague et contradictoire, il est probable que les dirigeants de puissances de second plan, dont le Japon, l'Inde, la Russie et certains membres de l'UE, évaluent déjà l'impact potentiel de la disparition de l'Amérique sur leurs intérêts nationaux respectifs. En effet, les perspectives d'une ruée vers l'après-américain pourraient déjà modeler discrètement le programme de planification des chancelleries des grandes puissances étrangères, même si elles ne dictent pas encore leur politique réelle. Les Japonais, craignant une domination de la Chine sur le continent asiatique, envisagent peut-être de resserrer leurs liens avec l'Europe.

Les dirigeants de l'Inde et du Japon pourraient bien envisager une coopération politique et même militaire plus étroite comme couverture au cas où l'Amérique vacillerait et la Chine se relèverait. La Russie, tout en se livrant peut-être à des vœux pieux (ou même à des illusions) sur les perspectives incertaines de l'Amérique, pourrait bien avoir les yeux rivés sur les États indépendants de l'ex-Union Soviétique comme premières cibles du renforcement de son influence géopolitique. L'Europe, qui n'est pas encore cohésive, serait probablement tirée dans plusieurs directions : L'Allemagne et l'Italie vers la Russie en raison d'intérêts commerciaux, la France et l'Europe centrale peu sûre en faveur d'une UE politiquement plus serrée, et la Grande-Bretagne cherchant à manipuler un équilibre au sein de l'UE tout en continuant à préserver une relation spéciale avec des États-Unis en déclin. D'autres encore pourraient agir plus rapidement pour se tailler une place dans leurs propres sphères régionales : La Turquie dans la zone de l'ancien empire ottoman, le Brésil dans l'hémisphère sud, etc.

Toutefois, aucun des pays précités n'a ou ne sera probablement en mesure de réunir les forces économiques, financières, technologiques et militaires nécessaires pour envisager d'hériter du rôle de leader des États-Unis. Le Japon dépend des États-Unis pour sa protection militaire et devrait faire le choix douloureux de s'accommoder de la Chine ou peut-être de s'allier avec l'Inde pour s'y opposer conjointement. La Russie n'est toujours pas en mesure de faire face à la perte de son empire, craint la modernisation fulgurante de la Chine et ne sait pas très bien si elle voit son avenir avec l'Europe ou en Eurasie. Les aspirations de l'Inde au statut de grande puissance tendent encore à être mesurées à l'aune de sa rivalité avec la Chine. Et l'Europe doit encore se définir politiquement tout en restant commodément dépendante de la puissance américaine. Un véritable effort de coopération de la part de tous pour accepter le sacrifice commun pour le bien de la stabilité collective, si la puissance de l'Amérique devait s'estomper, n'est pas probable.

Les États, comme les individus, sont mus par des propensions héritées – leurs inclinations géopolitiques traditionnelles et leur sens de l'histoire – et ils diffèrent dans leur capacité à faire la différence entre une ambition patiente et une illusion imprudente. Dans ces réflexions sur les conséquences possibles d'un changement de la hiérarchie mondiale du pouvoir dans la première moitié du vingt-et-unième siècle, il peut donc être utile de se rappeler qu'au XXe siècle deux exemples extrêmes d'auto-illusion impatiente ont abouti à des calamités nationales. Le plus évident a été fourni par la mégalomanie imprudente de Hitler, qui non seulement a largement surestimé la capacité mondiale de l'Allemagne à diriger, mais a également provoqué deux décisions stratégiques personnelles qui l'ont privé de toute chance de conserver le contrôle même de l'Europe continentale. La première, alors qu'il avait déjà conquis l'Europe mais qu'il était encore en guerre contre la Grande-Bretagne, devait attaquer l'Union Soviétique ; et la seconde devait déclarer la guerre aux États-Unis alors qu'il était encore engagé dans une lutte mortelle avec l'Union Soviétique et la Grande-Bretagne.

Le deuxième cas était moins dramatique mais l'enjeu était aussi une puissance mondiale. Au début des années 1960, les dirigeants soviétiques ont officiellement proclamé qu'ils espéraient dépasser les États-Unis au cours de la décennie 1980 en termes de puissance économique et de capacité technologique (l'ambitieuse revendication soviétique a été dramatisée par le succès de Spoutnik). Surestimant largement ses capacités économiques, à la fin des années 1970, l'URSS s'est lancée dans une course aux armements active avec les États-Unis, dans laquelle sa capacité d'innovation technologique était essentielle, mais où son PNB limitait la portée pratique de son rayonnement politique et militaire mondial. Sur ces deux plans, l'Union Soviétique a fait des progrès désastreux. Elle a ensuite aggravé les conséquences de son erreur de calcul avec la décision calamiteuse d'envahir l'Afghanistan en 1979. Une décennie plus tard, l'Union Soviétique épuisée a cessé d'exister et le bloc soviétique s'est fragmenté.

Aujourd'hui, il n'y a pas d'équivalent de l'Allemagne nazie ou de la Russie soviétique. Aucune autre grande puissance dans l'ordre mondial actuel ne manifeste l'aveuglement illusoire des aspirants notoires du XXe siècle au pouvoir mondial, et aucun d'entre eux n'est encore prêt, politiquement, économiquement ou militairement, à revendiquer le manteau du leadership mondial – ni n'est doté de la vague mais importante légitimité qui était encore associée à l'Amérique il n'y a pas si longtemps. Aucun ne proclame incarner une doctrine valide prétendument universelle renforcée par des revendications de déterminisme historique (dans le cas d'Hitler, on est même tenté de dire "hystérique"). Plus important encore, la Chine, l'État invariablement mentionné comme successeur potentiel de l'Amérique, a une lignée impériale impressionnante et une tradition stratégique de patience soigneusement calibrée, qui ont été essentielles à son histoire de plusieurs milliers d'années, couronnée de succès. La Chine accepte donc prudemment le système international existant, même si elle ne considère pas comme permanente la hiérarchie qui prévaut en son sein. Elle reconnaît que son propre succès dépend du fait que le système ne s'effondre pas de manière spectaculaire mais évolue plutôt vers une redistribution progressive du pouvoir. Elle cherche davantage de influence, aspire au respect international et en veut toujours à son "siècle d'humiliation", mais se sent de plus en plus confiante à propos de l'avenir. Contrairement aux aspirants ratés du XXe siècle à la puissance mondiale, la position internationale de la Chine n'est à ce stade ni révolutionnaire ni messianique, ni manichéenne.

De plus, la réalité de base est que la Chine n'est pas encore prête – et ne le sera pas avant plusieurs décennies – à assumer pleinement le rôle de l'Amérique dans le monde. Même les dirigeants chinois ont souligné à plusieurs reprises que dans chaque mesure importante de développement, de richesse et de puissance – même dans plusieurs décennies – la Chine sera toujours un État en voie de modernisation et de développement, derrière non seulement les États-Unis mais aussi l'Europe et le Japon dans les principaux indices de modernité et de puissance nationale par habitant (voir figure 3.1).

La Chine semble donc comprendre – et ses investissements dans le bien-être des États-Unis sont plus éloquents que les mots car ils sont basés sur l'intérêt personnel – qu'un déclin rapide de la primauté mondiale des États-Unis produirait une crise mondiale qui pourrait dévaster le propre bien-être de la Chine et nuire à ses perspectives à long terme. La prudence et la patience font partie de L'ADN impérial de la Chine.

## CHIFFRES 3.1 : COMPARAISON ENTRE LE PIB ET LE VIEILLISSEMENT DE LA POPULATION

| POPULATION TOTALE (MILLIONS) | US | EU | CHINE | JAPON |
|---|---|---|---|---|
| 1) Population 2010 | 317.64 | 497.53 | 1,354.15 | 127.00 |
| 2) Population 2025 | 358.74 | 506.22 | 1,453.14 | 120.79 |
| 3) Population 2030 | 369.98 | 505.62 | 1,462.47 | 117.42 |
| 4) Population 2050 | 403.93 | 493.86 | 1,417.05 | 101.66 |

Sources : Projections de l'ONU, en supposant une variante de fécondité moyenne (l'UE est l'UE à 27)

| VIEILLISSEMENT – POPULATION DE 65 ANS ET PLUS | US | EU | CHINE | JAPON |
|---|---|---|---|---|
| 1)% de la population totale 2010 | 13.0% | 17.5% | 8.2% | 22.6% |
| 2)% de la population totale en 2025 | 18.1% | 22.0% | 13.4% | 29.7% |
| 3)% de la population totale en 2030 | 19.8% | 23.8% | 15.9% | 30.8% |
| 4)% de la population totale en 2050 | 21.6% | 28.7% | 23.3% | 37.8% |
| 5) Espérance de vie actuelle (années) | 78.11 | 78.67 | 73.47 | 82.12% |

Sources : 5) CIA World Factbook ; 1-4) Projections de l'ONU, en supposant une variante de fécondité moyenne (l'UE est l'UE à 27)

| PIB (2005 en $ ; PAS PPP) | US | EU | CHINE | JAPON |
|---|---|---|---|---|
| 1) PIB 2010 (billions de dollars de 2005) | $13.15 | $14.63 | $3.64 | $4.54 |
| 2) PIB 2025 (billions de dollars de 2005) | $19.48 | $19.10 | $16.12 | $5.56 |
| 3) PIB 2030 (billions de dollars de 2005) | $22.26 | $20.34 | $21.48 | $5.79 |
| 4) PIB 2050 (billions de dollars de 2005) | $38.65 | $26.62 | $46.27 | $6.22 |
| 5) PIB par habitant 2010 ($ 2005) | $42,372 | $29,649 | $2,699 | $35,815 |
| 6) PIB par habitant 2025 ($2005) | $54,503 | $38,320 | $11,096 | $47,163 |

| 7) PIB par habitant 2030 ($ 2005) | $59,592 | $40,901 | $14,696 | $50,965 |
|---|---|---|---|---|
| 8) PIB par habitant 2050 ($ 2005) | $88,029 | $55,763 | $32,486 | $66,361 |

SOURCE : Carnegie Endowment for International Peace's *The World Order in 2050*, février 2010

Mais la Chine est également ambitieuse, fière et consciente que son histoire unique n'est qu'un prologue à son destin. Il n'est donc pas étonnant que dans un élan de franchise, un public chinois avisé, qui avait manifestement conclu que le déclin de l'Amérique et l'essor de la Chine étaient tous deux inévitables, ait sobrement fait remarquer il n'y a pas si longtemps à un Américain en visite : "Mais, s'il vous plaît, que l'Amérique ne décline pas trop vite"

En conséquence, les dirigeants chinois ont fait preuve de prudence en ne revendiquant pas ouvertement le leadership mondial. Dans l'ensemble, ils sont toujours guidés par la célèbre maxime de Deng Xiaoping : "Observer calmement ; sécuriser notre position : affronter les affaires calmement ; cacher nos capacités et attendre notre heure ; maintenons un profil bas, et ne revendiquons jamais le leadership. Cette attitude prudente et même trompeuse est également conforme aux anciennes directives stratégiques de Sun Tzu, qui affirmait avec force que la posture la plus sage au combat est de se coucher, de laisser son adversaire commettre des erreurs fatales et de n'en tirer profit qu'ensuite. L'attitude officielle de la Chine à l'égard de la politique intérieure et des engagements à l'étranger de l'Amérique rappelle de manière suggestive cette orientation stratégique. L'historique de Pékin va de pair avec sa prudence calculée et ses ambitions à long terme.

Il est également pertinent de noter que la Chine – malgré ses réalisations intérieures singulières – n'a pas cherché jusqu'à récemment à universaliser son expérience. Elle ne propose plus – comme elle l'a fait sous Mao durant sa phase communiste extrémiste – de notions ambitieuses concernant la validité historique unique pour l'ensemble de l'humanité de ses progrès vers la modernité, ni n'avance de prétentions doctrinaires sur la moralité prétendument supérieure de ses arrangements sociaux. Sa carte de visite globale met plutôt l'accent sur un thème très prosaïque mais pratique et largement envié : Le taux de croissance annuel remarquable de son PIB. Ce message séduisant donne à la Chine un avantage concurrentiel, en particulier en Amérique latine et en Afrique sous-développée, car elle cherche à accroître ses investissements sans faire pression pour des réformes politiques. (Par exemple, le commerce Chine-Afrique a augmenté de 1000%, passant de 10 milliards de dollars en 2000 à 107 milliards de dollars en 2008).

Outre la prise en compte des perspectives et du comportement traditionnel de la Chine, il faut tenir compte du fait que certaines incertitudes potentiellement majeures planent sur son développement politique et social interne. Sur le plan politique, l'État a évolué d'une forme radicale de totalitarisme – périodiquement ponctuée par des campagnes de masse impitoyablement brutales et même sanglantes (notamment le Grand Bond en avant et la Révolution culturelle) – à un autoritarisme de plus en plus nationaliste chargé du capitalisme d'État. Jusqu'à présent, la nouvelle formule a été un succès économique spectaculaire. Mais ses fondements sociaux pourraient s'avérer fragiles. Comme indiqué précédemment, la croissance économique et l'amélioration du bien-être social en Chine ont déjà généré de fortes disparités sociales qui ne peuvent plus être cachées au public. La nouvelle classe moyenne dans les grandes villes a non seulement gagné une certaine prospérité, mais aussi un accès sans précédent – malgré les efforts officiels pour la limiter – à l'information mondiale. Cet accès stimule effectivement de nouvelles attentes politiques et sociales. Il suscite également des ressentiments à l'égard des limitations existantes des droits politiques et engendre des individus prêts à prendre des risques en tant que dissidents politiques actifs.

Ces dissidents ont une clientèle potentiellement énorme, d'autant plus que la classe moyenne, plus privilégiée, commence à aspirer à un dialogue politique plus libre, à une critique sociale plus ouverte et à un accès plus direct à l'élaboration des politiques nationales. Le mécontentement économique commence également à faire surface parmi les travailleurs industriels, beaucoup plus nombreux, et parmi les paysans, encore plus nombreux. Les millions de travailleurs industriels chinois commencent à peine à se rendre compte à quel point ils sont sous-payés par rapport à la nouvelle classe moyenne, de plus en plus prospère. Les masses encore plus importantes de paysans véritablement pauvres – dont certains représentent les dizaines de millions de travailleurs semi-employés qui se déplacent de ville en ville à la recherche d'un travail subalterne – commencent seulement à développer leurs propres aspirations à une plus grande part de la richesse nationale chinoise.

La préoccupation de la Chine pour sa stabilité interne va donc probablement s'accroître. Une grave crise politique ou sociale intérieure, comme celle de la place Tiananmen en 1989, pourrait causer des dommages importants à l'économie chinoise et faire reculer les réalisations indéniables des trois dernières décennies. Cette considération est susceptible d'inciter les dirigeants chinois à rester discrets quant à un calendrier pour une ascension plus rapide de la Chine dans l'ordre mondial. Et pourtant, ils doivent également tenir compte de la fierté nationale croissante de l'élite chinoise, notamment vis-à-vis des États-Unis. En effet, vers la fin de la première décennie du XXIe siècle les commentateurs semi-officiels chinois (notamment les collaborateurs de *Liaowang*, le journal hebdomadaire des affaires générales publié par l'agence de presse chinoise) ont commencé à remettre plus ouvertement en question la légitimité historique globale du statu quo mondial actuel. Certains observateurs chinois des affaires internationales ont même commencé à postuler ce qui pourrait être le début d'une revendication doctrinale de la validité universelle du modèle chinois. Comme l'a dit un contributeur :

> Le dysfonctionnement du mécanisme international aujourd'hui est le dysfonctionnement du modèle occidental dominé par le "modèle américain". À un niveau plus profond, c'est le dysfonctionnement de la culture occidentale. Même si elle participe activement à la gouvernance mondiale et si elle remplit correctement son rôle de grand pays en développement, la Chine devrait prendre l'initiative de diffuser le concept chinois d'"harmonie" dans le monde entier. Au cours de l'histoire du monde, l'essor d'un pays s'accompagne souvent de la naissance d'un nouveau concept. Le concept d'"harmonie" est une expression théorique de l'essor pacifique de la Chine et devrait être transmis au monde entier avec les concepts de justice, de gagnant-gagnant et de développement conjoint.[7]

Les commentateurs chinois sont parfois devenus plus francs dans

---

[7] "La future position mondiale de la Chine", *Liaowang*, 19 octobre 2008.

leurs critiques directes du leadership mondial de l'Amérique. C'est ce qu'a affirmé un autre commentateur chinois des affaires étrangères :

> Bien que l'ambition "unipolaire" des États-Unis ait été sérieusement freinée par la crise financière, ils n'acceptent pas la structure internationale multipolaire, s'efforcent toujours de maintenir leur hégémonie mondiale, et tentent par tous les moyens de sauvegarder leur statut de "leader principal". Avec l'ascension rapide et continue de la Chine et l'élévation de son statut de grande puissance montante, la "séquence" de la "liste de classement" des puissances entre la Chine et les États-Unis changera tôt ou tard, et il sera inévitable que les deux parties se disputent leur position au classement... La crise financière internationale a mis en évidence les défauts du "modèle américain". Les États-Unis ont donc redoublé d'efforts pour "bloquer" et dénigrer le "modèle chinois" au sein de la communauté internationale. Les différences entre les systèmes politiques et les valeurs des deux pays peuvent être encore davantage "amplifiées."[8]

En particulier depuis la crise en 2007, les critiques chinoises du système américain et de la position globale de l'Amérique sont devenues fréquentes et franches. L'Amérique a été accusée d'avoir précipité cette crise financière et de ne pas avoir compris le rôle vital de la Chine dans l'élaboration d'une réponse internationale collective à cette crise. Les médias politiques chinois ont également pris l'Amérique à partie avec une sévérité croissante pour sa prétendue insensibilité aux intérêts de la Chine et pour s'être insinuée en 2010 dans le conflit de la Chine avec ses voisins asiatiques concernant leurs droits potentiels dans la mer de Chine méridionale. Certains commentateurs ont même accusé l'Amérique de chercher à encercler la Chine.

De telles réactions ne reflètent pas seulement le résultat d'une montée en puissance historique de la Chine – une confiance qui pourrait facilement se changer en arrogance – mais aussi d'un nationalisme chinois plus affirmé. Le nationalisme chinois est une force puissante et potentiellement explosive. Bien que profondément enraciné dans la fierté historique, il est également alimenté par le ressentiment face aux

---

[8] "La concurrence et la coopération entre la Chine et les États-Unis sont entremêlées", *Liaowang*, 7 février 2010.

humiliations passées mais non lointaines. Il peut être canalisé et exploité par ceux qui détiennent le pouvoir. En effet, en cas de perturbations sociales internes, l'attrait du nationalisme pourrait devenir la source de cohésion sociale la plus efficace pour préserver le statu quo politique.

À un certain stade, cependant, elle pourrait aussi nuire à l'image de la Chine dans le monde, au détriment de ses intérêts internationaux. Une Chine très nationaliste et affirmée – se vantant de sa puissance montante – pourrait involontairement mobiliser une puissante coalition de voisins contre elle-même. Le fait est qu'aucun des voisins importants de la Chine – le Japon, l'Inde et la Russie – n'est prêt à reconnaître le droit de la Chine à la place de l'Amérique sur le podium mondial si celle-ci devient vacante. Peut-être que les voisins de la Chine n'auront finalement pas le choix, mais il est presque certain qu'ils manœuvreraient contre une telle ascension. Ils pourraient même être enclins à rechercher le soutien d'une Amérique en déclin afin de compenser une Chine trop affirmée. Le désordre qui en résulterait pourrait s'intensifier à l'échelle régionale, surtout si l'on tient compte du fait que ces trois grands voisins de la Chine ont une sensibilité similaire aux nationalismes passionnés qui leur sont propres. Même une coalition antichinoise informelle du Japon, de l'Inde et de la Russie aurait donc de graves implications géopolitiques pour la Chine. Contrairement à la situation géographique favorable de l'Amérique, la Chine est potentiellement vulnérable à un encerclement stratégique. Le Japon fait obstacle à l'accès de la Chine à l'océan Pacifique, la Russie sépare la Chine de l'Europe, et l'Inde domine un océan qui porte son nom et qui constitue le principal accès de la Chine au Moyen-Orient. Jusqu'à présent, "une Chine en pleine ascension pacifique" (ainsi se décrivent les dirigeants chinois) a gagné des amis et même des dépendances en Asie, mais une Chine résolument nationaliste pourrait se trouvait elle-même plus isolée.

Une phase de tensions internationales aiguës en Asie pourrait alors s'ensuivre. Ces tensions pourraient prendre des formes dangereuses, notamment dans le cas de la rivalité sino-indienne qui se développe en Asie du Sud, mais aussi dans l'ensemble de l'Asie de manière plus générale. Les stratèges indiens parlent ouvertement d'une grande Inde exerçant une position dominante dans une zone allant de l'Iran à la

Thaïlande. L'Inde se positionne également pour contrôler militairement l'océan Indien ; ses programmes de puissance navale et aérienne vont clairement dans ce sens, tout comme les efforts politiquement guidés visant à établir pour l'Inde des positions fortes, avec des implications géostratégiques, dans les pays voisins du Bangladesh et de la Birmanie. L'implication de l'Inde dans la construction de ports dans ces deux États renforce la capacité de l'Inde à chercher à contrôler le passage maritime dans l'océan Indien.

### Carte 3.1 : L'"encerclement" de la Chine

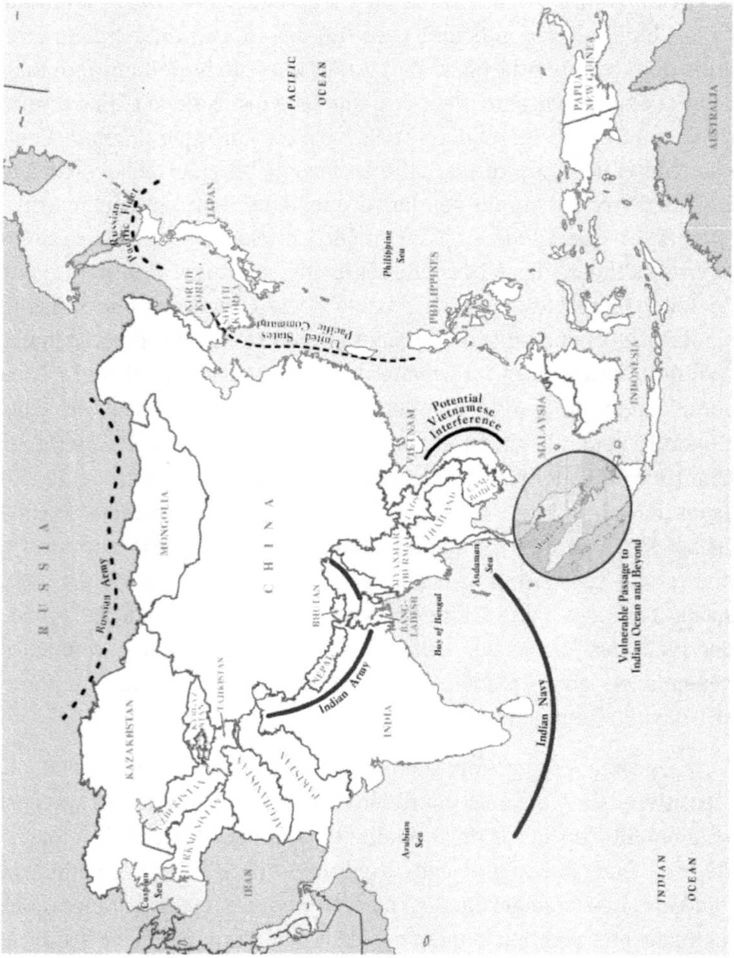

Les relations stratégiques de la Chine avec le Pakistan ainsi que ses efforts pour égaler la présence de l'Inde en Birmanie et au Bangladesh reflètent également une conception stratégique plus large ainsi qu'une intention compréhensible de protéger son accès maritime essentiel au Moyen-Orient par l'océan Indien contre les caprices d'un voisin puissant. Les Chinois ont étudié la possibilité de construire une grande installation sur la côte sud-ouest du Pakistan, près de l'Iran, à Gwadar, une péninsule qui fait saillie dans l'océan Indien, et de la relier à la Chine par route ou par pipeline. En Birmanie, où l'Inde a modernisé le port de Sittwe afin d'obtenir un raccourci vers son nord-est géographiquement inaccessible, les Chinois ont investi dans le port de Kyauk Phru, à partir duquel un pipeline vers la Chine pourrait également être construit, réduisant ainsi la dépendance chinoise à l'égard d'un passage beaucoup plus long par le détroit de Malacca. L'influence politico-militaire en Birmanie même, reste l'enjeu le plus important de ces entreprises géopolitiques.

De plus, la Chine a un intérêt vital à ce que le Pakistan reste une complication militaire sérieuse pour les intérêts stratégiques et les aspirations croissantes de l'Inde. Le désir chinois de construire une base navale au Pakistan ne visait donc pas seulement à établir une présence chinoise dans l'océan Indien, mais aussi à signaler l'importance que la Chine accorde à un Pakistan viable et à une relation sino-pakistanaise saine. Bien que la Chine et l'Inde aient pris soin d'éviter un affrontement militaire depuis leur brève altercation en 1962, l'engagement de la Chine avec le Pakistan, la vulnérabilité interne du Pakistan, la concurrence navale de l'Inde et de la Chine dans l'océan Indien et le statut mondial croissant des deux nations pourraient déclencher une dangereuse course aux armements ou, pire encore, un véritable conflit. Heureusement, jusqu'à présent, les dirigeants des deux pays ont montré qu'ils reconnaissent qu'une guerre mineure ne résoudrait rien alors qu'une guerre majeure entre les deux puissances nucléaires pourrait tout détruire.

Néanmoins, même certains incidents frontaliers pourraient générer d'intenses passions nationalistes chinoises et/ou indiennes qui seraient difficiles à contrôler politiquement. À cet égard, l'Inde pourrait se révéler plus instable, car son système politique est moins autoritaire et la crainte compréhensible de la population indienne à l'égard de la collusion sino-pakistanaise la rend plus susceptible de susciter des sentiments anti-chinois que les sentiments de masse anti-indiens en Chine. De plus, la presse indienne a exprimé de façon de plus en plus explicite son ressentiment à l'égard de la modernisation beaucoup plus impressionnante de la Chine, de son économie plus productive et de son statut mondial plus élevé, en faisant connaître la menace géopolitique potentielle que représente la Chine pour la sécurité de l'Inde. Le deuxième plus grand quotidien de langue anglaise de l'Inde lu par son élite anglophone a ainsi interprété pour ses lecteurs la rivalité sino-indienne réciproque en Asie du Sud décrite ci-dessus :

> À qui peut bien être destinée la préparation de guerre calculée et motivée de la Chine ?... La Chine a construit le port de Gwadar, dans un endroit très sensible du Pakistan, pour avoir son mot à dire dans le contrôle des voies maritimes et aussi pour surveiller l'Inde. Ainsi, avec le soutien plus ou moins manifeste du Pakistan, la Chine a réussi à neutraliser l'Inde sur terre et sur mer. En outre, violant toutes les règles internationales, la Chine a carrément transformé le Pakistan en un pays nucléaire, pour contrer l'Inde. De plus, la décision de la Chine de construire des ports, des oléoducs et des autoroutes au Myanmar n'est pas moins importante. En outre, le port de Hambentola construit avec l'aide de la Chine au Sri Lanka, qui est physiquement une partie détachée de la masse terrestre indienne, est une exécution bien planifiée de la "stratégie du collier de perles" de la Chine pour encercler l'Inde à travers l'océan Indien.[9]

Il serait historiquement ironique, en effet, que la réémergence de la Chine sur la scène mondiale se traduise par des conflits au détriment du rôle croissant de l'Asie dans les affaires mondiales. Mais jusqu'à présent, l'ascension de la Chine a été impressionnante par ses réalisations concrètes et quelque peu rassurante par sa conduite internationale mesurée. Les principaux dirigeants politiques chinois semblent se rendre compte que les ambitions à long terme de la Chine pourraient également être victimes d'un plongeon mondial dans une désordre post-américain.

En tout état de cause, indépendamment des calculs des principaux

---

[9] "China's Expanding War Game", *Hindustan Times*, 25 août 2010.

dirigeants chinois et de certains symptômes d'impatience nationaliste croissante, il semble que l'ascension de la Chine vers la prééminence mondiale pourrait se heurter à bien plus d'obstacles que l'ascension de l'Amérique, et si elle est poursuivie avec une impatience manifeste, elle pourrait susciter une opposition plus active que celle à laquelle l'Amérique a dû faire face au cours de son ascension. La Chine ne bénéficie pas des avantages liés aux circonstances géographiques et historiques favorables de l'Amérique au moment de son décollage au début du XXe siècle. Et contrairement à l'émergence de l'Amérique en tant que seule superpuissance mondiale au cours de la dernière décennie du XXe siècle, l'ascension actuelle de la Chine s'inscrit dans un contexte de rivalité avec d'autres puissances régionales, mais elle est aussi fortement tributaire de la stabilité continue du système économique international existant. Or, ce même système pourrait être menacé si un désordre post-américain génère une tendance mondiale à l'affirmation intense mais à court terme des intérêts nationaux à un moment où le besoin de coopération mondiale est plus important que jamais.

## 2 : LES ÉTATS LES PLUS MENACÉS GÉOPOLITIQUEMENT

Dans le monde contemporain, la sécurité d'un certain nombre d'États plus faibles situés géographiquement à côté de grandes puissances régionales dépend (même en l'absence d'engagements américains envers certains d'entre eux) du statu quo international renforcé par la prééminence mondiale de l'Amérique. Les États qui se trouvent dans cette position vulnérable sont les équivalents géopolitiques actuels des "espèces les plus menacées" de la nature. Certains d'entre eux en sont également venus à être considérés par leurs voisins plus puissants comme des symboles de l'intrusion américaine ressentie dans leurs sphères d'influence régionales existantes ou revendiquées. En conséquence, la tentation d'agir avec assurance à leur égard augmenterait proportionnellement le déclin du statut mondial de l'Amérique.

Si les grandes puissances régionales existantes peuvent être mécontentes de ce rôle américain, elles ont intérêt à ne pas précipiter une réaction en chaîne qui provoquerait l'effondrement du système international lui-même. La possibilité d'une telle réaction en chaîne qui a empêché la Russie en 2008 d'écraser la Géorgie (lors de la brève collision russo-géorgienne sur l'Ossétie et l'Abkhazie). La Russie a réalisé que la poursuite de ses opérations militaires pourrait nuire aux relations Est-Ouest en général et peut-être conduire à une sorte de confrontation avec les États-Unis. Compte tenu de sa relative faiblesse et des performances relativement insatisfaisantes de ses forces conventionnelles, elle a décidé de mettre un terme à ce qui aurait pu devenir une victoire à la Pyrrhus et de se contenter d'un succès territorial mineur. Mais une Amérique en grave déclin pour des raisons intérieures et/ou extérieures réduirait presque automatiquement cette retenue inhérente. Le résultat cumulé serait une vaste dérive vers une réalité internationale caractérisée par la survie du plus fort.

Voici une liste partielle des États les plus vulnérables, accompagnée de brefs commentaires (sa mention n'implique ni son niveau de vulnérabilité ni ses probabilités géopolitiques) :

## *La Géorgie*

Un déclin américain laisserait la Géorgie totalement vulnérable aux intimidations politiques et aux agressions militaires de la Russie. Les États-Unis soutiennent actuellement la souveraineté géorgienne et approuvent la demande d'adhésion de la Géorgie à l'OTAN. Les États-Unis ont également fourni à la Géorgie 3 milliards de dollars d'aide depuis 1991, dont 1 milliard au lendemain de la guerre de 2008. Ce qui précède a été souligné par l'affirmation officielle selon laquelle "les États-Unis ne reconnaissent pas les sphères d'influence."[10]

Le déclin de l'Amérique affecterait évidemment la crédibilité de ces engagements généraux. Les limitations des capacités américaines

---

[10] Secrétaire d'État Clinton, conférence de presse conjointe à Tbilissi, le 6 juillet 2010.

qui en résulteraient – en particulier celles qui affectent la volonté de l'OTAN de tenir ferme – pourraient à elles seules attiser les désirs de la Russie de récupérer son ancienne sphère d'influence, en raison de la diminution de la présence américaine en Europe, quel que soit l'état des relations américano-russes. Un facteur supplémentaire qui motiverait le Kremlin serait l'intense haine personnelle nourrie par Vladimir Poutine à l'égard de l'actuel président géorgien Mikhaïl Saakachvili, dont la destitution du pouvoir est devenue une sorte d'obsession pour le dirigeant russe.

Une autre considération motivant la Russie pourrait être le fait que les États-Unis ont parrainé le développement à travers la Géorgie du corridor méridional d'approvisionnement énergétique vers l'Europe, en particulier l'actuel oléoduc Bakou-Tbilissi-Ceyhan et le gazoduc Bakou-Tbilissi-Erzurum qui va finalement atteindre l'Europe en passant par la Turquie. Si les liens entre les États-Unis et la Géorgie étaient rompus, la Russie récolterait un énorme avantage géopolitique et économique en récupérant son quasi-monopole sur les routes de l'énergie vers l'Europe.

La subordination de la Géorgie à la Russie entraînerait probablement un effet domino sur l'Azerbaïdjan. L'Azerbaïdjan est le principal fournisseur du corridor sud et donc de la diversification des sources d'énergie européennes, ce qui limite indirectement l'influence de la politique russe dans les affaires européennes. Ainsi, dans le cas d'un déclin américain, la Russie, surtout si elle est encouragée par un effort réussi pour contrôler la Géorgie, utiliserait très probablement sa plus grande liberté d'action pour intimider l'Azerbaïdjan. Et dans de telles circonstances, l'Azerbaïdjan ne serait pas enclin à défier une Russie revigorée. L'Europe dans son ensemble serait donc soumise à une plus grande pression pour s'adapter à l'agenda politique de la Russie.

## *Taïwan*

Depuis 1972, les États-Unis ont formellement accepté le postulat de la "Chine unique" de la RPC, tel qu'il est décrit dans trois communiqués sino-américains (1972, 1979 et 1982), tout en maintenant qu'aucune des parties ne doit modifier le statu quo par la force. Un "statu quo" pacifique a été la base de la politique américaine de traversée du détroit, puisqu'une relation à la fois avec une Chine en pleine croissance et un Taiwan de plus en plus démocratique et orienté vers le libre marché est bénéfique à une forte présence américaine dans le Pacifique et aux intérêts commerciaux américains en Extrême-Orient.

Les États-Unis justifient la poursuite de leurs ventes d'armes à Taïwan en déclarant qu'elles s'inscrivent dans le cadre de leur politique de statu quo, confirmée en 1979 du temps où les relations diplomatiques entre les États-Unis et la Chine étaient en voie de normalisation et que la mise à jour des capacités de défense taïwanaises est nécessaire pour protéger l'autonomie de Taïwan jusqu'à ce que la question taïwanaise soit résolue pacifiquement. La Chine rejette cette position et se réserve, pour des raisons de souveraineté, le droit de recourir à la force. Cependant, dans l'intervalle, elle mène de plus en plus une politique d'accommodement entre les deux rives du détroit. Ces dernières années, Taïwan et la Chine ont amélioré leurs relations, en signant l'accord-cadre de coopération économique (ECFA) dans des conditions relativement égales au cours de l'été 2010.

Le déclin de l'Amérique augmenterait évidemment la vulnérabilité de Taïwan. Les décideurs de Taipei ne pourraient alors ni ignorer la pression directe de la Chine ni l'attrait même d'une Chine économiquement prospère. Cela permettrait au moins d'accélérer le calendrier de réunification du détroit, mais dans des conditions inégales favorisant le continent. Et si le déclin de l'Amérique dans l'intervalle affectait négativement le lien stratégique entre les États-Unis et le Japon, la Chine pourrait même être tentée – compte tenu notamment de la profondeur des sentiments nationaux chinois sur la question – de renforcer ses pressions sur Taïwan en menaçant d'utiliser la force afin de réaliser la "Chine unique" que les États-Unis ont acceptée comme une réalité politique dès 1972. Une menace politiquement réussie à cet effet pourrait provoquer une crise générale de confiance au Japon et en Corée du Sud concernant la fiabilité des engagements américains existants.

## *Corée du Sud*

Les États-Unis ont signé un pacte de défense mutuelle avec la Corée du Sud en 1953 et sont les garants de la sécurité de la Corée du Sud depuis l'attaque de la Corée du Nord en 1950, avec la complicité des Soviétiques et des Chinois. En outre, le remarquable décollage économique de la Corée du Sud et son système politique démocratique ont témoigné du succès de l'engagement américain en Corée du Sud. Mais au fil des ans, le régime nord-coréen a organisé un certain nombre de provocations contre la Corée du Sud, allant de l'assassinat de membres de son cabinet à des tentatives d'assassinat du président sud-coréen. En 2010, les Nord-Coréens ont coulé un navire de guerre sud-coréen, le *Cheonan*, tuant une grande partie de son équipage. En novembre 2010, la Corée du Nord a bombardé une île sud-coréenne, tuant quelques soldats et civils. Dans chaque cas, la Corée du Sud s'est tournée vers l'Amérique pour obtenir de l'aide, soulignant à quel point la Corée du Sud continue à dépendre des États-Unis pour sa sécurité physique.

La Corée du Nord a également modifié sa stratégie militaire pour mettre l'accent sur la possibilité d'une guerre asymétrique contre la Corée du Sud, en se basant sur son développement de missiles balistiques à courte portée, d'artillerie à longue portée et d'armes nucléaires. La Corée du Sud a les moyens de résister à une attaque conventionnelle de la Corée du Nord, mais elle dépend fortement de son alliance avec les États-Unis pour dissuader et se défendre contre une attaque globale.

Un déclin américain placerait la Corée du Sud devant des choix douloureux : soit accepter la domination régionale chinoise et compter davantage sur la Chine pour agir en tant que garant de la sécurité en Asie de l'Est, soit rechercher une relation beaucoup plus forte, bien qu'historiquement impopulaire, avec le Japon, en raison de leurs valeurs démocratiques communes et de la crainte d'une agression de la part de la République populaire démocratique de Corée ou de la Chine. Mais l'inclination du Japon à tenir tête à la Chine sans un solide soutien des États-Unis est, au mieux, problématique. Ainsi, la Corée du Sud pourrait être confrontée à une menace militaire ou politique à elle seule, si les engagements de sécurité des États-Unis en Asie de l'Est devenaient moins crédibles.

## *Biélorussie*

Vingt ans après la chute de l'Union Soviétique, le Belarus reste politiquement et économiquement dépendant de la Russie. Un tiers de toutes ses exportations sont destinées à la Russie, tandis que le Belarus dépend presque entièrement de la Russie pour ses besoins énergétiques. De plus, une majorité des 9,6 millions de personnes parlent le russe, le Belarus en tant qu'État national n'est indépendant que depuis 1991, et la profondeur de l'identité nationale de son peuple n'a pas été mise à l'épreuve – autant de facteurs qui préservent l'influence de Moscou. Par exemple, en 2009, l'armée russe a organisé des manœuvres importantes (avec une participation bélarussienne) au Belarus désigné sous le nom de Zapad (c'est-à-dire "l'Ouest") dans lesquelles il s'agissait de repousser une hypothétique attaque occidentale, culminant avec une simulation d'attaque nucléaire russe sur la capitale d'un État occidental limitrophe (c'est-à-dire l'OTAN).

Néanmoins, la relation de dépendance du Belarus avec la Russie n'a pas été sans conflit. Le Belarus n'a pas reconnu l'Ossétie du Sud et l'Abkhazie comme des États indépendants (que Moscou a établis après son affrontement avec la Géorgie en 2008) malgré les pressions ouvertes de Poutine. Dans le même temps, son absence de processus démocratique, comme en témoigne la dictature exercée pendant dix-sept ans par le président Loukachenko, a fait obstacle à toute relation significative avec l'Occident. La Pologne, la Suède et la Lituanie ont essayé de développer des liens civiques entre le Belarus et l'UE, mais avec des progrès très limités.

Par conséquent, un déclin marqué de l'Amérique donnerait à la Russie une occasion largement sans risque d'absorber le Belarus, avec tout au plus un recours minimal à la force, et avec peu d'autres coûts au-delà de sa réputation de puissance régionale responsable. Contrairement à la Géorgie, la Biélorussie ne disposerait pas d'armes occidentales et ne bénéficierait pas de la sympathie politique de l'Occident. Il est peu probable que l'UE réagisse en l'absence de soutien américain, et certains pays d'Europe occidentale seraient probablement indifférents à la cause du Belarus. Dans de telles circonstances, l'ONU serait largement passive. Les États d'Europe centrale, trop conscients des dangers d'une Russie enhardie, pourraient exiger une réponse commune de l'OTAN, mais avec le déclin de l'Amérique, il est peu probable qu'ils puissent susciter une réaction collective et énergique.

## *Ukraine*

L'absorption du Belarus par la Russie, sans trop de frais ni de douleur, mettrait en péril l'avenir de l'Ukraine en tant qu'État véritablement souverain. La relation de l'Ukraine avec la Russie, depuis son indépendance en 1991, est aussi sujette à des tensions que sa relation avec l'Occident est sujette à l'indécision. La Russie a tenté à plusieurs reprises de contraindre l'Ukraine à adopter des politiques bénéfiques à la Russie, en utilisant l'énergie comme outil politique. En 2005, 2007 et 2009, la Russie a soit menacé, soit arrêté l'acheminement du pétrole et du gaz vers l'Ukraine en raison de problèmes de prix et de l'encours de la dette énergétique de l'Ukraine. Au cours de l'été 2010, le président ukrainien Ianoukovitch a subi des pressions pour qu'il accepte de prolonger de vingt ans le bail d'une base navale russe dans le port ukrainien de Sébastopol, sur la mer Noire, en échange d'un prix préférentiel pour les livraisons d'énergie russe à l'Ukraine.

L'Ukraine est un État européen de quelque 45 millions d'habitants, doté d'une industrie forte et d'une agriculture potentiellement très productive. Une union avec la Russie enrichirait le pays et représenterait un pas de géant vers la restauration de sa sphère impériale, une question qui suscite beaucoup de nostalgie chez certains de ses dirigeants. Il est donc probable que le Kremlin continuera à faire pression sur l'Ukraine pour qu'elle rejoigne un "espace économique commun" avec la Russie, en dépouillant progressivement l'Ukraine du contrôle direct de ses principaux actifs industriels par le biais de fusions et de rachats par les firmes Russes. Dans le même temps, des efforts discrets se poursuivront pour infiltrer les services de sécurité et le commandement militaire ukrainiens, afin d'affaiblir la capacité de l'Ukraine à protéger, le cas échéant, sa souveraineté.

À terme – en supposant le déclin des États-Unis – une réponse européenne passive à l'absorption du Belarus, sans parler d'un recours à la force plus précoce et réussi pour intimider la Géorgie, pourrait inciter les dirigeants russes à tenter à un moment donné une réunification plus ouverte. Mais ce serait une entreprise très compliquée, nécessitant peut-être l'utilisation d'une certaine force et au moins une crise économique artificielle en Ukraine pour rendre une union formelle avec une Russie économiquement plus résistante plus acceptable pour les Ukrainiens. La Russie risquerait encore de provoquer une réaction nationaliste tardive, en particulier de la part des Ukrainiens de l'ouest et du centre du pays. Avec le temps, l'Ukraine en tant qu'État-nation gagne un engagement émotionnel plus profond de la part d'une jeune génération – qu'elle parle principalement l'ukrainien ou le russe – qui considère de plus en plus l'État ukrainien comme normal et comme faisant partie de son identité. Par conséquent, le temps ne joue peut-être pas en faveur d'une soumission volontaire de Kiev à Moscou, mais les pressions impatientes de la Russie à cette fin ainsi que l'indifférence de l'Occident pourraient générer une situation potentiellement explosive aux confins de l'Union européenne.

## *Afghanistan*

Dévasté par neuf années de guerre extraordinairement brutale menée par l'Union Soviétique, ignoré par l'Occident pendant une décennie après le retrait soviétique, mal géré par les dirigeants talibans médiévaux qui ont pris le pouvoir avec l'aide du Pakistan, et exposé pendant la présidence Bush à sept années d'opérations militaires américaines sans enthousiasme et d'aide économique sporadique, l'Afghanistan est un pays en pagaille. Sa production économique est faible en dehors de son commerce illégal de stupéfiants, avec un taux de chômage de 40% et un classement mondial à la 219e place en termes de PIB par habitant. Seuls 15 à 20% des Afghans ont accès à l'électricité.

Les résultats les plus probables d'un désengagement rapide des

États-Unis, provoqué par la fatigue de la guerre ou les premiers effets d'un déclin américain, seraient une désintégration interne et un jeu de pouvoir externe entre les États voisins pour l'influence en Afghanistan. En l'absence d'un gouvernement efficace et stable à Kaboul, le pays serait dominé par des seigneurs de guerre rivaux. Le Pakistan et l'Inde se disputeraient plus ouvertement et avec plus d'assurance l'Afghanistan, l'Iran étant probablement également impliqué. Par conséquent, la possibilité d'une guerre au moins indirecte entre l'Inde et le Pakistan augmenterait.

L'Iran tenterait probablement d'exploiter la rivalité pakistano-indienne en cherchant à s'assurer un avantage. L'Inde et l'Iran craignent que toute augmentation de la présence pakistanaise en Afghanistan n'affecte gravement l'équilibre régional des pouvoirs et, dans le cas de l'Inde, n'aggrave la position belligérante du Pakistan. En outre, les États voisins d'Asie centrale – grâce à la présence des communautés tadjik, ouzbèke, kirghize et turkmène en Afghanistan – pourraient également participer au jeu de pouvoir régional. Et plus il y a d'acteurs impliqués en Afghanistan, plus il est probable qu'un conflit régional plus important puisse voir le jour.

Deuxièmement, même si un gouvernement afghan solide est en place au moment du désengagement américain actuellement prévu – avec un semblant de contrôle central – un échec ultérieur à maintenir l'implication internationale parrainée par les États-Unis dans la stabilité de la région est susceptible de raviver les braises des passions ethniques et religieuses. Les talibans pourraient redevenir la principale force perturbatrice en Afghanistan – avec l'aide des talibans pakistanais – et/ou l'Afghanistan pourrait sombrer dans un état de seigneurie où la guerre tribale fait rage. L'Afghanistan pourrait alors devenir un acteur encore plus important dans le commerce international de la drogue, et peut-être même à nouveau un refuge pour le terrorisme international.

## *Pakistan*

Bien que le Pakistan soit doté d'armes nucléaires du XXIe siècle et soit tenu par une armée professionnelle de la fin du XXe siècle, la majorité de ses habitants – malgré une classe moyenne politiquement active et une population urbaine congestionnée – sont encore prémodernes, ruraux, et en grande partie définis par des identités régionales et tribales. Ensemble, ils partagent la foi musulmane, qui a donné l'impulsion passionnée à la création d'un État séparé au départ de la Grande-Bretagne de l'Inde. Le résultat du conflit avec l'Inde a déterminé le sens de l'identité nationale distincte du Pakistan, tandis que la division forcée du Cachemire a entretenu une antipathie partagée et profonde des uns envers les autres.

L'instabilité politique du Pakistan est sa plus grande vulnérabilité. Et un déclin de la puissance américaine réduirait la capacité des États-Unis à aider à la consolidation et au développement du Pakistan. Le Pakistan pourrait se transformer en un État dirigé par l'armée, ou un État islamique radical, ou un État combinant à la fois l'armée et le régime islamique, ou encore un "État" sans aucun gouvernement centralisé. Dans le pire des cas, le Pakistan se transformerait en une variante de seigneurie de guerre nucléaire ou en un gouvernement militant, islamique et anti-occidental semblable à celui de l'Iran. Ce dernier pourrait à son tour infecter l'Asie centrale, générant une plus grande instabilité régionale qui préoccuperait à la fois la Russie et la Chine.

Dans les circonstances susmentionnées, le déclin de l'Amérique augmenterait également les préoccupations sécuritaires de la Chine concernant l'Asie du Sud et pourrait intensifier les tentations indiennes de miner le Pakistan. L'exploitation par la Chine de tout affrontement entre le Pakistan et l'Inde serait également plus probable, ce qui pourrait accroître l'instabilité régionale. En fin de compte, une paix instable ou un conflit plus large dans la région dépendrait presque entièrement de la mesure dans laquelle l'Inde et la Chine pourraient freiner leurs propres impulsions de plus en plus nationalistes pour exploiter l'instabilité du Pakistan afin de prendre le dessus dans la région.

## *Israël et le Grand Moyen-Orient*

Outre le fait que les États deviennent immédiatement menacés, il faut également tenir compte de la probabilité plus générale que le déclin de l'Amérique mette en branle des glissements tectoniques qui mineraient la stabilité politique de tout le Moyen-Orient. Bien qu'à des degrés divers, tous les États de la région restent vulnérables aux pressions populistes internes, aux troubles sociaux et au fondamentalisme religieux, comme l'ont montré les événements de début 2011. Si le déclin de l'Amérique devait se produire alors que le problème israélo-palestinien n'est toujours pas résolu, l'incapacité à mettre en œuvre d'ici là une solution à deux États mutuellement acceptable renforcerait l'atmosphère politique inflammable de la région. L'hostilité régionale envers Israël s'intensifierait alors.

Il est raisonnable de supposer que la faiblesse américaine perçue inciterait à un moment donné les États les plus puissants de la région, notamment l'Iran ou Israël, à anticiper les dangers prévus. Dans ces circonstances, même une tactique prudente pourrait précipiter des éruptions de violence locale – impliquant, par exemple, le Hamas ou le Hezbollah, soutenu par l'Iran, contre Israël – qui pourraient alors dégénérer en affrontements militaires plus vastes et plus sanglants, ainsi qu'en nouvelles intifadas. Les entités faibles telles que le Liban et la Palestine paieraient alors un prix particulièrement élevé en termes de nombre de morts parmi les civils. Pire encore, un tel conflit pourrait s'élever à des niveaux véritablement horribles par des grèves et des contre-grèves entre l'Iran et Israël.

Cette dernière tournure des événements pourrait alors entraîner les États-Unis dans une confrontation directe avec l'Iran. Comme une guerre conventionnelle ne serait pas une option favorable pour une Amérique fatiguée par les guerres en Irak et en Afghanistan (et peut-être aussi au Pakistan d'ici là), les États-Unis compteraient vraisemblablement sur leur suprématie aérienne pour causer des dommages stratégiques douloureux à l'Iran, et en particulier à ses installations nucléaires. Le bilan humain qui en résulterait insufflerait au nationalisme iranien une hostilité durable à l'égard de l'Amérique tout en mélangeant encore davantage le fondamentalisme islamique et le nationalisme iranien. Le radicalisme et l'extrémisme islamiques au Moyen-Orient en général seraient également ravivés, avec des conséquences potentiellement dommageables pour l'économie mondiale. Dans ces circonstances, la Russie serait évidemment bénéficiaire économiquement à cause de l'augmentation du prix de l'énergie et politiquement à cause de la concentration des passions islamiques sur les États-Unis, les griefs des musulmans s'éloignant de la Russie. La Turquie pourrait devenir plus ouvertement sympathique au sentiment islamique de victimisation, et la Chine pourrait avoir plus de liberté pour poursuivre ses propres intérêts dans la région.

Dans ce contexte géopolitique, et contrairement à ceux qui croient que la sécurité d'Israël bénéficie d'une Amérique enfermée dans une relation hostile avec le monde de l'Islam, la survie à long terme d'Israël pourrait être mise en danger. Israël a la capacité militaire et la volonté nationale de repousser les dangers immédiats pour lui-même, et aussi de réprimer les Palestiniens. Mais le soutien généreux et de longue date de l'Amérique à Israël, qui découle davantage d'un véritable sentiment d'obligation morale et moins d'une réelle congruence stratégique, pourrait devenir moins fiable. L'inclination à se désengager de la région pourrait croître à mesure que l'Amérique décline, malgré le soutien public à Israël, alors qu'une grande partie du monde blâmerait probablement l'Amérique pour le bouleversement régional. Les masses arabes étant politiquement excitées et plus enclines à s'engager dans une violence prolongée ("guerre populaire"), un Israël qui pourrait devenir internationalement – pour citer l'avertissement inquiétant du vice-premier ministre Ehud Barak en 2010 – en tant qu'État "d'apartheid" aurait des perspectives à long terme douteuses.

La vulnérabilité des États du Golfe persique soutenus par les États-Unis devrait également s'intensifier. Alors que la puissance américaine dans la région recule et que l'Iran poursuit sa montée en puissance militaire et son l'expansion de son influence en Irak – qui, avant l'invasion américaine de 2003, constituait un rempart contre l'expansion iranienne -, l'incertitude et l'insécurité en Arabie saoudite, au Koweït, au Bahreïn, au Qatar, à Oman et aux EAU vont probablement s'intensifier. Ils devront peut-être chercher de nouveaux protecteurs plus efficaces pour leur sécurité. La Chine serait un candidat évident et potentiellement motivé par des raisons économiques, ce qui modifierait considérablement la configuration géopolitique du Moyen-Orient.

Il y a tout juste trente-cinq ans, les États-Unis entretenaient de solides relations avec les quatre pays les plus importants du Moyen-Orient : l'Iran, l'Arabie Saoudite, l'Égypte et la Turquie. Les intérêts américains dans la région étaient ainsi assurés. Aujourd'hui, l'influence américaine avec chacun de ces quatre États est largement réduite. L'Amérique et l'Iran sont enfermés dans une relation hostile ; l'Arabie saoudite critique l'évolution de la politique régionale américaine ; la Turquie est déçue par le manque de compréhension des Américains pour leurs ambitions régionales ; et le scepticisme croissant de l'Égypte concernant sa relation avec Israël la met en porte-à-faux avec les priorités américaines. En bref, la position américaine au Moyen-Orient se détériore manifestement. Un déclin américain viendrait y mettre un terme.

Contrairement à son impact sur les pays particulièrement vulnérables, le glissement de l'Amérique vers l'impuissance internationale, voire vers une crise paralysante, n'affecterait pas l'ampleur de l'activité terroriste internationale. La plupart des actes de terrorisme sont et ont été commis au niveau national, et non international. Que ce soit en Italie, où en 1978, quelque 2000 actes terroristes ont été commis en une seule année, ou au Pakistan contemporain, où les victimes d'assassinats terroristes se comptent par centaines et où les assassinats de haut niveau sont monnaie courante, les sources et les cibles du terrorisme national ont été le produit de conditions internes. Cela a été vrai depuis plus de cent ans, depuis que le terrorisme politique est apparu comme un phénomène significatif dans la Russie et la France de la fin du XIXe siècle. Par conséquent, un déclin précipité de la puissance américaine n'influencerait pas l'ampleur des activités terroristes en Inde, par exemple, parce que leur apparition a peu de rapport avec le rôle de l'Amérique dans le monde. Comme la plupart des actes de terrorisme intérieur sont ancrés dans des tensions politiques locales ou régionales radicalisées, seule une évolution des conditions locales peut influer sur l'ampleur de ce type de terrorisme.

L'Amérique n'est devenue la cible d'un véritable type d'activité terroriste mondiale qu'au cours des quinze dernières années. Son essor est associé aux passions populistes qui se sont développées en raison du réveil politique, en particulier dans certains États musulmans. L'Amérique est devenue la cible du terrorisme parce que les extrémistes religieux islamiques ont concentré leur haine intense sur l'Amérique en tant qu'ennemi de l'Islam et en tant que "grand Satan" néocolonialiste. Oussama Ben Laden a utilisé la notion d'Amérique comme l'incarnation de Satan pour justifier sa fatwa de 2001, qui a conduit aux attentats terroristes du 11 septembre contre les États-Unis. En outre, la justification pour le ciblage de l'Amérique par Al-Qaïda a été la prétendue profanation de sites islamiques sacrés par les déploiements militaires américains en Arabie Saoudite et par le soutien de l'Amérique à Israël. Bruce Riedel, Senior Fellow au Saban Center de la Brookings Institution à Washington, a observé que Ben Laden dans vingt de ses vingt-quatre discours majeurs, avant et après le 11 septembre, justifiait l'emploi de la violence contre l'Amérique en citant son soutien à Israël.

Ces actes de terrorisme international ont été inspirés par la vision manichéenne des États-Unis qu'ont les fanatiques musulmans extrémistes. Par conséquent, un déclin américain ne servirait pas à dissuader ces groupes. Il ne servirait pas non plus à leur donner du pouvoir, car leur message ne présente pas les aspects politiques distincts d'autres groupes bien établis sur le plan national, comme le Hamas et le Hezbollah. Il est donc douteux qu'un tel terrorisme fondamentaliste puisse contrôler les bouleversements en cours dans le monde islamique. Et même si c'était le cas, il est plus probable qu'il se traduise par des actes d'intimidation que dans toute action unie contre des États extérieurs. Il convient également de noter que, de Bakounine[11] à Ben Laden, nulle part le terrorisme n'a atteint son objectif politique ni réussi à remplacer les États en tant qu'acteur principal sur la scène internationale. Le terrorisme peut intensifier les troubles internationaux, mais il ne peut pas en devenir la substance.

En outre, la discussion qui précède permet de dégager les conclusions plus générales suivantes :

Premièrement, le système international existant sera probablement

---

[11] Mikhail Bakounine, né en Russie en 1814, était la figure de proue de l'anarchisme du XIXe siècle et un éminent défenseur russe du terrorisme. Son désaccord avec Karl Marx a conduit au schisme entre les ailes anarchiste et marxiste du mouvement socialiste révolutionnaire.

de plus en plus incapable d'empêcher les conflits lorsqu'il deviendra évident que l'Amérique ne veut pas ou ne peut pas protéger les États qu'elle considérait, pour des raisons d'intérêt national et/ou de doctrine, dignes de son engagement. En outre, une fois que la prise de conscience de cette nouvelle réalité sera généralisée au niveau international, une tendance plus répandue à la violence régionale, dans laquelle les États les plus forts deviennent plus unilatéraux dans leur traitement des voisins plus faibles, pourrait s'ensuivre. De graves menaces pour la paix sont susceptibles de provenir de grandes puissances régionales enclines à régler des comptes géopolitiques ou ethniques avec leurs voisins immédiats mais beaucoup plus faibles. L'affaiblissement de la puissance américaine créerait un espace ouvert pour une telle affirmation de force, avec un coût à court terme relativement faible pour son initiateur.

Deuxièmement, plusieurs des scénarios précédents représentent l'héritage de la guerre froide inachevée. Ils témoignent de l'occasion perdue par l'Amérique de profiter de la consolidation d'une zone de sécurité pacifique près de la Russie pour engager la Russie dans une coopération plus étroite en matière de sécurité. Cela aurait même pu impliquer un traité conjoint OTAN-Russie au moment où l'OTAN s'élargissait, favorisant ainsi un accommodement Est-Ouest plus durable tout en aidant à consolider la démocratie naissante de la Russie.[12] Peut-être une telle initiative de l'Occident aurait-elle été rejetée, mais elle n'a jamais été explorée. Au lieu de cela, après 2001, les États-Unis sont devenus obsédés par leur "guerre contre le terrorisme" et par la collecte de soutien pour leurs campagnes militaires en Irak et en Afghanistan au détriment de tout projet géostratégique plus vaste. Pendant ce temps, la Russie s'est concentrée sur l'établissement d'un autoritarisme plus répressif et sur la restauration de sa propre influence dans l'espace de l'ancien bloc soviétique.

Troisièmement, l'Asie de l'Est et l'Asie du Sud seraient les régions les plus vulnérables aux conflits internationaux dans un monde

---

[12] Comme proposé dans le "Plan pour l'Europe" de cet auteur, *Foreign Affairs*, janvier 1995.

post-américain. L'émergence de la Chine et de l'Inde en tant que grandes puissances régionales ayant des aspirations mondiales entraîne des changements dans la répartition du pouvoir dans la région, tandis que leur rivalité évidente génère des incertitudes inévitables. Si l'Amérique vacille, les pays les plus faibles pourraient être contraints de faire des choix géopolitiques dans un contexte d'instabilité croissante, même si la Chine et l'Inde évitent une collision majeure. Dans le même temps, la pression monte en Chine pour un retour de la puissance américaine en Asie, tandis que l'inquiétude grandit en Asie de l'Est et du Sud-Est face aux aspirations potentiellement expansionnistes de la Chine. La réalité de la quête ouvertement proclamée d'armes nucléaires par la Corée du Nord, dans le contexte d'une dynamique politique interne aussi indéchiffrable que dangereusement imprévisible, crée encore plus d'incertitude. Le déclin de l'Amérique diminuerait une contrainte extérieure que les États envisageant l'usage unilatéral de la force doivent normalement prendre en compte. En bref, le déclin de l'Amérique contribuerait inévitablement à une augmentation de la fréquence, de la portée et de l'intensité des conflits régionaux.

## 3 : LA FIN D'UN BON VOISINAGE

L'Amérique n'est bordée que par deux États, le Mexique et le Canada. Bien que tous deux soient de bons voisins, le Mexique représente un risque beaucoup plus sérieux pour l'Amérique en cas de déclin américain en raison de ses conditions politiques et économiques beaucoup plus volatiles. Par exemple, l'Amérique et le Canada partagent une frontière énorme mais surtout tranquille, tandis que la frontière entre l'USM et le Mexique, bien que beaucoup plus petite, est le lieu de violences, de tensions ethniques, de trafic de drogue et d'armes, d'immigration illégale et de conflits politiques.

Bien que le Mexique et le Canada soient tous deux économiquement dépendants des États-Unis, avec des PIB relativement similaires, environ 15% de la main-d'œuvre mexicaine travaille en Amérique et le pourcentage de la population mexicaine vivant sous le seuil de pauvreté est plus du double de celui du Canada. En outre, la dynamique politique interne du Mexique est beaucoup plus instable et ses relations avec les États-Unis sont historiquement plus mouvementées. Par conséquent, alors que le Canada serait affecté par un déclin américain, le Mexique plongerait probablement dans une crise interne désordonnée avec des implications sérieusement négatives pour les relations américano-mexicaines.

Au cours des dernières décennies, l'Amérique et le Mexique ont réussi à construire une relation essentiellement positive. Toutefois, leur interdépendance économique, leur interconnexion démographique due à des années de forte migration mexicaine vers les États-Unis et la menace commune pour la sécurité émanant du commerce transfrontalier des stupéfiants rendent les relations entre les deux pays à la fois plus complexes et plus vulnérables aux effets des changements internationaux. Les Américains ont tendance à considérer la stabilité relative du Mexique comme allant de soi, en supposant qu'elle ne représente qu'une faible menace directe pour la position stratégique de l'Amérique et pour la sécurité de l'ensemble de l'hémisphère occidental. Une détérioration des relations entre les États-Unis et le Mexique et les conséquences qui en découlent serait donc un choc douloureux pour le public américain, qui n'est généralement pas conscient du fait que les versions mexicaine et américaine des relations passées de leur pays ont tendance à varier.

Les relations mexico-américaines ont toujours été à la fois contentieuses et coopératives. Un conflit s'est souvent produit lorsque le Mexique était impliqué avec des violences internes et des troubles politiques, l'Amérique craignant un débordement sur son territoire mais exploitant également l'opportunité qui en résultait pour gagner du terrain aux dépens de son voisin plus faible. L'application incohérente et parfois égoïste de la doctrine Monroe par l'Amérique, ses guerres d'expansion qui l'ont amenée à s'emparer du Texas, de la Californie et du sud-ouest américain en 1848 – soit plus de 50% de l'ensemble du territoire mexicain – et l'occupation impopulaire de Veracruz par le président Wilson pendant la révolution mexicaine en constituent les principaux exemples. D'autre part, la coopération entre les deux pays (ainsi qu'avec le Canada) a conduit à la création de la NAFTA, qui est aujourd'hui la plus grande zone économique du monde.

Les deux siècles de relations mexico-américaines, pour le pire et le meilleur, nous rappellent que la gestion d'une telle relation asymétrique est sujette aux difficultés. Les craintes intérieures des deux parties, l'instabilité politique au Mexique et l'affirmation périodique de la puissance américaine ont souvent limité ce qui aurait dû être un partenariat naissant. Leur proximité géographique n'a fait qu'aggraver ces problèmes, rendant la coopération économique et sécuritaire plus essentielle au succès national, mais l'instabilité politique et les craintes culturelles plus inhibitrices pour la coopération entre voisins. Ainsi, avec des périodes intermittentes de grands compromis et de tensions aiguës, le maintien d'un partenariat mexicano-américain constructif a constitué un défi pour les dirigeants des deux nations.

L'Amérique et le Mexique partagent des liens culturels et personnels ainsi que des préoccupations économiques et sécuritaire, qui font qu'un partenariat régional est mutuellement bénéfique. La résilience économique et la stabilité politique de l'Amérique ont jusqu'à présent également atténué bon nombre des défis posés par des questions aussi sensibles que la dépendance économique, l'immigration et le trafic de stupéfiants. Toutefois, un déclin de la puissance américaine risquerait de compromettre la santé et le bon jugement du système économique et politique américain, ce qui intensifierait les difficultés particulières mentionnées ci-dessus. Des États-Unis en déclin seraient probablement plus nationalistes, plus défensifs quant à leur identité nationale, plus paranoïaques quant à leur sécurité intérieure, et moins disposés à sacrifier leurs ressources pour le développement des autres. Par conséquent, une coopération stable avec le Mexique bénéficierait d'un soutien moins populaire.

Dans un tel contexte, la politique intérieure des États-Unis serait susceptible de devenir plus protectionniste, comme l'ont fait les puissances européennes au lendemain de la Première Guerre mondiale. Les États-Unis seraient moins enclins à créer des institutions (comme la Banque de développement nord-américaine proposée) pour contribuer à favoriser la croissance économique régionale – en particulier mexicaine – par des initiatives financées conjointement et plus susceptibles d'imposer les subventions destinées à soutenir les puissants groupes d'intérêt nationaux au détriment des exportations mexicaines. Le rôle de leader mondial de l'Amérique a souvent contribué à protéger la politique commerciale américaine des effets des intérêts nationaux à caractère protectionniste.

Les conséquences qui en résulteraient porteraient gravement atteinte à l'économie mexicaine, créant des contrecoups sociaux et politiques qui compliqueraient encore davantage les deux questions suivantes les plus importantes dans la relation mexicano-américaine : l'immigration et le trafic de stupéfiants. Ces deux questions font l'objet d'une coopération tendue, parfois à contrecœur, entre l'Amérique et le Mexique. Le traitement équitable des immigrants mexicains par l'Amérique et son engagement à aider le Mexique à lutter contre le trafic de drogue sont essentiels au maintien d'un partenariat productif. Toutefois, les perspectives intérieures et régionales d'une Amérique en déclin augmenteraient presque certainement la diabolisation américaine de l'immigration mexicaine et le scepticisme américain quant à la volonté du Mexique de lutter contre ses cartels de la drogue. Les États-Unis seraient susceptibles de rechercher des solutions plus coercitives à ces problèmes (c'est-à-dire couper ou expulser les immigrants, constituer ou déployer des troupes à la frontière), ce qui ferait échouer la politique de bon voisinage et pourrait déclencher une confrontation géopolitique.

L'immigration mexicaine, en particulier l'immigration clandestine, est le résultat du contraste marqué entre les conditions économiques et politiques au Mexique et aux États-Unis. Au fil du temps, ces différences ont entraîné une migration mexicaine massive vers l'Amérique, de sorte que la population d'immigrants mexicains en Amérique était estimée à environ 11,5 millions en 2009.[13] Et la population totale des personnes d'origine mexicaine en Amérique est maintenant d'environ 31 millions, soit 10% de la population américaine totale, dont la plupart restent profondément attachées à leur famille au Mexique. De même, les citoyens du Mexique et le gouvernement mexicain lui-même sont naturellement préoccupés par la condition des immigrants aux États-Unis. Par exemple, la stricte loi sur l'immigration de 2010 en Arizona, qui vise à accroître les poursuites et l'expulsion

---

[13] *Immigrants mexicains : Combien viennent ? Combien partent ?* Rapport du Pew Hispanic Center, 22 juillet 2009.

des immigrants clandestins, a provoqué la colère de beaucoup au Mexique. Bien que le président Obama ait dénoncé le projet de loi, il a tout de même fait chuter la faveur dont jouissent les Mexicains à l'égard des Américains. Selon l'enquête Pew Global Attitudes Survey 2010, 44% des Mexicains interrogés ont une opinion favorable des États-Unis après la promulgation de la loi de l'Arizona, contre 62% avant.

Une attitude et une politique américaines plus coercitives à l'égard des immigrants mexicains accroîtrait le ressentiment des Mexicains, ce qui aurait des répercussions négatives sur l'ensemble du partenariat entre les États-Unis et le Mexique. Après le 11 septembre, la question de la sécurité des frontières en est venue à être considérée comme essentielle pour la sécurité intérieure ; le spectre d'un terroriste islamique traversant la frontière depuis le Mexique a renforcé les cris populaires en faveur d'un bouclage complet de la frontière. La décision des États-Unis de construire un mur/une clôture pour se séparer du Mexique comme mécanisme de soutien à la sécurité des frontières a déjà stimulé les sentiments anti-américains. Elle évoque des images négatives de la construction par Israël d'une "barrière de sécurité" en Cisjordanie ou du mur de Berlin. Une Amérique en déclin sur le plan international risque d'être encore plus perturbée par l'insécurité de sa frontière poreuse avec le Mexique et l'immigration qui en résulte, ce qui inspirera la poursuite de politiques similaires et créera une dangereuse spirale descendante pour les relations entre les deux voisins.

L'antagonisme croissant ne peut que compliquer davantage la capacité des deux nations à coopérer dans le domaine du commerce des stupéfiants, une question qui suscite déjà de vives préoccupations mutuelles. Grâce aux efforts très fructueux déployés par l'Amérique pour éliminer le commerce de la drogue en Colombie, le Mexique a de plus en plus hérité du rôle de la Colombie ; 90% de toute la cocaïne destinée aux États-Unis passe désormais par le Mexique. Cette nouvelle réalité a entraîné une escalade de la violence au Mexique, par exemple à Juárez, et a créé des retombées aux États-Unis. Et si l'Amérique et le Mexique ont fait de la lutte contre le commerce transfrontalier de la drogue une priorité politique, le problème s'est avéré difficile à résoudre. La violence qui y est associée s'est intensifiée et la corruption a persisté. On estime que depuis 2006, environ 5000 Mexicains sont morts dans des violences liées à la drogue, et que 535 policiers mexicains ont péri en 2009.[14]

En bref, cela a engendré une pression insoutenable sur les gouvernements locaux et nationaux du Mexique et sur les forces de l'ordre aux États-Unis.

Vaincre la pandémie de narcotiques deviendrait exponentiellement plus difficile si les États-Unis déclinent, si leurs finances et leurs ressources militaires diminuent et si leurs politiques deviennent plus unilatérales. Si l'actuel partenariat solide Nord-Sud devait alors cesser d'exister en raison de l'anti-américanisme croissant au Mexique résultant du protectionnisme économique et des politiques d'immigration sévères de l'Amérique, la réorientation ultérieure du gouvernement mexicain, qui s'éloigne de la coopération totale avec les États-Unis, affaiblirait l'efficacité de toute action américaine de lutte contre les stupéfiants. En outre, un gouvernement mexicain ne bénéficiant pas du soutien des États-Unis ne pourrait pas vaincre les cartels de la drogue, et le paysage politique mexicain deviendrait donc susceptible de subir des pressions politiques pour s'accommoder des barons de la drogue aux dépens de la sécurité américaine. Cela ramènerait le Mexique à des niveaux de corruption égaux et supérieurs à ceux qui existaient avant le passage du pouvoir du Parti révolutionnaire institutionnel (PRI) à une démocratie ouverte et multipartite en 2000. Un retour à un tel état stimulerait d'autres tendances anti-mexicaines aux États-Unis.

Le déclin du partenariat entre l'Amérique et le Mexique pourrait précipiter des réalignements régionaux et même internationaux. Une réduction des valeurs démocratiques du Mexique, de sa puissance économique et de sa stabilité politique, associée aux dangers de l'expansion des cartels de la drogue, limiterait la capacité du Mexique à devenir un leader régional doté d'un programme proactif et positif. Ce pourrait être, en fin de compte, l'impact ultime d'un déclin américain :

---

[14] *Estimations de la population immigrée non autorisée résidant aux États-Unis : janvier 2009*, Département de la sécurité intérieure, Office des statistiques sur l'immigration, janvier 2010,
www.dhs.gov/xlibrary/assets/statistics/publications/ois_ill_pe_2009.pdf.

un Mexique plus faible, moins stable, moins viable économiquement et plus anti-américain, incapable de rivaliser de manière constructive avec le Brésil pour un leadership régional coopératif ou de contribuer à promouvoir la stabilité en Amérique centrale.

Dans ce contexte, la Chine pourrait également commencer à jouer un rôle plus important dans la politique régionale post-américaine de l'hémisphère occidental. Dans le cadre de la campagne de la Chine, qui émerge lentement pour une plus grande influence mondiale, la RPC a lancé des investissements à grande échelle à la fois en Afrique et en Amérique latine. Par exemple, le Brésil et la Chine tentent depuis longtemps de forger un partenariat stratégique dans le domaine de l'énergie et de la technologie. Cela ne veut pas dire que la Chine chercherait à dominer cette région, mais elle pourrait évidemment bénéficier de la puissance régionale américaine en recul, en aidant les gouvernements plus ouvertement anti-américains dans leur développement économique.

À plus long terme, l'aggravation potentielle des relations entre une Amérique en déclin et un Mexique en proie à des troubles internes pourrait même donner lieu à un phénomène particulièrement inquiétant : l'émergence, en tant que question majeure dans la politique mexicaine suscitée par le nationalisme, de revendications territoriales justifiées par l'histoire et provoquées par des incidents transfrontaliers. Les réalités politiques et économiques ont contraint les Mexicains à sublimer les souvenirs historiques de territoires perdus au profit des États-Unis, au nom de relations harmonieuses avec l'État le plus puissant de l'hémisphère occidental et (plus tard) la seule superpuissance mondiale. Mais dans un monde où le Mexique ne comptait pas autant sur des États-Unis affaiblis, les incidents résultant initialement du commerce transfrontalier de stupéfiants pourraient facilement dégénérer en affrontements armés. On pourrait même imaginer des raids transfrontaliers effectués sous la bannière de la "récupération" du sol historiquement mexicain ; il existe des précédents historiques pour une telle transformation du banditisme en une cause patriotique. Un prétexte supplémentaire et commode pourrait être l'idée que le sentiment anti-immigrant aux États-Unis équivaut à une discrimination, ce qui exigerait des actes de rétorsion. Ceux-ci pourraient à leur tour conduire à l'argument selon lequel la présence de nombreux Mexicains sur le territoire anciennement mexicain soulève la question de l'autodétermination territoriale.

Les spéculations de ce genre se lisent aujourd'hui comme une fiction futuriste, sans rapport avec la réalité, mais les réalités géopolitiques changeraient radicalement en cas de déclin de l'Amérique. Cela pourrait bien inclure la relation autrefois hostile mais récemment amicale entre l'Amérique et le Mexique. Et si cela devait se produire, l'emplacement géopolitiquement sûr de l'Amérique sans conflit de voisinage, identifié plus haut dans la partie 2 comme l'un des principaux atouts de l'Amérique, deviendrait une chose du passé.

## 4 : LES BIENS COMMUNS MONDIAUX PEU COMMUNS

Les biens communs mondiaux, ces zones du monde qui sont partagées par tous les États, peuvent être réduits à deux ensembles principaux de préoccupations mondiales : les préoccupations stratégiques et les préoccupations environnementales. Les biens communs stratégiques comprennent les domaines maritime et aérien, l'espace et le cyberespace, ainsi que le domaine nucléaire dans la mesure où il s'agit de contrôler la prolifération mondiale. Les biens communs environnementaux comprennent les implications géopolitiques de la gestion des sources d'eau, l'Arctique et le changement climatique mondial. Dans ces domaines, l'Amérique, grâce à son statut hégémonique quasi mondial, a eu ces dernières années l'occasion de façonner ce que l'on a appelé le "nouvel ordre mondial". Toutefois, si la participation américaine et, très souvent, le leadership américain ont été essentiels pour réformer et protéger le patrimoine mondial, les États-Unis n'ont pas toujours été en première ligne du progrès. L'Amérique, comme toute autre grande puissance, a essayé de construire un monde bénéficiait avant tout à son propre développement même si, au cours du XXe siècle, les États-Unis ont parfois été plus idéalistes que les États dominants précédents dans l'histoire.

Aujourd'hui, les puissances émergentes du monde – la Chine, l'Inde, le Brésil et la Russie – jouent un rôle plus important dans ce processus de gestion mondiale. Un consensus américano-européen ou un consensus américano-russe ne peut à lui seul dicter efficacement les règles du bien commun. Ces nouveaux acteurs, bien que leur nombre augmente lentement, nécessitent un groupe de consensus plus large pour garantir et réformer le patrimoine commun mondial. Néanmoins, la participation et la codirection américaines restent essentielles pour résoudre les défis anciens et nouveaux.

Les biens communs stratégiques seront probablement le domaine le plus touché par le changement de paradigme de la puissance mondiale, en ce qui concerne à la fois la croissance progressive des capacités et de l'activisme des puissances émergentes comme la Chine et l'Inde et le déclin potentiel de la primauté américaine. La mer et l'air, l'espace et le cyberespace, qui sont au cœur des intérêts nationaux de chaque pays, sont dominés en grande partie par l'Amérique. Dans les années à venir, cependant, ils deviendront de plus en plus encombrés et compétitifs à mesure que la puissance et les ambitions nationales des autres grands États s'étendent, et la puissance mondiale globale se disperse.

Parce que le contrôle des biens communs stratégiques est basé sur des avantages matériels, à mesure que d'autres nations développent leurs capacités militaires, elles vont nécessairement remettre en question la position omniprésente des États-Unis, dans l'espoir de remplacer les États-Unis en tant que courtier en puissance régionale. Cette concurrence pourrait facilement conduire à des erreurs de calcul, à une gestion moins efficace ou à une rivalité territoriale nationaliste entre États sur les biens communs stratégiques. La Chine, par exemple, considère ses eaux environnantes comme une extension de son territoire. Elle considère que la plupart des îles contestées qui s'y trouvent sont les siennes, et la Chine s'est concentrée sur le développement de capacités navales visant à refuser à l'Amérique l'accès aux mers de Chine méridionale et orientale afin de protéger ces revendications et de consolider sa position régionale. En outre, la Chine a récemment transformé en conflits internationaux les désaccords sur les limites de ses eaux territoriales et sur la propriété des îles Senkaku, Paracel et Spratly. La Russie a également décidé récemment de faire de la marine sa plus haute priorité militaire, en augmentant fortement le financement de sa flotte du Pacifique. L'Inde continue elle aussi à développer ses capacités navales dans l'océan Indien.

La clé de la stabilité future des biens communs stratégiques est de développer progressivement un consensus mondial pour une répartition équitable et pacifique des responsabilités tant que la puissance américaine existe. Par exemple, un système maritime pacifique est essentiel au succès d'une économie mondialisée et toutes les nations ont intérêt à ce que l'air et les mers soient gérés de manière responsable en raison de leur impact sur le commerce international. Ainsi, un système équitable de répartition des responsabilités de gestion est très probable, même dans le paysage évolutif de la puissance régionale. Toutefois, à court terme, alors qu'un tel système vient à peine de voir le jour, une nation pourrait bien mal calculer son propre pouvoir vis-à-vis de son voisin ou chercher à en tirer un avantage aux dépens de la communauté élargie. Cela pourrait aboutir à des conflits significatifs, d'autant plus que les nations font pression pour un meilleur accès aux ressources énergétiques situées sous les eaux contestées.

Le déclin de l'Amérique aurait des implications dangereuses pour ce point stratégique commun, car actuellement le monde dépend de facto des États-Unis pour gérer et dissuader les conflits maritimes. Bien qu'il soit peu probable qu'un déclin américain entrave gravement sa capacité navale – puisqu'elle est au cœur des intérêts fondamentaux de l'Amérique – les États-Unis en recul pourraient être incapables ou simplement réticents à dissuader l'escalade des différends maritimes dans les océans Pacifique ou Indien, deux domaines particulièrement préoccupants. De même, l'espace extra-atmosphérique, une arène actuellement dominée par les États-Unis, commence à connaître une plus grande activité grâce aux capacités croissantes des puissances émergentes. Les deux questions les plus urgentes concernant l'espace sont la présence croissante de débris spatiaux et d'armes spatiales, toutes deux aggravées par l'essor de l'activité spatiale internationale. Lorsque la Chine a lancé avec succès un missile antisatellite en 2007, détruisant l'un de ses propres satellites, elle a ajouté une quantité sans précédent de débris dangereux en orbite basse terrestre et a augmenté le niveau d'incertitude quant aux intentions de la Chine de militariser l'espace.

Alors que les États-Unis disposent du système de suivi des entités en orbite le plus avancé au monde et, par conséquent, possèdent la capacité de protéger certains de leurs actifs, les règles régissant l'activité spatiale doivent être mises à jour pour refléter l'environnement de l'après-guerre froide, assurer la tranquillité de l'espace et interdire des actions comme celle de la Chine en 2007. Mais, si un déclin américain oblige les États-Unis à réduire leurs propres capacités spatiales ou, beaucoup plus probablement, permet – en plein milieu de son déclin – à d'autres puissances émergentes comme la Chine ou l'Inde de considérer l'espace comme un domaine viable dans lequel tester leur technologie, annoncer leur croissance influence, et lancer une nouvelle compétition stratégique, la "frontière finale" pourrait devenir sinistrement instable.

L'internet est devenu ce que l'espace extra-atmosphérique était autrefois : la frontière sans limite pour le commerce, la communication, l'exploration et la projection de puissance. Les militaires, les entreprises et les administrations publiques comptent sur un cyberespace libre et sûr pour s'acquitter avec succès de leurs responsabilités. Cependant, maintenir la liberté de l'internet tout en assurant la sécurité de l'information est un défi sérieux, surtout étant donné le paysage décentralisé et en rapide évolution de l'internet. La puissance américaine dans le cyberespace, comme dans les océans, a été essentielle à la réglementation équitable et à la liberté de l'internet parce que les États-Unis contrôlent actuellement – par l'intermédiaire d'une entité privée à but non lucratif basée en Californie et appelée Internet Corporation for Assigned Names and Numbers (ICANN) – la majeure partie de l'accès au cyberespace et de la surveillance de celui-ci. Le ressentiment du monde entier à l'égard du contrôle hégémonique américain sur l'Internet, conjugué à la nuisance du cyberespionnage et à la menace sérieuse d'une cyberguerre, complique la tâche difficile pour la gestion de ce bien commun stratégique.

Si ce système permet à l'Internet de fonctionner, il n'interdit pas aux nations individuelles, comme la Chine ou l'Iran, de limiter l'accès de leurs propres citoyens à l'Internet ; bien que les États-Unis se soient donné pour priorité de s'opposer publiquement à de telles restrictions. Il est donc possible qu'en l'absence d'une Amérique forte, les puissances émergentes, en particulier les nations qui ne soutiennent pas la démocratie ou les droits politiques individuels, exploitent l'absence de toute contrainte politique et tentent de modifier les caractéristiques de fonctionnement de l'Internet, de manière à restreindre plus efficacement son potentiel au-delà même de leurs frontières nationales.

En outre, le contrôle de la prolifération nucléaire mondiale est essentiel à la stabilité du système international. Depuis quelques années, les États-Unis sont les plus ardents défenseurs de la réduction de la prolifération, se fixant même comme objectif un monde sans armes nucléaires. En outre, les États-Unis fournissent des garanties de sécurité aux États non dotés d'armes nucléaires qui craignent leurs voisins nucléaires en leur étendant le parapluie nucléaire américain. Parce que les États-Unis sont l'État le plus important et le plus avancé en matière d'armes nucléaires et parce que leur position mondiale dépend de la stabilité que leur procure leur parapluie nucléaire, la responsabilité du leadership dans le domaine de la non-prolifération nucléaire repose carrément sur les épaules des Américains. Dans ce domaine plus que dans tout autre, le monde attend toujours des États-Unis qu'ils jouent un rôle de premier plan.

La poursuite de l'armement nucléaire par l'Iran aujourd'hui, combinée au possible déclin américain demain, met en évidence les dangers potentiels de la poursuite de la prolifération nucléaire au XXIe siècle : l'effacement du régime de non-prolifération, l'accroissement de la prolifération parmi l'intensification de la course aux armements nucléaires au niveau régional et la plus grande disponibilité des matières nucléaires pour le vol par des organisations terroristes.

Un déclin américain aurait un impact très profond sur le domaine nucléaire en provoquant une crise de confiance dans la crédibilité du parapluie nucléaire américain. Des pays comme la Corée du Sud, Taiwan, le Japon, la Turquie et même Israël, entre autres, comptent sur la dissuasion nucléaire étendue des États-Unis pour leur sécurité. S'ils devaient voir les États-Unis se retirer lentement de certaines régions, forcés par les circonstances à retirer leurs garanties, ou même s'ils devaient perdre confiance dans les garanties américaines permanentes, en raison des conséquences politiques, militaires et diplomatiques d'un déclin américain, ils devront alors chercher la sécurité ailleurs. Cette sécurité "ailleurs" ne pourrait provenir que de deux sources : les armes nucléaires de l'un ou de l'autre ou la dissuasion étendue d'une autre puissance – très probablement la Russie, la Chine ou l'Inde.

Il est possible que des pays qui se sentent menacés par l'ambition des États dotés d'armes nucléaires existants, l'ajout de nouveaux États dotés d'armes nucléaires ou la baisse de fiabilité de la puissance américaine développent leurs propres capacités nucléaires. Pour des puissances crypto-nucléaires comme l'Allemagne et le Japon, le chemin vers les armes nucléaires serait facile et assez rapide, étant donné leur vaste industrie nucléaire civile, leur succès financier et leur perspicacité technologique. En outre, la présence continue d'armes nucléaires en Corée du Nord et la possibilité d'un Iran doté de capacités nucléaires pourraient inciter les alliés américains dans le Golfe persique ou en Asie de l'Est à construire leur propre dissuasion nucléaire. Étant donné le comportement de plus en plus agressif et erratique de la Corée du Nord, l'échec des pourparlers à six et la méfiance largement répandue à l'égard du leadership mégalomaniaque de l'Iran, les garanties offertes par un parapluie nucléaire américain en déclin pourraient ne pas empêcher une course régionale aux armes nucléaires entre les petites puissances.

Enfin et surtout, même si la Chine et l'Inde maintiennent aujourd'hui une posture nucléaire responsable de dissuasion minimale et d'utilisation "diplomatique", l'incertitude d'un monde de plus en plus nucléaire pourrait contraindre les deux États à réévaluer et intensifier leur posture nucléaire. En effet, ils pourraient même, tout comme la Russie, être enclins à donner des garanties nucléaires à leurs États clients respectifs. Non seulement cela pourrait signaler une nouvelle course régionale aux armements nucléaires entre ces trois puissances aspirantes, mais cela pourrait également créer de nouvelles sphères d'influence antagonistes en Eurasie, motivées par la dissuasion nucléaire compétitive.

Le déclin des États-Unis précipiterait ainsi des changements drastiques dans le domaine nucléaire. Une augmentation de la prolifération chez les alliés américains peu sûrs et/ou une course aux armements entre les puissances asiatiques émergentes sont parmi les résultats les plus probables. Cet effet d'entraînement de la prolifération compromettrait la gestion transparente du domaine nucléaire et augmenterait la probabilité de rivalité entre États, d'erreurs de calcul et peut-être même de terreur nucléaire internationale.

En plus de ce qui précède, le monde sera confronté au cours de ce siècle à une série de nouveaux défis géopolitiques provoqués par les changements significatifs de l'environnement physique. La gestion de ces changements environnementaux communs – la rareté croissante de l'eau douce, l'ouverture de l'Arctique et le réchauffement climatique – nécessitera un consensus mondial et une coopération mutuelle. Le leadership américain ne suffit pas à lui seul à garantir la coopération sur toutes ces questions, mais un déclin de l'influence américaine réduirait la probabilité de parvenir à des accords de coopération sur la gestion de l'environnement et des ressources. Le retrait de l'Amérique de son rôle de gendarme mondial pourrait créer de plus grandes opportunités pour les puissances émergentes d'exploiter davantage le patrimoine environnemental pour leur propre gain économique, augmentant les chances de conflit axé sur les ressources, en particulier en Asie.

Ce dernier point est susceptible d'être le cas, notamment en ce qui concerne les ressources en eau de plus en plus rares dans de nombreux pays. Selon l'Agence des États-Unis pour le développement international (USAID), d'ici 2025, plus de 2,8 milliards de personnes vivront dans des régions où l'eau est rare ou en situation de stress hydrique, car la demande mondiale en eau doublera tous les vingt ans.[15] Alors qu'une grande partie de l'hémisphère sud est menacée par une éventuelle pénurie d'eau, les conséquences géopolitiques entre États de la pénurie d'eau transfrontalière – se produiront probablement en Asie centrale et du Sud, au Moyen-Orient et en Afrique du Nord-Est, régions où des ressources en eau limitées sont partagées par-delà les frontières et où la stabilité politique est transitoire. La combinaison de l'insécurité politique et de la rareté des ressources est une combinaison géopolitique menaçante.

La menace de conflits pour la gestion de l'eau va probablement s'intensifier à mesure que la croissance économique et la demande croissante d'eau dans les puissances émergentes comme la Turquie et l'Inde se heurte à l'instabilité et à la rareté des ressources dans des pays rivaux comme l'Irak et le Pakistan. La rareté de l'eau mettra également

---

[15] Clare Ribando Seelke, Mark P. Sullivan, et June S Beittel, *Mexico-US Relations: Issues for Congress,* Congressional Research Service, 3 février 2010.

à l'épreuve la stabilité interne de la Chine, car sa population croissante et son complexe industriel en expansion se combinent pour augmenter la demande et diminuer l'offre d'eau utilisable. En Asie du Sud, la tension politique sans fin entre l'Inde et le Pakistan, combinée à la surpopulation et à l'aggravation des crises internes au Pakistan, pourrait mettre en péril le traité sur les eaux de l'Indus, notamment parce que le bassin fluvial prend sa source dans le territoire longtemps contesté du Jammu-et-Cachemire, une région dont la volatilité politique et militaire ne cesse de croître. Le conflit persistant entre l'Inde et la Chine sur le statut du nord-est de l'Inde, une région où coule le Brahmapoutre, un fleuve vital, reste également très préoccupant. Avec la disparition de l'hégémonie américaine et l'intensification de la concurrence régionale, les différends sur les ressources naturelles comme l'eau ont le potentiel de se développer à grande échelle. Le lent dégel de l'Arctique va également modifier le visage de la concurrence internationale pour les ressources importantes. L'Arctique devenant de plus en plus accessible aux activités humaines, les cinq États du littoral arctique – États-Unis, Canada, Russie, Danemark et Norvège – pourraient se précipiter pour revendiquer sa richesse en pétrole, en gaz et en métaux. Cette course sur l'Arctique pourrait provoquer de graves changements dans le paysage géopolitique, en particulier à l'avantage de la Russie. Comme le souligne Vladimir Radyuhin dans son article intitulé "La valeur stratégique de l'Arctique pour la Russie", c'est la Russie qui a le plus à gagner de l'accès à l'Arctique tout en étant simultanément la cible du confinement du Grand Nord par les quatre autres États arctiques, tous membres de l'OTAN. À bien des égards, ce nouveau grand jeu sera déterminé par celui qui prendra position le premier avec le plus de légitimité, car il existe très peu d'accords sur l'Arctique. Le premier supertanker russe a navigué de l'Europe vers l'Asie via la mer du Nord au cours de l'été 2010.[16]

La Russie dispose d'un immense potentiel de terres et de ressources dans l'Arctique. Son territoire au sein du cercle arctique est de 3,1 millions de kilomètres carrés, soit la taille de l'Inde, et l'Arctique

---

[16] *La crise mondiale de l'eau*, USAID, 18 janvier 2007.

représente 91% de la production de gaz naturel de la Russie, 80% de ses réserves de gaz naturel explorées, 90% de ses réserves d'hydrocarbures en mer et un important stock de métaux.[17] La Russie tente également d'accroître sa revendication sur le territoire en affirmant que son plateau continental continue de s'enfoncer plus profondément dans l'Arctique, ce qui pourrait permettre à la Russie d'obtenir une extension de 150 miles de sa zone économique exclusive et d'ajouter 1,2 million de kilomètres carrés de territoire riche en ressources. La Commission des Nations unies sur le plateau continental a d'abord rejeté sa tentative d'extension du site, mais elle prévoit de présenter une nouvelle demande en 2013. La Russie considère l'Arctique comme une véritable extension de sa frontière nord et, dans un document stratégique de 2008, le président Medvedev a déclaré que l'Arctique deviendrait la "principale base de ressources stratégiques" de la Russie d'ici 2020.[18]

Malgré les récents sommets de conciliation entre l'Europe et la Russie sur l'architecture de sécurité européenne, une grande incertitude et une grande méfiance entachent les relations de l'Occident avec la Russie. Les États-Unis eux-mêmes ont toujours maintenu une forte revendication sur l'Arctique et ont continué à patrouiller la région depuis la fin de la guerre froide. Cette position a été renforcée au cours du dernier mois du second mandat du président Bush lorsqu'il a publié une directive de sécurité nationale stipulant que l'Amérique devrait "préserver la mobilité mondiale des navires et des avions militaires et civils américains dans toute la région arctique"[19]. La possibilité d'un déclin américain pourrait encourager la Russie à affirmer avec plus de force son contrôle sur l'Arctique et sur l'Europe par le biais de la politique énergétique, bien que cela dépende en grande partie de

---

[17] Vladimir Radyuhin, "*The* Arctic's Strategic Value for Russia", *The Hindu*, 30 octobre 2010, www.thehindu.com/opinion/lead/article857542.ece.

[18] G. P. Glasby et Yu L. Voytekhovsky, "Arctic Russia: Minerals and Mineral Resources", *Geochemical News*, no. 140 ( juillet 2009).

[19] Radyuhin, "La valeur stratégique de l'Arctique".

l'orientation politique de la Russie après les élections présidentielles de 2012. Tous les cinq États riverains de l'Arctique bénéficient d'un accord pacifique et coopératif sur l'Arctique – semblable à l'accord de 2010 de la Norvège et de la Russie sur le détroit de Barents – et la stabilité géopolitique qu'il apporterait. Néanmoins, les circonstances politiques pourraient rapidement changer dans un environnement où le contrôle de l'énergie reste la principale priorité de la Russie.

Le changement climatique mondial est la composante finale du patrimoine environnemental commun et celle qui a le plus grand impact géopolitique potentiel. Les scientifiques et les décideurs politiques ont prévu des conséquences catastrophiques pour l'humanité et la planète si la température moyenne mondiale augmente de plus de deux degrés au cours du prochain siècle. Les espèces végétales et animales pourraient disparaître à un rythme rapide, les écosystèmes à grande échelle pourraient s'effondrer, les migrations humaines pourraient atteindre des niveaux intenables et le développement économique mondial pourrait être inversé de façon catégorique. Les changements géographiques, les migrations forcées et la contraction de l'économie mondiale, qui s'ajoutent aux défis permanents en matière de sécurité régionale, pourraient créer une réalité géopolitique d'une complexité ingérable, en particulier dans les régions d'Asie densément peuplées et politiquement instables comme le Nord-Est et le Sud. En outre, toute action légitime visant à freiner le changement climatique mondial nécessitera des niveaux sans précédent d'autosurveillance et de coopération internationale. Les États-Unis considèrent que le changement climatique est une préoccupation sérieuse, mais leur manque de stratégie à long terme et d'engagement politique, comme en témoignent leur refus de ratifier le protocole de Kyoto de 1997 et le rejet répété de la législation sur le changement climatique au Congrès, dissuade d'autres pays de participer à un accord mondial.

Les États-Unis sont le deuxième émetteur mondial de dioxyde de carbone, après la Chine, avec 20% de la part mondiale. Les États-Unis sont le premier émetteur de dioxyde de carbone par habitant et le leader mondial en matière de demande énergétique par habitant. Par conséquent, le leadership des États-Unis est essentiel non seulement pour amener d'autres pays à coopérer, mais aussi pour freiner réellement le changement climatique. D'autres pays dans le monde, dont l'Union européenne et le Brésil, ont tenté leurs propres réformes nationales sur les émissions de carbone et l'utilisation de l'énergie, et se sont engagés à poursuivre les énergies renouvelables. Même la Chine a fait de la réduction des émissions un objectif, un fait qu'elle refuse de laisser les États-Unis ignorer. Mais aucune de ces nations n'a actuellement la capacité de mener une initiative mondiale. Le président Obama a engagé les États-Unis dans une réforme de l'énergie et du carbone au sommet de Copenhague en 2009, mais l'environnement politique intérieur de plus en plus polarisé et la reprise économique américaine fulgurante ne devraient pas inspirer de progrès sur les questions énergétiques coûteuses.

La Chine est également d'une importance capitale pour toute discussion sur la gestion du changement climatique car elle produit 21% des émissions totales de carbone du monde, un pourcentage qui ne fera qu'augmenter à mesure qu'elle développe les régions occidentales de son territoire et que ses citoyens connaissent une croissance de leur niveau de vie. Cependant, la Chine a refusé de jouer un rôle de premier plan dans le domaine du changement climatique, comme elle l'a fait également dans les domaines maritime, spatial et du cyberespace. La Chine utilise sa désignation de pays en développement pour se protéger des exigences de la gestion mondiale. Sa position ferme adoptée au sommet de Copenhague en 2009 souligne les dangers potentiels d'un déclin américain : aucun autre pays n'a la capacité et le désir d'accepter une gestion mondiale des biens communs environnementaux.

Seuls des États-Unis vigoureux pourraient prendre l'initiative en matière de changement climatique, étant donné la dépendance de la Russie à l'égard des énergies à base de carbone pour la croissance économique, le taux d'émissions relativement faible de l'Inde et la réticence actuelle de la Chine à assumer une responsabilité mondiale. La protection et la gestion de bonne foi des espaces communs mondiaux – mer, espace, cyberespace, prolifération nucléaire, sécurité de l'eau, Arctique et environnement lui-même – sont impératives pour la croissance à long terme de l'économie mondiale et le maintien d'une stabilité géopolitique fondamentale. Mais dans presque tous les cas, l'absence potentielle de leadership constructif américain saperait fatalement la communauté essentielle des biens communs mondiaux.

L'argument selon lequel le déclin de l'Amérique générerait une insécurité mondiale, mettrait en danger certains États vulnérables, produirait un voisinage nord-américain plus troublé et rendrait la gestion coopérative des biens communs mondiaux plus difficile n'est pas un argument en faveur de la suprématie mondiale des États-Unis. En fait, les complexités stratégiques du monde au vingt-et-unième siècle – résultant de la montée d'un monde qui s'affirme politiquement – ne sont pas un argument en faveur de la suprématie mondiale des États-Unis, car la dispersion du pouvoir mondial rend une telle suprématie impossible à atteindre. Mais dans cet environnement géopolitique de plus en plus compliqué, une Amérique à la recherche d'une nouvelle vision stratégique opportune est cruciale pour aider le monde à éviter un glissement dangereux dans la tourmente internationale.

# Partie 4

## AU-DELÀ DE 2025 : UN NOUVEL ÉQUILIBRE GÉOPOLITIQUE

LA POSITION MONDIALE DE L'AMÉRIQUE dans les décennies à venir dépendra de la mise en œuvre réussie d'efforts résolus pour surmonter sa dérive vers une obsolescence socio-économique et pour façonner un nouvel équilibre géopolitique stable sur le continent de loin le plus important du monde, l'Eurasie.

La clé de l'avenir de l'Amérique est donc entre les mains du peuple américain. L'Amérique peut améliorer significativement sa condition intérieure et redéfinir son rôle international central en fonction des nouvelles conditions objectives et subjectives du XXIe siècle. Pour y parvenir, il est essentiel que l'Amérique entreprenne un effort national pour mieux faire comprendre au public les circonstances mondiales changeantes, et potentiellement dangereuses, de l'Amérique. Les atouts inhérents à l'Amérique, comme nous l'avons déjà évoqué, justifient encore un optimisme prudent quant à la possibilité qu'un tel renouveau puisse réfuter les pronostics de déclin irréversible de l'Amérique et de son manque de pertinence au niveau mondial, mais l'ignorance du public quant à la vulnérabilité globale croissante de la position intérieure et extérieure de l'Amérique doit être abordée délibérément, de front et de haut en bas.

La démocratie est à la fois l'une des plus grandes forces de l'Amérique et l'une des sources centrales de sa situation actuelle. Les fondateurs de l'Amérique ont conçu son système constitutionnel de manière à ce que la plupart des décisions ne puissent être prises que progressivement. Par conséquent, une politique nationale véritablement globale exige un degré unique de consensus, généré par des circonstances dramatiques et socialement contraignantes (comme, à leur extrême, une grande crise financière ou une menace extérieure imminente) et/ou propulsé par l'impact persuasif d'un leadership national déterminé. Et puisqu'en Amérique, seul le président a une voix qui résonne au niveau national, le président doit faire avancer le renouveau de l'Amérique.

En tant que candidat et président, Barack Obama a prononcé plusieurs discours remarquables. Il s'est adressé directement et de manière historiquement sensible aux Européens, aux Moyen-Orientaux, aux musulmans et aux Asiatiques, en abordant la relation nécessairement changeante de l'Amérique avec leurs préoccupations. En particulier, les discours du président Obama à Prague et au Caire ont suscité les attentes du monde entier concernant l'orientation de la future politique étrangère américaine. Les sondages d'opinion internationaux ont montré une réaction presque immédiate et positive dans la perception du monde entier de l'Amérique dans son ensemble en raison de l'image et de la rhétorique du président Obama. Pourtant, il n'a pas réussi à parler directement au peuple américain de l'évolution du rôle de l'Amérique dans le monde, de ses implications et de ses exigences.

La tragédie du 11 septembre 2001 a fondamentalement modifié la vision que l'Amérique avait de ses objectifs mondiaux. S'appuyant sur l'ignorance de base du public en matière d'histoire et de géographie mondiales, les médias motivés par le profit ont exploité les craintes du public, ce qui a permis à l'administration Bush, de passer démagogiquement huit ans à transformer les États-Unis en un État de croisade. La "guerre contre le terrorisme" est devenue synonyme de politique étrangère et les États-Unis ont négligé de mettre en place une stratégie répondant à leurs intérêts à long terme dans un environnement géopolitique en pleine évolution. Ainsi, l'Amérique a été laissée sans préparation – à cause de la confluence de ce qui précède – pour faire face aux nouveaux défis du vingt-et-unième siècle.

L'Amérique et ses dirigeants doivent comprendre le nouveau paysage stratégique afin d'embrasser un renouveau intérieur et extérieur visant à revitaliser le rôle mondial de l'Amérique. Ce qui suit répond aux exigences de l'évolution des conditions géopolitiques et fournit, en réponse, les grandes lignes d'une vision opportune pour la politique étrangère américaine.

# I : LA VOLATILITÉ GÉOPOLITIQUE DE L'EURASIE

Le continent eurasiatique est à la fois la menace la plus immédiate de politique étrangère pour le statut mondial de l'Amérique et le défi à plus long terme pour la stabilité géopolitique mondiale. La menace immédiate se situe actuellement dans la région située à l'est du canal de Suez en Égypte, à l'ouest de la province chinoise du Xinjiang, au sud des frontières post-soviétiques de la Russie dans le Caucase et avec les nouveaux États d'Asie centrale. Le défi à plus long terme pour la stabilité mondiale découle du déplacement toujours continu et par conséquent imprévisible du centre de gravité mondial de l'Ouest vers l'Est (ou de l'Europe vers l'Asie et peut-être même de l'Amérique vers la Chine).

L'Amérique, plus que toute autre puissance, s'est directement impliquée dans une série de conflits au sein de l'Eurasie. Il est révélateur que les puissances régionales potentiellement plus directement touchées par les conséquences de ce qui se passe dans cette zone instable – comme l'Inde, la Russie et la Chine – se soient soigneusement abstenues de toute participation directe aux efforts douloureux (parfois ineptes) des États-Unis pour faire face au glissement de la région vers une escalade d'affrontements ethniques et religieux.

En fin de compte, toute solution constructive au problème afghan doit combiner un accommodement politique interne entre le gouvernement de Kaboul et les factions afghanes rivales dans un cadre régional externe au sein duquel les principaux voisins de l'Afghanistan assument un rôle majeur en contribuant à la stabilité du pays. Comme nous l'avons déjà dit, une implication militaire prolongée et largement américaine n'est ni la solution à la tragédie afghane initiée par l'invasion soviétique du pays, ni susceptible d'apporter une stabilité régionale. De même, le défi régional posé par l'Iran ne peut être résolu ni par une frappe militaire israélienne ni par une frappe américaine contre les installations nucléaires iraniennes en cours de construction. De telles actions ne feraient que fusionner le nationalisme iranien avec le fondamentalisme belligérant, produisant un conflit prolongé avec des conséquences hautement déstabilisantes pour les quelques régimes arabes encore pro-occidentaux du Moyen-Orient. À long terme, l'Iran doit également être assimilé à un processus d'accommodement régional.

En tout cas, l'Amérique peut toujours contenir un Iran nucléaire. Dans le passé, l'Amérique avait réussi à dissuader l'Union Soviétique et la Chine d'utiliser des armes nucléaires – malgré la belligérance parfois extrême des deux pays – et a finalement créé des conditions favorables à un compromis américano-russe et américano-chinois. De plus, l'Amérique a la capacité de fournir un bouclier nucléaire efficace pour l'ensemble du Moyen-Orient au cas où il deviendrait évident que l'Iran acquiert effectivement des armes nucléaires. Par conséquent, si l'Iran ne parvient pas à un arrangement acceptable avec la communauté mondiale, en fournissant des assurances crédibles que son programme nucléaire ne contient pas de composant secret d'armes nucléaires, les États-Unis devraient s'engager publiquement à considérer toute tentative iranienne d'intimidation ou de menace à l'encontre de ses voisins du Moyen-Orient comme une menace contre les États-Unis.

Dans ce contexte, s'il s'avère que l'Iran est effectivement en train d'acquérir des armes nucléaires, l'Amérique pourrait également demander à d'autres puissances nucléaires de s'engager à participer à l'application collective d'une résolution des Nations unies visant à désarmer l'Iran, par la contrainte si nécessaire. Mais il faut souligner qu'une telle application devrait être collective et impliquer également la Russie et la Chine. L'Amérique peut fournir un parapluie nucléaire pour la région par elle-même, mais elle ne devrait pas s'engager dans une action militaire solitaire contre l'Iran ou simplement en coopération avec Israël, car cela plongerait l'Amérique dans un conflit plus large, à nouveau solitaire, et finalement autodestructeur.

L'enjeu américain d'une résolution constructive du conflit israélo-palestinien est tout aussi important que les problèmes de l'Afghanistan et de l'Iran. Ce conflit empoisonne l'atmosphère du Moyen-Orient, contribue à l'extrémisme musulman et porte directement atteinte aux intérêts nationaux américains. Un résultat positif contribuerait grandement à la stabilité au Moyen-Orient. Dans le cas contraire, les intérêts américains dans la région en pâtiront, et le sort d'Israël dans un environnement international aussi hostile sera finalement remis en question.

Ces trois questions interdépendantes sont les points les plus urgents de l'agenda géopolitique actuel des États-Unis en raison de l'immédiateté de leur impact potentiel. Mais les changements profonds dans la distribution de la puissance mondiale signalent la nécessité historique – les crises précédentes mises à part – pour les États-Unis de poursuivre également une vision stratégique à plus long terme d'une géopolitique eurasienne plus stable et plus coopérative. À ce stade, seule l'Amérique est en mesure de promouvoir l'équilibre transcontinental nécessaire sans lequel la percolation de conflits sur cet immense continent désormais politiquement actif va dangereusement s'intensifier. L'Europe, hélas, se tourne vers l'intérieur, la Russie toujours vers son passé récent, la Chine vers son propre avenir et l'Inde, envieuse de la Chine.

Un tel effort géostratégique à long terme doit se concentrer sur l'Eurasie dans son ensemble. La combinaison de motivations géopolitiques concurrentielles, de puissance politique et de dynamisme économique fait de cet immense continent trans-Eurasien l'arène centrale des affaires mondiales.[20] L'Amérique – après son émergence en 1991 en tant que seule superpuissance du monde – a eu une occasion unique de jouer un rôle actif dans le développement de la nouvelle

---

[20] Sa description dans *Le Grand Échiquier* (1997), p. 31, est encore largement valable : "l'Eurasie est le plus grand continent du globe et joue un rôle géopolitiquement axial. Une puissance qui dominerait l'Eurasie contrôlerait deux des trois régions les plus avancées et les plus productives économiquement du monde. Un simple coup d'œil sur la carte suggère également que le contrôle de l'Eurasie entraînerait presque automatiquement la subordination de l'Afrique. Environ 75% des habitants du monde entier vivent en Eurasie, et la plupart des richesses physiques du monde s'y trouvent également, tant dans ses entreprises que sous son sol. Après les États-Unis, les six économies les plus importantes et les six pays qui dépensent le plus en armement militaire sont situés en Eurasie. Toutes les puissances nucléaires manifestes du monde, sauf une, et toutes les puissances secrètes, sauf une, sont situées en Eurasie. Les deux aspirants les plus populistes du monde à l'hégémonie régionale et mondiale influence sont eurasiens".

architecture internationale de l'Eurasie afin de combler le vide créé par la disparition du bloc sino-soviétique autrefois dominant sur le continent. Cette opportunité a été gâchée, et la tâche doit maintenant être entreprise dans des circonstances beaucoup plus difficiles pour l'Amérique.

L'Eurasie, dans les deux décennies qui ont suivi la fin de la guerre froide, a dérivé. L'Europe est devenue moins, et non plus, politiquement unie, tandis que, dans l'intervalle, la Turquie et la Russie sont restées à la périphérie incertaine de la communauté occidentale. À l'Est, la Chine s'est développée en puissance économique, politique et militaire, ce qui crée de l'anxiété dans une région déjà en proie à des rivalités historiques. L'Amérique doit élaborer une politique adaptée aux défis des deux côtés de l'Eurasie afin d'assurer la stabilité du continent dans son ensemble.

À l'Ouest, l'Union européenne n'a pas su profiter des années de "l'Europe entière et libre" pour rendre l'Europe vraiment entière et sa liberté fermement sûre. Une union monétaire ne saurait se substituer à une véritable unité politique, sans compter qu'une union monétaire fondée sur des ressources et des obligations nationales très inégales ne saurait favoriser un sentiment contraignant d'unité transnationale. Les tribulations économiques concomitantes, qui se sont amplifiées après 2007 notamment dans le sud de l'Europe, ont rendu de plus en plus illusoire la notion d'Europe comme poids lourd politique et militaire. L'Europe, autrefois le centre de l'Occident, est devenue une extension d'un Occident dont l'acteur décisif est l'Amérique.

Toutefois, l'unité de l'Occident actuellement dominé par les États-Unis ne doit pas être considérée comme acquise. Non seulement les membres de l'UE n'ont pas d'identité politique transnationale véritablement partagée – sans parler d'un rôle mondial commun – mais ils sont aussi potentiellement vulnérables à l'approfondissement des clivages géostratégiques. La Grande-Bretagne s'accroche à son attachement particulier aux États-Unis et à un statut spécial dans l'UE. La France, envieuse de la stature croissante de l'Allemagne en tant que première puissance de l'UE, continue de chercher à jouer un rôle prééminent pour elle-même en ouvrant périodiquement la voie à un leadership partagé avec l'Amérique, la Russie ou l'Allemagne, sans parler du leadership de l'Union méditerranéenne amorphe. L'Allemagne joue de plus en plus avec les notions bismarckiennes de relation spéciale avec la Russie, ce qui effraie inévitablement certains Européens centraux qui plaident pour des liens de sécurité toujours plus étroits avec les États-Unis.

De plus, tous les pays européens renoncent à tout engagement sérieux en faveur de leur propre sécurité collective, ou même de celle de l'OTAN. De différentes manières, sa population qui vieillit rapidement et ses jeunes s'occupent bien plus de leur sécurité sociale que de leur sécurité nationale. Au fond, les États-Unis se voient de plus en plus confier la responsabilité ultime de la sécurité de l'Europe, dans l'espoir rassurant que l'Amérique continuera à préserver les frontières de "l'Europe entière et libre". Mais ces frontières pourraient être dépassées par la relation spéciale germano-russe qui se dessine, poussée du côté de l'Allemagne par l'attrait irrésistible qu'exercent sur son élite économique (ainsi que sur l'Italie et d'autres pays) les perspectives commerciales d'une Russie en voie de modernisation. L'Union européenne est donc confrontée à la perspective d'un approfondissement des divisions géostratégiques, certains États clés étant tentés par l'option d'une relation commerciale et politique privilégiée avec la Russie.

Ce qui précède est particulièrement regrettable et préoccupant car l'entreprise européenne possède un grand potentiel, déjà démontré, de transformation démocratique et sociale de l'Est européen. L'élargissement de l'UE à l'Europe centrale (qui, pendant la guerre froide, était généralement appelée Europe de l'Est) a déjà généré des réformes institutionnelles et infrastructurelles de grande envergure dans la région, la plupart en Pologne, fournissant un exemple qui devient de plus en plus attrayant pour les peuples des pays voisins, l'Ukraine et le Belarus. Avec le temps, l'exemple de l'Europe pourrait devenir un véritable moteur de transformation sur la Turquie et la Russie, surtout si une Europe géopolitiquement plus active, avec l'Amérique, était guidée par un objectif commun à long terme de les engager dans une communauté occidentale plus large et plus vitale.

Cela nécessite toutefois une vision à long terme et une stratégie tout aussi à long terme pour la mettre en œuvre. Or, l'Europe d'aujourd'hui – tout comme l'Amérique – manque de ces deux éléments. Il est ironique que même dans la lointaine Corée, le principal journal du pays ait publié à l'automne 2010 un réquisitoire pertinent contre l'auto-indulgence stratégique de l'Europe, en le déclarant sans ambages :

> Il serait faux, bien sûr, de suggérer que l'Europe est soudainement devenue un gouffre politique. Mais il est vrai que les Européens doivent s'interroger longuement et sérieusement sur eux-mêmes et sur la situation dans laquelle ils se trouveront dans 40 ans si les tendances actuelles se poursuivent. Ce qu'il faut aujourd'hui, c'est une définition claire des intérêts de l'Europe – et de ses responsabilités. L'Europe a besoin d'un sens de l'objectif à atteindre pour un siècle dans lequel beaucoup d'éléments seront contre elle, ainsi qu'une déclaration des normes morales qui guideront ses actions et, on l'espère, son leadership.[21]

Ainsi, la question "où sera l'Europe dans quarante ans" est directement liée, en termes géopolitiques, à l'avenir des relations de l'Europe avec son Est géographique, et devrait préoccuper autant l'Europe que l'Amérique. Quelle devrait être la limite orientale d'une Europe élargie et donc de l'Occident ? Quels rôles la Turquie et la Russie pourraient-elles jouer si elles devaient vraiment faire partie d'un Occident plus vaste ? Inversement, quelles seraient les conséquences pour l'Europe et l'Amérique si la Turquie et la Russie restaient – en partie à cause des préjugés européens et de la passivité américaine – en dehors de l'Europe et donc aussi en dehors de l'Occident ?

En Turquie, sa transformation en cours mais inachevée a en fait été calquée dès le départ sur l'Europe, avec l'annonce en 1921 par Atatürk (Mustafa Kemal), le leader du mouvement des "Jeunes Turcs", de la décision de transformer le noyau ethnique turc de l'Empire ottoman déchu et démembré en un État-nation laïque moderne de type européen, qui sera désormais connu sous le nom de Turquie. Plus récemment, sa modernisation a évolué vers la démocratisation, un processus motivé par l'intérêt de la Turquie à faire plus explicitement

---

[21] "La dernière chance de l'Europe", *Korea Times*, 13 octobre 2010.

partie de l'Europe unificatrice. L'aspiration turque a été encouragée dès les années 1960 par les Européens eux-mêmes, et elle a abouti à la demande officielle d'adhésion de la Turquie en 1987. Cette action a à son tour conduit à la décision de l'UE en 2005 d'entamer des négociations officielles. Et malgré les récentes hésitations de certains membres de l'UE – notamment la France et l'Allemagne – à l'égard de l'adhésion de la Turquie, il est une réalité géopolitique qu'une démocratie turque de type véritablement occidental, si elle est solidement ancrée à l'Ouest par le biais de l'OTAN, pourrait être le bouclier de l'Europe pour la protéger du Moyen-Orient agité.

Le cas de la Russie est plus problématique à court terme, mais à plus long terme, la poursuite d'un engagement stratégique tout aussi positif et de grande envergure devient historiquement opportune. Certes, la Russie, vingt ans après la chute de l'Union Soviétique, reste encore indécise sur son identité, nostalgique de son passé, et en même temps débordante de certaines de ses aspirations. Ses efforts pour créer "un espace économique commun" (sous l'égide du Kremlin) dans la région de l'ex-Union Soviétique inquiètent naturellement les nouveaux États post-soviétiques indépendants. Les éléments dominants de son élite au pouvoir continuent de manœuvrer pour diluer les liens transatlantiques, et ils en veulent encore au désir de l'Europe centrale d'une intégration profonde au sein de l'Union européenne et à son adhésion défensive à l'OTAN, même s'ils s'inquiètent aussi de la puissance croissante de la Chine à la limite même de l'Extrême-Orient russe, riche en minerais et peu peuplé.

Dans le même temps, cependant, la classe moyenne russe, de plus en plus importante sur le plan politique, adopte manifestement le style de vie de l'Occident, tandis qu'un nombre croissant de membres de la communauté intellectuelle russe parlent plus ouvertement de leur désir de voir la Russie faire partie de l'Occident moderne. La question fondamentale "quelle est la bonne relation entre la modernisation et la démocratisation" a commencé à imprégner les débats informels au sein des couches supérieures du pays, y compris même certains segments de l'élite politique de haut niveau retranchés au Kremlin. Un nombre croissant de Russes commencent à réaliser qu'un changement fondamental dans les relations de la Russie avec l'Occident pourrait être dans l'intérêt vital du pays à long terme.

Simultanément, l'incertitude concernant la stabilité géopolitique de l'Asie s'accroît dans la moitié orientale de l'Eurasie. À moins d'une contrainte délibérée, la géopolitique compétitive de l'Asie nouvellement dynamisée pourrait rappeler de façon inquiétante l'enchainement des conflits en Occident au cours des deux derniers siècles. Les ambitions de la Chine commencent à faire surface plus ouvertement, l'affirmation nationaliste sapant de plus en plus le voile soigneusement cultivé de la modestie, de la modération nationale et de la patience historique officielle. Sa concurrence pour la prééminence régionale avec le Japon et l'Inde se situe encore principalement dans les domaines diplomatique et économique, mais la disponibilité d'une puissance militaire efficace – et peut-être la volonté de l'utiliser – devient une considération pertinente dans les contextes géopolitiques respectifs. Tout recours à la force pourrait devenir particulièrement inquiétant dans la rivalité entre la Chine et l'Inde, qui disposent de l'arme nucléaire, et le Pakistan, lui aussi doté de l'arme nucléaire. Le nouvel Orient naissant pourrait alors, en effet, devenir assez turbulent, tout comme l'ancien Occident l'était autrefois.

Comme indiqué précédemment, la région du sud-ouest de la partie orientale de l'Eurasie, qui a été réveillée, est déjà dans une crise potentiellement contagieuse. Les nouveaux "Balkans mondiaux"[22], qui englobent le Moyen-Orient, l'Iran, l'Afghanistan et le Pakistan – où les États-Unis sont la seule grande puissance extérieure à s'être engagée militairement – risquent de s'étendre à l'Asie centrale, la violence s'intensifiant déjà dans certaines parties du Caucase du Nord, où vivent des musulmans. Chacun des nouveaux États d'Asie centrale est potentiellement vulnérable à la violence interne, chacun d'entre eux n'est pas en sécurité et tous souhaitent avoir un accès plus direct au monde extérieur tout en cherchant à éviter la domination russe ou chinoise. L'ensemble de l'Eurasie, aujourd'hui politiquement réveillée, manque donc d'un cadre commun et sa stabilité géopolitique est douteuse.

---

[22] Voir une explication plus complète de ce concept dans le livre de cet auteur, *The Choice, publié en* 2004, pp. 59 et 79.

Il y a plus de cent ans, le pionnier de la pensée géopolitique, Harold Mackinder, identifiait l'Eurasie comme "île-monde" clé et a conclu que "qui dirige l'île-monde, commande le monde". Dans toute l'histoire du monde, seules trois têtes impitoyables de puissantes machines militaires ont été proches de parvenir à une telle "domination". Gengis Khan y est presque parvenu en s'appuyant sur ses remarquables compétences militaires, mais sa conquête de "l'île-monde" s'est terminée aux confins de l'Europe centrale. Il n'a pas pu surmonter les conséquences de la distance et du nombre, et par conséquent le mince placage mongol de son "empire" a été assimilé rapidement par les populations initialement conquises.

Hitler, ayant conquis l'Europe, a également failli obtenir un résultat similaire dans la direction opposée, et aurait pu gagner si l'invasion nazie de la Russie avait été accompagnée d'une attaque japonaise sur la Russie depuis l'Est. Puis, après la défaite d'Hitler, avec des forces soviétiques retranchées à l'ouest de Berlin au centre de l'Europe, Staline est en fait venu le plus près de la victoire lorsque son bloc sino-soviétique trans-Eurasien, qui a émergé à la suite de la victoire communiste en Chine, a tenté de pousser l'Amérique en Corée. Cependant, la possibilité d'un contrôle communiste sur "l'île-monde" s'est rapidement évanouie avec l'organisation de l'OTAN à l'Ouest et la scission du bloc sino-soviétique à l'Est après la mort de Staline dans une querelle amère et sanglante.

Compte tenu de la montée de la nouvelle dynamique, mais aussi de la complexité internationale et du réveil politique de l'Asie, la nouvelle réalité est qu'aucune puissance ne peut plus – selon les termes de Mackinder – chercher à "gouverner" l'Eurasie et donc à "commander" le monde. Le rôle de l'Amérique, surtout après avoir perdu vingt ans, doit maintenant être à la fois plus subtil et plus réactif aux nouvelles réalités du pouvoir en Eurasie. La domination d'un seul État, aussi puissant soit-il, n'est plus possible, surtout avec l'émergence de nouveaux acteurs régionaux. En conséquence, l'objectif opportun et nécessaire d'un effort délibéré à plus long terme de la part de l'Amérique devrait être une large stabilité géopolitique trans-eurasienne basée sur une accommodation croissante entre les anciennes puissances de l'Ouest et les nouvelles puissances de l'Est.

En substance, la poursuite de cet objectif nécessitera l'engagement des États-Unis dans le façonnage d'un Occident plus vital et plus grand, tout en contribuant à équilibrer la rivalité naissante dans l'Est croissant et agité. Cette entreprise complexe exigera un effort soutenu au cours des prochaines décennies pour relier, de manière transformatrice, par le biais d'institutions comme l'UE et l'OTAN, la Russie et la Turquie à un Occident qui englobe déjà l'UE et les États-Unis. Des progrès réguliers mais réels le long de cet axe pourraient insuffler un sens de la finalité stratégique à une Europe de plus en plus menacée par un glissement vers un manque de pertinence géopolitique déstabilisant et diviseur. Dans le même temps, l'engagement stratégique de l'Amérique en Asie devrait impliquer un effort soigneusement calibré pour nourrir un partenariat de coopération avec la Chine tout en promouvant délibérément la réconciliation entre la Chine et le Japon, allié des États-Unis, en plus de l'expansion des relations d'amitié avec des États clés tels que l'Inde et l'Indonésie. Dans le cas contraire, les rivalités asiatiques en général ou la crainte d'une Chine dominante en particulier pourraient saper à la fois le nouveau rôle mondial potentiel de l'Asie et sa stabilité régionale. La tâche qui nous attend consiste à traduire une vision géopolitique à long terme en une stratégie historiquement saine et politiquement attrayante qui favorise de manière réaliste la revitalisation de l'Ouest et facilite la stabilisation de l'Est dans un cadre de coopération plus large.

## 2 : UN OCCIDENT PLUS LARGE ET PLUS VITAL

Les discussions antérieures sur "Le recul de l'Occident" et "Le déclin du rêve américain" n'étaient pas des exercices d'inévitabilité historique. Un renouveau du dynamisme intérieur américain est possible, tandis que l'Amérique, en travaillant délibérément avec l'Europe, peut façonner un Occident plus grand et plus vital. Le point de départ d'un tel effort à long terme est la reconnaissance de la réalité historique que l'Europe d'aujourd'hui est toujours une affaire inachevée. Et il en sera ainsi jusqu'à ce que l'Occident, de manière stratégiquement sobre et prudente, embrasse la Turquie sur un pied d'égalité et engage la Russie sur le plan politique et économique. Un tel Occident élargi peut contribuer à ancrer la stabilité d'une Eurasie en pleine évolution, ainsi qu'à revitaliser son propre héritage historique.

La ligne de démarcation entre l'Europe, d'une part, la Russie et la Turquie, d'autre part, est une abstraction géographique. Ni le Bug (qui sépare la Pologne du Belarus), ni le Prut (qui sépare la Roumanie de l'Ukraine), ni la Narva (qui sépare l'Estonie de la Russie) ne définissent les limites extérieures géographiques et culturelles naturelles de l'Est de l'Europe. Pas plus d'ailleurs que les montagnes de l'Oural, situées au plus profond de la Russie et habituellement citées dans les livres de géographie comme délimitant l'Europe de l'Asie. Encore moins significatif à cet égard est le détroit du Bosphore, qui relie la Méditerranée et la mer Noire, à la métropole turque Istanbul dite "d'Europe" mais dont l'extension de la ville à travers l'étroit passage d'eau de mer (ainsi que la majeure partie du territoire de la Turquie) est dite "d'Asie"[23].

Plus trompeuses encore sont les notions conventionnelles de frontières culturelles de l'Europe. En termes de style de vie, d'architecture et d'habitudes sociales, Vladivostok, dans l'Extrême-Orient russe, est plus européenne que Kazan (la capitale du Tatarstan), située à des milliers de kilomètres à l'ouest de Vladivostok, dans la partie "européenne" de la Fédération de Russie. Ankara, la capitale de la Turquie, située dans la plaine d'Anatolie et donc géographiquement en Asie, est une ville tout aussi européenne que Erevan, la capitale de l'Arménie, située plus de 500 km plus à l'est mais que l'on dit être en Europe.

En fin de compte, la Russie contemporaine et, dans une moindre mesure, la Turquie ne sont séparées de l'Europe ni par la géographie ni par le mode de vie, mais plutôt par une ambivalente difficulté à définir précisément ce qui est politiquement et culturellement propre à l'Occident post-impérial actuel : sa combinaison commune de

---

[23] Philip Johan van Strahlberg, géographe suédois qui a voyagé à travers la Russie au début des années 1700, a popularisé cette idée de frontière géographique entre l'Europe et l'Asie dans son livre *An Historico-Geographical Description of the North and Eastern Parts of Europe and Asia* (Londres : W. Innys et R. Manby, 1738).

croyances spirituelles et de principes philosophiques résiduels, en particulier en ce qui concerne le caractère sacré de l'individu, combinée à des notions largement acceptées de droits civils inscrits dans un engagement explicite en faveur de l'État de droit dans les États démocratiques constitutionnellement. Les Russes prétendent partager ces valeurs mais leur système politique ne les reflètent pas. Les Turcs, pour la plupart, les pratiquent déjà, et tous deux affirment catégoriquement qu'ils sont déjà "européens" culturellement et socialement. Chacun minimise l'impact résiduel de leur despotisme oriental, une fois de plus distinctif. Les Turcs soulignent la séparation institutionnalisée de la religion et de l'État dans leur propre Turquie modernisée et de plus en plus démocratique. Les Russes soulignent que, dès l'époque de Pierre le Grand, la Russie s'européanisait délibérément, que la récente ère communiste était essentiellement une aberration et que leurs traditions orthodoxes russes font partie intégrante de la chrétienté européenne.

Néanmoins, il est vrai que la Russie et la Turquie sont toutes deux héritières, bien que de manière différente, d'un passé impérial culturellement distinct qui continue de se fondre dans leur "européanisme" contemporain. Les deux pays ont atteint la grandeur en dehors de l'Europe, et souvent contre elle. Et tous deux ont ensuite connu une profonde chute. Au cours du XIXe siècle, la Turquie a été qualifiée de "malade de l'Europe". Au cours des années 1990, la Turquie a été désignée comme "l'homme malade de l'Europe". Au XXe siècle, la Russie a été considérée comme telle à deux reprises, d'abord avant la révolution bolchevique et ensuite après la chute du communisme soviétique. Tous deux ont répudié leur passé impérial respectif, mais ils ne peuvent l'effacer entièrement ni de leurs ambitions géopolitiques ni de leur conscience historique, comme ils le font eux-mêmes délibérément et avec insistance.

Au cours du XXe siècle, la Turquie a mieux réussi à se transformer que la Russie communiste. Les vastes réformes d'Atatürk, qui ont été brutalement imposées à la Turquie en 1924 (trois ans après sa proclamation en tant qu'État post-impérial), ont produit des changements spectaculaires et remarquablement réussis. Le pays a rompu avec ses liens arabo-islamiques, il a soudainement (littéralement du jour au lendemain) adopté l'alphabet occidental à la place de l'écriture arabe, il a supprimé les éléments religieux de ses institutions étatiques, et il a même changé le code vestimentaire du peuple. Au cours des décennies suivantes, il a progressivement institutionnalisé de manière déterminée un processus de plus en plus démocratique au sein d'un État laïque clairement défini.

Contrairement à la Russie, à aucun moment la Turquie n'a plongé dans une orgie manichéenne de tueries internes ni dégénéré en totalitarisme. L'ambitieuse mystique nationaliste d'Atatürk était contagieuse parmi les jeunes Turcs fervents, mais elle n'a pas été imposée par une terreur soutenue, brutale et mortelle. Il n'y a pas eu de goulag, ni de revendication selon laquelle ce que les Turcs faisaient à l'intérieur du pays était universellement applicable et historiquement inévitable. L'expérience turque, en effet, était moins ambitieuse au niveau mondial que l'expérience soviétique, mais plus réussie au niveau national.

Il est à noter que la Turquie a réussi de manière impressionnante à se défaire de ses ambitions impériales et à réorienter son énergie nationale vers une modernisation sociale interne. En la promouvant fermement, Atatürk a été guidé par une vision historique dans laquelle les moyens étaient en équilibre avec les fins, évitant ainsi les excès staliniens de l'utopisme et de l'universalisme léninistes. Sa vision a également facilité l'adaptation remarquablement réaliste de la Turquie à son nouveau statut post-impérial, en particulier par rapport à la nostalgie de l'empire multinational récemment perdu qui persiste chez certaines parties de l'élite russe.

Au cours des deux dernières décennies, la Turquie a progressé régulièrement dans la consolidation d'une démocratie constitutionnelle véritablement fonctionnelle, poussée par son désir de rejoindre l'UE – elle y a été invitée il y a plusieurs décennies par les Européens, mais à la condition spécifique que la Turquie satisfasse aux normes démocratiques européennes. Plus important encore, la démocratisation constante de la Turquie a été un reflet de son acceptation croissante de la démocratie comme mode de vie. Bien que sa démocratie soit encore vulnérable, en particulier dans le domaine de la liberté de la presse, le fait que l'armée turque ait dû accepter des résultats électoraux et des changements constitutionnels qu'elle n'aimait pas témoigne de la vitalité de la démocratie turque en cours. À cet égard, la Turquie est aussi clairement en avance sur la Russie.

La poursuite de la sécularisation sera essentielle pour les progrès démocratiques de la Turquie. Parce qu'Atatürk a imposé la laïcité par le haut en 1924, de nombreux Européens et même certains Turcs craignent aujourd'hui qu'avec le début et l'accélération ultérieure de la démocratisation de la Turquie au cours des dernières décennies, une plus grande ouverture politique ne conduise à la résurgence de manifestations plus extrêmes de la primauté de la religion dans les affaires sociales et même à la primauté de l'identité religieuse sur l'identité nationale. Cela ne s'est pas produit, du moins jusqu'à présent, et certaines indications suggèrent qu'une démocratie turque plus robuste réduit progressivement l'attrait du fondamentalisme religieux. Par exemple, selon une enquête menée par une université turque, entre 1999 et 2009, le soutien public à l'adoption des lois de la charia est passé de plus de 25% à environ 10%. Des liens plus étroits avec l'Europe seraient susceptibles de favoriser l'acceptation sociale d'un État turc laïque et national.

Il est également important de reconnaître que la Turquie est déjà largement connectée de manière importante à l'Occident en général et à l'Europe spécifiquement. Elle est un membre de poids de l'OTAN depuis sa création, plus disposée à aider l'Alliance dans les combats réels que certains autres pays européens ; elle dispose de la deuxième force armée permanente de l'OTAN. Elle a également maintenu des liens de sécurité complets et sensibles avec les États-Unis tout au long de la guerre froide. Depuis des années, elle s'est engagée dans le processus fastidieux mais nécessaire de rendre son droit interne et ses pratiques constitutionnelles compatibles avec les normes de l'UE. Ainsi, de facto, bien que ce ne soit pas encore un fait juridique, la Turquie est déjà, d'une certaine manière, une extension informelle de l'Europe et donc aussi de l'Occident.

Sur la scène internationale, la Turquie d'aujourd'hui, de plus en plus moderne et fondamentalement laïque, commence à atteindre une prééminence régionale géographiquement dérivée de son passé impérial ottoman. La nouvelle politique étrangère de la Turquie, façonnée par son ministre des affaires étrangères à l'esprit géopolitique

(Ahmet Davutoglu, l'auteur du concept de "profondeur stratégique"), repose sur l'idée que la Turquie est un leader régional dans les régions qui faisaient autrefois partie de l'Empire ottoman, notamment le Levant, l'Afrique du Nord et la Mésopotamie. Cette approche n'est pas motivée par des considérations religieuses, mais par des raisons historiques et géopolitiques. Fondé sur le principe raisonnable que de bonnes relations avec les voisins sont préférables à des relations hostiles, le plan de Davutoglu postule que la Turquie devrait exploiter son dynamisme socio-économique actuel – en 2010, elle se classait au dix-septième rang mondial – pour reconstruire les relations qui existaient historiquement mais qui se sont effacées au cours du XXe siècle en raison de la concentration kémaliste sur la sécularisation interne et l'inculcation d'un nationalisme spécifiquement turc.

En outre, à la suite de la dissolution de l'Union Soviétique et au-delà des frontières de l'ancien empire ottoman, l'Asie centrale nouvellement indépendante, reste largement turque dans son héritage culturel. L'ouverture commerciale et culturelle plus active de la Turquie est un renforcement potentiel pour la modernisation, la sécularisation et, à terme, la démocratisation de cette région riche en énergie mais géopolitiquement inapte. Il est également pertinent de noter que puisque la Russie cherche à monopoliser l'accès direct des étrangers aux exportations énergétiques d'Asie centrale, le rôle régional croissant de la Turquie peut faciliter, en collaboration avec l'Azerbaïdjan et la Géorgie, l'accès sans entrave de l'Europe au pétrole et au gaz d'Asie centrale par la mer Caspienne.

La transformation de plus en plus prometteuse de la Turquie en un État moderne et laïque – malgré un certain retard persistant dans certains aspects sociaux, notamment la liberté de la presse, l'éducation et le développement humain (voir les tableaux comparatifs Turquie-Russie aux pages 142-143) – investit ses citoyens d'un patriotisme qui pourrait se transformer en un animosité anti-occidentale durable si la Turquie devait se sentir définitivement rejetée par l'Europe. Les forces au sein de l'Europe – principalement en France et en Allemagne – continuent de nier les aspirations turques en raison d'une croyance ambiguë selon laquelle la Turquie est une culture étrangère qui représente une intrusion plutôt qu'un partenariat. Ainsi, quatre-vingt-six ans après le début de leur effort sans précédent de modernisation sociale et de transformation culturelle basé sur l'exemple européen, les Turcs commencent à éprouver du ressentiment face à leur exclusion continue. Et cela contribue au risque qu'en cas d'échec de l'expérience démocratique en Turquie, le pays puisse se tourner à nouveau vers une identité politique islamique plus affirmée ou succomber à une forme quelconque de régimentation militaire non démocratique. Dans un cas comme dans l'autre, la Turquie, au lieu de protéger l'Europe des problèmes et des passions du Moyen-Orient, amplifierait ces défis à travers les Balkans jusqu'en Europe.

Cette éventualité pourrait devenir particulièrement menaçante en cas d'échec persistant de l'Amérique et de l'Europe à parvenir à une paix israélo-palestinienne de véritable compromis, et/ou si l'Amérique plonge dans un conflit direct avec l'Iran. La première éventualité, qui se traduirait très probablement par un extrémisme intensifié au Moyen-Orient, aurait indirectement mais tout de même un effet très négatif sur l'attitude des Turcs envers l'Occident ; la seconde menacerait la sécurité turque, surtout si le conflit devait déclencher une insurrection kurde plus large et déstabiliser à nouveau l'Irak. Les Turcs n'apprécieraient pas que leurs intérêts nationaux soient non seulement ignorés mais aussi mis en péril par l'Occident.

Une séparation prolongée de l'Europe se transformant en hostilité pourrait générer une régression politique et un renouveau fondamentaliste qui pourrait alors arrêter la marche de la Turquie vers la modernité. Dans le pire des cas, rappelant les conséquences pour l'Iran du renversement du Shah en 1978, une telle séparation pourrait même saper le remarquable héritage d'Atatürk. Ce serait historiquement et géopolitiquement malheureux pour trois raisons fondamentales. Premièrement, la démocratisation interne de la Turquie et la modernisation croissante sont la preuve que ni la démocratisation ni la modernisation ne sont incompatibles avec les traditions religieuses islamiques. Une telle démonstration est d'une grande importance pour l'avenir politique du monde islamique ainsi que pour la stabilité mondiale. Deuxièmement, l'engagement de la Turquie en faveur d'une coopération pacifique avec ses voisins du Moyen-Orient, une région où la Turquie occupe une place prépondérante dans l'histoire, est conforme aux intérêts de l'Occident en matière de sécurité dans cette région. Troisièmement, une Turquie de plus en plus occidentale, laïque et pourtant aussi islamique – et qui exploite ses liens territoriaux et culturels avec les peuples de l'ancien Empire ottoman et les États post-soviétiques d'Asie centrale – pourrait être une Turquie qui sape l'attrait de l'extrémisme islamique et renforce la stabilité régionale en Asie centrale non seulement pour son propre bénéfice mais aussi pour celui de l'Europe et de la Russie. Contrairement à la Turquie, la relation de la Russie avec l'Europe est ambivalente. Son élite politique proclame qu'elle souhaite des liens plus étroits avec l'UE et l'OTAN, mais elle n'est pas disposée, à ce stade, à adopter les réformes qui faciliteraient ces liens. Ses programmes sociaux, politiques et économiques manquent de précision et leurs perspectives restent relativement incertaines. Néanmoins, il est essentiel, pour l'Amérique, l'Europe et la Russie, que la Russie établisse un partenariat avec l'Occident fondé sur un engagement envers des valeurs politiques et économiques communes. Les deux prochaines décennies seront probablement décisives pour la Russie dans la détermination de ses perspectives de développement et de prospérité pour une véritable collaboration avec l'Occident.

Historiquement, la Russie se considère comme trop puissante pour être satisfaite. Elle n'est qu'un État européen normal et pourtant elle a été trop faible pour dominer l'Europe de façon permanente. Il convient de noter à cet égard que ses plus grands triomphes militaires – notamment l'entrée victorieuse d'Alexandre à Paris en 1815 et le dîner de célébration de Staline à Potsdam au milieu de l'année 1945 – étaient davantage les sous-produits de la folie des ennemis de la Russie que la conséquence d'une diplomatie russe durablement couronnée de succès. Si Napoléon n'avait pas attaqué la Russie en 1812, il est douteux que les troupes auraient marché sur Paris en 1815. Car moins de cinq décennies après le triomphe d'Alexandre, la Russie a été vaincue dans la guerre de Crimée par un corps expéditionnaire anglo-français déployé de loin par mer. Cinq décennies plus tard, en 1905, elle a été écrasée en Extrême-Orient par l'armée et la marine japonaises. Au cours de la Première Guerre mondiale, la Russie a été vaincue de manière décisive par une Allemagne qui menait une guerre prolongée sur deux fronts. La victoire de Staline au milieu du XXe siècle, précipitée par la folie d'Hitler, a permis à la Russie de prendre le contrôle politique de l'Europe de l'Est et s'est étendue au cœur même de l'Europe. Mais dans les décennies qui ont suivi ce triomphe, tant le bloc d'États communistes sous contrôle soviétique que l'empire russe historique lui-même se sont désintégrés en raison de l'épuisement résultant de la guerre froide avec l'Amérique.

Néanmoins, la Russie postimpériale contemporaine – en raison de la richesse de son territoire peu peuplé mais vaste et riche en ressources naturelles – est destinée à jouer un rôle significatif sur la scène mondiale. Pourtant, historiquement, en tant qu'acteur international majeur, la Russie n'a pas fait preuve de la finesse diplomatique de la Grande-Bretagne, ni du sens commercial de l'Amérique démocratiquement attirante, ni de la patiente maîtrise de soi de la Chine. Elle n'a pas réussi à mener de manière cohérente une politique d'État qui exploite prudemment ses ressources naturelles, son espace extraordinaire et son impressionnant talent social pour s'élever régulièrement tout en donnant l'exemple d'un développement social réussi au niveau international. Au contraire, la Russie a eu tendance à s'engager dans des explosions d'affirmation de soi triomphante et plutôt messianique suivies de plongées dans un marasme léthargique.

De plus, bien que la taille territoriale de la Russie la classe automatiquement comme une grande puissance, la condition socio-économique de son peuple est préjudiciable à la position globale de la Russie. La prise de conscience générale des responsabilités sociales de la Russie et de son niveau de vie relativement modeste discrédite ses aspirations internationales. Sa grave crise démographique – une croissance négative de la population marquée par un taux de mortalité élevé – témoigne de l'échec social, la durée de vie relativement courte de ses hommes étant la conséquence d'un alcoolisme généralisé et de la démoralisation qui en résulte. Dans le même temps, les incertitudes croissantes concernant la montée de l'agitation islamique le long de ses nouvelles frontières méridionales et les inquiétudes à peine cachées de la Russie concernant son voisin chinois, de plus en plus puissant et densément peuplé, situé à côté de l'est vide de la Russie, se heurtent à la grande arrogance de Moscou.

En comparaison avec la Turquie, les performances sociales de la Russie – bien qu'elle soit globalement numéro un en termes de territoire, numéro neuf en termes de population et numéro deux en termes de nombre d'armes nucléaires – sont en fait un peu moins bonnes et ne peuvent être considérées au mieux que comme moyennes dans une comparaison mondiale. En ce qui concerne la longévité et la croissance démographique, les chiffres de la Russie sont étonnamment bas. Cumulativement, les notes de la Russie et de la Turquie dramatisent la réalité dialectique selon laquelle ces deux pays sont simultanément, à certains égards, des pays industriels avancés et pourtant des sociétés encore quelque peu sous-développées, la Russie étant particulièrement handicapée par son système politique non démocratique et corrompu. Les comparaisons avec d'autres pays classés immédiatement au-dessus ou au-dessous de la Turquie et de la Russie respectivement sont particulièrement révélatrices. La crise démographique, la corruption politique, le modèle économique dépassé et axé sur les ressources et le retard social de la Russie constituent des obstacles particulièrement sérieux à un véritable accomplissement des ambitions compréhensibles de ses habitants talentueux mais souvent mal dirigés. Les tableaux suivants (voir la figure 4.1, pp. 142-143) renforcent la proposition selon laquelle les deux nations tireraient un grand profit dans le cadre d'une relation véritablement transformatrice avec une Europe capable de se projeter avec confiance vers l'Est en raison de ses liens permanents avec l'Amérique.

En outre, le mépris persistant en Russie pour l'État de droit est peut-être son plus grand obstacle à un rapprochement philosophique avec l'Occident. Sans une suprématie du droit institutionnalisée, l'adoption d'une démocratie de type occidental en Russie n'a été jusqu'à présent qu'une imitation superficielle. Cette réalité encourage et perpétue la corruption ainsi que la violation des droits civils, une tradition profondément ancrée dans la subordination historiquement prolongée de la société russe à l'État.

Pour compliquer encore les choses, l'orientation géopolitique actuelle de l'élite de la politique étrangère russe, contrairement à celle de la Turquie, est assez conflictuelle et par certains aspects fuyante. À l'heure actuelle, et contrairement à la Turquie, l'adhésion à part entière à la communauté atlantique par le biais d'une éventuelle adhésion à ses institutions économiques, politiques et de sécurité n'est pas encore l'aspiration explicite et dominante de la Russie. En fait, il existe au sein des élites politiques et commerciales russes de multiples interprétations du rôle mondial approprié de la Russie. De nombreux riches hommes d'affaires russes (en particulier à Saint-Pétersbourg et à Moscou) aimeraient que la Russie soit une société moderne de type européen en raison des avantages économiques qui en découlent. Parallèlement, de nombreux membres de l'élite politique souhaitent que la Russie soit la puissance européenne dominante dans une Europe détachée de l'Amérique, voire une puissance mondiale à égalité avec l'Amérique. Et d'autres encore jouent avec les notions apparemment captivantes d'"eurasianisme", d'union slave, ou même d'alliance anti-occidentale avec les Chinois.

Les "eurasianistes", fascinés par la taille géographique de la Russie, la considèrent comme une puissante puissance eurasienne, ni strictement européenne ni asiatique, et destinée à jouer un rôle égal à celui de l'Amérique et de la Chine. Ils ne réalisent pas qu'avec leur espace trans-eurasien largement vide et encore sous-développé, une telle stratégie est une illusion. Une variante de cette notion, l'idée d'une alliance russo-chinoise vraisemblablement dirigée contre l'Amérique, représente également une fuite de la réalité. Le fait est que, dans une telle alliance russo-chinoise – en supposant que les Chinois le souhaitent – la Russie serait le partenaire de second rang, avec des conséquences territoriales potentiellement négatives à terme pour la Russie elle-même.

D'autres Russes encore caressent le rêve d'une Union slave sous l'égide du Kremlin, impliquant l'Ukraine et la Biélorussie et jouissant d'un "rôle privilégié" dans l'espace de l'ancien empire russe et de l'Union Soviétique. Ils sous-estiment dans ce contexte l'attrait contagieux du nationalisme, en particulier chez les jeunes Ukrainiens et Biélorusses qui ont récemment savouré leur nouveau statut souverain. Les notions d'un "espace économique commun" avec une Russie dominante ne peuvent pas cacher le fait que son hypothétique bénéfice économique ne peut pas passer outre aux sentiments fiers d'une identité nationale distinctive et d'une indépendance politique.

## CHIFFRES 4.I : CLASSEMENT MONDIAL DES PERFORMANCES ET CLASSEMENT DÉMOGRAPHIQUE MONDIAL DE LA TURQUIE ET DE LA RUSSIE

*Classement mondial des performances de la Turquie et de la Russie*

| VARIABLE | RANG DE LA TURQUIE | PAYS CLASSÉS DEVANT ET DERRIÈRE LA TURQUIE | RANG DE LA RUSSIE | PAYS CLASSÉS DEVANT ET DERRIÈRE LA RUSSIE |
|---|---|---|---|---|
| Liberté politique[1] | Partiellement libre | | Non libre | |
| Liberté de la presse[2] | 101ème | À égalité avec 3 autres pays y compris l'Albanie | 174ème | 173ème Yémen, 175ème Congo |
| Logistique du commerce international[3] | 39ème | 38ème Slovaquie, 40ème Arabie Saoudite | 94ème | 93ème Géorgie, 95ème Tanzanie |
| Développement humain[4] | 79ème | 78ème Pérou, 80ème Équateur | 71ème | 70ème Albanie, 72ème Macédoine |
| Éducation[5] | 109ème | 108ème Arabie Saoudite, 110ème St Vincent et les Grenadines | 42ème | 41ème Suisse, 43ème Bulgarie |
| Performance environnementale[6] | 77ème | 76ème Arménie, 78ème Iran | 69ème | 68ème Égypte, 70ème Argentine |
| Compétitivité économique[7] | 61ème | 60ème Slovaquie, 62ème Sri Lanka | 63ème | 62ème Sri Lanka, 64ème Uruguay |
| Degré de corruption gouvernementale[8] | 56ème | Égalité avec la Malaisie et la Namibie | 154ème | 146ème Yémen, 164ème Congo |
| Esprit d'entreprise[9] | 43ème | 42ème Afrique du Sud, 44ème Mexique | 57ème | 56ème Thaïlande, 58ème Tunisie |

Notes :

1. *Rapport 2010 de Freedom* House sur la *liberté dans le monde.*

2. Rapport 2009 de Freedom House sur la *liberté de la presse*.
3. Indice de performance logistique *(LPI) 2010 de la* Banque mondiale.
4. Indice de développement humain *(IDH) 2009 du* PNUD.
5. Indice de *l'éducation 2009 du* PNUD.
6. Indice de performance environnementale *(EPI) 2010*.
7. Indice de compétitivité mondiale *(GCI) 2010-2011 du* Forum économique mondial.
8. Indice de perception de la corruption *(IPC) 2010 de* Transparency International.
9. Acs-Szerb Global Entrepreneurship and Development Index *(GEDI) 2010*.

## Classement démographique mondial pour la Turquie et la Russie[10]

| CATÉGORIE DÉMOGRAPHIQUE | RANG DE LA TURQUIE | CHIFFRES | RANG DE LA RUSSIE | CHIFFRES |
|---|---|---|---|---|
| Population | 17ème | 77,804,122 millions | 9ème | 139,390,205 million |
| Taux de croissance de la population | 97ème | 1.272% | 222ème | -0.465% |
| Taux de natalité | 107ème | 18.28 naissances/1000 | 176ème | 11.11 naissance/1000 |
| Taux de mortalité | 164ème (bas) | 6.1 morts/1000 | 7ème (élevé) | 16.04 morts/1000 |
| Espérance de vie | 126ème | 72.23 ans | 161ème | 66.16 ans |
| Taux de fertilité global | 115ème | 2.18 enfants/femme | 200ème | 1.41 enfants/femme |
| Taux d'infection du SIDA | 155ème (bas) | Moins de 0.1% | 52ème (élevé) | 1.1% |
| Population infecté par le SIDA | NA | NA | 13ème | 940,000 |
| Morts du SIDA | NA | NA | 13ème | 40,000/an |

Notes :

10. Estimations du *CIA World Fact Book* 2010.

Les efforts pour faire pression sur l'Ukraine ou la Biélorussie afin qu'elles forment une "union" slave risque donc d'entraîner la Russie dans un enchevêtrement conflictuel prolongé avec ses voisins immédiats.

Enfin, les relations de Moscou avec l'Occident sont toujours grevées par les relations ambiguës de la Russie avec son passé stalinien. Contrairement à l'Allemagne, qui a totalement répudié le chapitre nazi de son histoire, la Russie a à la fois dénoncé officiellement et respecte toujours les individus les plus directement responsables de certains des crimes les plus sanglants de l'histoire. Les restes embaumés de Lénine continuent d'être honorés dans un mausolée qui surplombe la Place Rouge à Moscou et les cendres de Staline sont installées dans le mur du Kremlin tout proche. (Toute chose similaire pour Hitler à Berlin discréditerait sûrement les références démocratiques de l'Allemagne). Une ambiguïté non résolue persiste donc, illustré par l'absence d'une inculpation claire des régimes de Lénine et de Staline dans les manuels scolaires d'histoire approuvés officiellement. La réticence de Poutine à affronter de front l'horrible passé soviétique, incarné par ses propres équivoques sur ce sujet et sa nostalgie de la grandeur soviétique, a entravé la progression de la Russie vers la démocratie tout en alourdissant les relations de la Russie avec ses voisins occidentaux les plus immédiats.

Par conséquent, une Russie laissée à elle-même, et non délibérément entraînée dans un cadre plus large de transformation démocratique, pourrait redevenir une source de tension et parfois même une menace pour la sécurité de certains de ses voisins.[24] En l'absence

---

[24] À la fin du printemps 2007, l'Estonie a été l'objet de cyberattaques massives en provenance de sources inconnues suite au démantèlement dans sa capitale d'une statue honorant l'armée soviétique. En 2009, la Russie a organisé un exercice militaire majeur aux frontières occidentales, appelé Zapad ("l'Ouest"), simulant une contre-attaque contre un envahisseur occidental (non identifié), qui a abouti à une attaque nucléaire simulée sur la capitale d'un voisin occidental (également non identifié). Malgré la coopération économique occasionnelle russo-chinoise, la Russie a mené en 2010 des manœuvres militaires majeures en Sibérie orientale, appelées Vostok ("l'Est"), simulant un

d'un leadership ayant la force et la volonté de se moderniser, de plus en plus consciente de son retard social relatif (seules les régions de Moscou et de Saint-Pétersbourg correspondant au niveau de vie de l'Occident), toujours mal à l'aise face à la puissance mondiale croissante de la Chine, mécontente de la prééminence mondiale continue de l'Amérique, fière de son vaste territoire riche en ressources, inquiète du dépeuplement de son Extrême-Orient et de sa crise démographique générale, consciente de l'aliénation culturelle et religieuse croissante de sa population musulmane, la Russie reste incapable de définir pour elle-même un rôle stable qui trouve un équilibre réaliste entre ses ambitions et son potentiel réel.

Ainsi, à court terme, les élites du pouvoir russe actuellement retranchées – liées aux institutions coercitives traditionnelles de l'État, nostalgiques du passé impérial et faisant appel à des notions nationalistes profondément ancrées dans l'opinion publique – sont un obstacle à la gravitation pro-occidentale. En fait, Poutine – qui pourrait remplacer Medvedev à la présidence en 2012, ou tout au moins restreindre les désirs démocratiques plus ambitieux de Medvedev – a été très franc sur le fait que, selon lui, la modernisation nécessaire de la Russie devrait être un projet commun russo-européen, à l'exclusion de l'Amérique et sans lien avec la démocratisation. S'adressant directement aux intérêts des entreprises allemandes (dans un message personnel intitulé de manière séduisante "Une communauté économique de Lisbonne à Vladivostok", *Süddeutsche Zeitung*, 25 novembre 2010), Poutine a clairement indiqué – contrairement à l'accent mis par Medvedev sur la démocratisation – que, selon lui, l'implication de l'Europe, et en particulier de l'Allemagne, dans la modernisation de la Russie serait profitable pour les Européens, mais qu'elle ne serait pas fondée sur l'occidentalisation politique de la Russie.

Compte tenu de l'urgence des problèmes internes de la Russie et en fonction du choix qu'elle fera, la prochaine décennie – comme on l'a

---

grand conflit avec un ennemi également non nommé menaçant l'intégrité territoriale de la Russie en Extrême-Orient.

déjà noté – pourrait être décisive pour l'avenir de la Russie et, indirectement, pour les perspectives d'un Occident démocratique plus vital et plus grand. Malheureusement, la vision de Poutine de cet avenir est une combinaison rétrograde de nationalisme affirmé, d'hostilité à peine voilée envers l'Amérique pour sa victoire dans la guerre froide, et de nostalgie à la fois de la modernité et du statut de superpuissance (financé, espère-t-il, par l'Europe). L'État qu'il souhaite former présente une ressemblance frappante avec l'expérience italienne du fascisme : un État très autoritaire (mais pas totalitaire) impliquant une relation symbiotique entre ses élites du pouvoir et son oligarchie commerciale, avec son idéologie basée sur un chauvinisme à peine déguisé.

Le réalisme froid dicte donc la prudence face aux déclarations de certains partisans de la politique russe qui proclament publiquement leur désir de resserrer les liens, même avec l'OTAN. Les conversations privées avec les "think tankers" de Moscou confirment que de tels défenseurs sont souvent guidés par l'hypothèse raisonnable que tout mouvement rapide dans cette direction ferait en fait avancer l'objectif russe plus familier de rendre l'OTAN largement impuissante. Une Europe plus vulnérable serait alors plus facile à séparer et sa diversité interne serait exploitée au profit des intérêts nationaux plus traditionnels de la Russie.

Il découle de ce qui précède que l'argument avancé par certains Européens (souvent liés aux milieux commerciaux en Allemagne et en Italie) selon lequel un élargissement rapide de l'OTAN à la Russie constituerait un raccourci vers un grand accommodement est erroné. Il est fort probable que ce soit l'inverse qui se produise. L'entrée de la Russie, dans sa condition politique actuelle, autoritaire et très corrompue, et avec l'esprit obsessionnellement secret de ses militaires, signifierait simplement la fin de l'OTAN en tant qu'alliance intégrée d'États démocratiques. On pourrait dire la même chose si la Russie devenait membre de l'UE sans subir au préalable la vigoureuse adaptation constitutionnelle aux normes démocratiques de l'Europe que la Turquie tente actuellement de satisfaire. Il est peu probable que des relations véritablement plus étroites soient obtenues par une ruée commerciale menée par des hommes d'affaires d'Europe occidentale (sans parler de certains anciens hommes d'État), soucieux de tirer profit des ressources de la Russie tout en restant indifférents à l'importance des valeurs communes dans le développement d'une relation durable.

Toutefois, certains signes encourageants montrent que la réorientation géopolitique nécessaire et potentiellement historique concernant l'avenir à long terme de la Russie est en train de se développer dans les hautes sphères de l'économie. Le retard intérieur de la Russie confirme de plus en plus les inquiétudes des Occidentaux russes, principalement dans les groupes de réflexion de plus en plus nombreux et les médias de Moscou, qui craignent que la Russie ne prenne du retard. La prise de conscience de ce retard augmente la susceptibilité potentielle de la Russie à une approche occidentale à long terme, historiquement visionnaire mais stratégiquement prudente.

L'apparition inattendue, fin 2009, de Dmitri Medvedev, le remplaçant trié sur le volet de Poutine, en tant que porte-parole le plus en vue de l'école de pensée modernisation=démocratisation, a signalé la légitimité croissante de ces opinions dans l'éventail politique en évolution de la Russie. Des opinions qui, jusqu'alors, étaient confinée pour la plupart des dissidents intellectuels, ont ainsi commencé à se répandre aux plus hauts niveaux. Même s'il s'avère finalement que Poutine reprend la présidence, ou que Medvedev cesse de faire valoir ses arguments sur la scène politique, le fait même que le président de la Russie ait pu déclarer qu'à son avis, la modernisation de la Russie à l'occidentale (qu'il préconise vivement) nécessite intrinsèquement une démocratisation a constitué un jalon dans l'évolution politique de la Russie. En octobre 2010, lors de son échange de vues privé à Moscou avec cet écrivain, M. Medvedev a été encore plus franc.

Il est maintenant évident qu'il y a dans la Russie d'aujourd'hui un nombre croissant de personnes – certes, toujours principalement dans les élites des principaux centres urbains de Moscou et de Saint-Pétersbourg – qui sont attirées par la vision de la modernisation de Medvedev. Ils comprennent non seulement les intellectuels, mais aussi les milliers de diplômés des établissements d'enseignement supérieur occidentaux, les millions de personnes qui se rendent à l'Ouest et le nombre croissant d'entrepreneurs ayant des liens et des intérêts avec l'Ouest. En outre, les médias russes, en particulier la télévision, tant dans les divertissements de masse que dans les programmes plus sérieux, projettent désormais le mode de vie occidental comme la norme. Enfin, la presse quotidienne est généralement non idéologique, bien que l'orgueil impérial blessé de la Russie fasse plus qu'occasionnellement dévier les reportages sur l'Amérique.

En fin de compte, c'est aux Russes de décider s'ils souhaitent profiter de leur proximité territoriale et culturelle avec l'Occident, et de leur affinité sociale souvent citée avec l'Amérique, pour lier délibérément leurs efforts de modernisation sociale à une véritable démocratisation politique de type occidental. L'élite intellectuelle de la Russie reconnaît de plus en plus l'interdépendance de ces deux processus ; son élite économique en a tardivement pris conscience après la crise financière de 2007, alors que son élite au pouvoir s'inquiète de plus en plus du fait que le développement de la Russie est très en retard par rapport à celui du colosse mondial émergent à l'est. Le consensus russe qui se répand progressivement concernant les implications cumulativement négatives de ce qui précède, justifie donc un optimisme prudent concernant les perspectives à plus long terme d'une relation Est-Ouest plus stable et de plus en plus contraignante, même face à la dynamique de pouvoir politique interne de la Russie qui reste instable.

En conséquence, si l'on peut dire que l'Europe est toujours une affaire inachevée sans une relation plus profonde et plus étendue avec la Russie, on peut également dire que la Russie n'aura pas un avenir géopolitique sûr ainsi qu'une identité moderne et démocratique satisfaisante sans forger un lien plus étroit avec l'Occident en général et avec l'Europe spécifiquement. Sans un lien de confiance et un accommodement de plus en plus transformateur avec l'Occident, la Russie risque de rester trop faible à l'intérieur et trop empêtrée dans ses ambitions extérieures pour devenir un État démocratique véritablement performant. La déclaration de septembre 2009 de M. Medvedev n'était donc pas seulement un avertissement opportun et brutal à ses compatriotes ; elle était aussi une définition de la seule véritable option qui s'offre à la Russie : "Nos capacités intérieures actuelles, financières, et technologiques ne sont pas suffisantes pour une amélioration qualitative de notre qualité de vie. Nous avons besoin d'argent et de technologie en provenance d'Europe, d'Amérique et d'Asie. En retour, ces pays ont besoin des opportunités que la Russie offre. Nous sommes très intéressés par le rapprochement et l'interpénétration de notre culture et de nos économies".

> Le 10 septembre 2009, le portail web officiel du président russe a publié la déclaration de M. Medvedev intitulée "Go Russia !" Elle contenait un réquisitoire si remarquablement cinglant contre les manquements de la Russie et un appel si audacieux aux réformes que certains extraits méritent d'être cités :
>
>> Notre économie actuelle reflète les principales failles du système soviétique : elle ignore largement les besoins individuels. Des siècles de corruption ont affaibli la Russie depuis des temps immémoriaux. Jusqu'à aujourd'hui, cette corrosion est due à la présence excessive du gouvernement dans de nombreux aspects des activités économiques et sociales...
>> L'héritage impressionnant des deux plus grandes modernisations de l'histoire de notre pays – celle de Pierre le Grand (impériale) et celle de l'Union Soviétique – a déclenché la ruine, l'humiliation et a entraîné la mort de millions de nos compatriotes. Seule notre propre expérience de l'effort démocratique nous donnera le droit de dire : nous sommes libres, nous sommes responsables, nous avons réussi. La démocratie doit être protégée. Les droits et libertés fondamentaux de nos citoyens doivent l'être également. Ils doivent être protégés principalement contre le type de corruption qui engendre la tyrannie, le manque de liberté et l'injustice...
>> La nostalgie ne doit pas guider notre politique étrangère et notre objectif stratégique à long terme est la modernisation de la Russie. [On ne peut que se demander à qui Medvedev pensait lorsqu'il a fait référence à la "nostalgie" en politique étrangère].

Un partenariat à la fois stimulé et facilité par la modernisation politique de la Russie offre le meilleur espoir d'une véritable collaboration. Cela a plus de chances de se produire si l'Occident maintient également son unité transatlantique et, sur cette base, poursuit une politique à long terme caractérisée par une clarté stratégique et une ouverture historique vers la Russie. La clarté stratégique ne signifie rien d'autre qu'une évaluation réaliste du type de Russie qui renforcerait – et non diviserait – l'Occident. L'ouverture historique signifie que le processus de rapprochement de l'Occident et de la Russie doit être poursuivi avec patience et persévérance s'il doit devenir vraiment durable. Le principe cardinal d'une politique stratégique et historiquement prudente doit être que seule une Europe liée à l'Amérique peut s'étendre avec confiance vers l'Est pour embrasser la Russie dans une relation historiquement contraignante.

Une congruence des intérêts extérieurs et un engagement envers des valeurs communes dans le cadre d'une démocratie constitutionnelle entre l'Occident et la Russie sont tous deux nécessaires. L'adoption progressive par la Russie de normes démocratiques universelles (poursuivies par l'"interpénétration" – pour reprendre le terme de Medvedev – d'une culture commune) impliquerait une transformation progressive et approfondie des arrangements politiques internes de la Russie au fil du temps. Et à l'extérieur, elle faciliterait une expansion constante des liens sociaux, économiques et, à terme, politiques avec l'Occident. Une zone de libre-échange, la liberté de voyager dans toute l'Europe et, à terme, les possibilités de réinstallation personnelle chaque fois qu'un intérêt économique légitime l'exige, pourraient catalyser des changements au sein de la Russie compatibles avec des liens politiques et sécuritaires plus étroits avec l'Occident.

Afin de spéculer sur le temps qu'il faudrait à la Russie pour devenir une partie intégrante de l'Occident, il est utile de garder à l'esprit la transformation spectaculaire des réalités géopolitiques mondiales qui s'est produite au cours des quarante dernières années seulement et le fait que nous vivons à une époque caractérisée par une accélération spectaculaire de l'histoire. (La figure 4.2 fournit un résumé très condensé des changements géopolitiques radicaux qui se sont produits en seulement quarante ans, entre 1970 et 2010).

Une relation plus étroite systématiquement entretenue entre la Russie et l'Ouest atlantique (sur le plan économique avec l'UE, et plus généralement en matière de sécurité avec l'OTAN et les États-Unis) pourrait être accélérée par l'acceptation progressive par la Russie d'une Ukraine véritablement indépendante, qui souhaite plus que la Russie être proche de l'Europe et, à terme, être membre de l'Union européenne. C'est pourquoi l'Union européenne a eu la sagesse, en novembre 2010, d'accorder à l'Ukraine l'accès à ses programmes, en vue d'un accord d'association formel en 2011. Une Ukraine non hostile à la Russie mais un peu en avance sur elle dans son accès à l'Occident contribue en fait à encourager le mouvement de la Russie vers l'Ouest, vers un avenir européen potentiellement gratifiant. D'autre part, une Ukraine isolée de l'Occident et de plus en plus subordonnée politiquement à la Russie encouragerait le choix peu judicieux de la Russie en faveur de son passé impérial.

La nature précise des liens institutionnels plus formels et plus contraignants entre l'Occident et la Russie qui pourraient évoluer au cours des prochaines décennies est, inévitablement à ce stade, une question largement spéculative. Dans la mesure du possible, un tel processus devrait progresser de manière équilibrée, simultanément sur les plans social et économique ainsi que politique et sécuritaire. On peut envisager d'étendre les dispositions relatives aux interactions sociales, d'adopter des dispositions juridiques et constitutionnelles de plus en plus similaires, d'organiser des exercices de sécurité conjoints entre l'OTAN et l'armée russe, ainsi que de mettre en place de nouvelles institutions politiques de coordination au sein de cette évolution vers un Occident plus grand, se traduisant par une préparation croissante de la Russie à une éventuelle adhésion à l'UE.

## CHIFFRES 4.2 de L'IMPRÉVISIBILITÉ
## DE LA DISCONTINUITÉ HISTORIQUE

|  | ALLIANCE ATLANTIQUE | UNION SOVIÉTIQUE (RUSSIE) | CHINE |
|---|---|---|---|
| Décennie 1970-1980 | L'alliance ne couvre que la moitié de l'Europe L'Europe est préoccupée par la croissance et le renforcement de l'armée soviétique Les États-Unis s'enlisent au Vietnam, qu'ils abandonnent ensuite | La Tchécoslovaquie récemment occupée (1968) L'accumulation stratégique à grande échelle menace les États-Unis Proclame son intention de surpasser les USA en puissance économique d'ici 1980 | Troubles intérieurs dus à la violence politique généralisée produite par la Révolution Culturelle Purges massives de l'élite politique Fabrication d'environ 9% des produits importés aux États-Unis |
| Décennie 1980-1990 | Le Shah pro-américain renversé en Iran Les États-Unis normalisent leurs relations avec la Chine et forment une alliance antisoviétique tacite | L'Union Soviétique envahit l'Afghanistan Prête à envahir la Pologne et à écraser le mouvement de Solidarité Expérience la "perestroïka" face au ralentissement économique | Adopte des réformes économiques libérales sous Deng Xiaoping Normalise les relations avec les USA et collabore contre l'URSS en Afghanistan Réprime les protestations démocratiques sur la place Tienanmen |
| Décennie 1990-2000 | Les États-Unis sortent de la guerre froide comme seule superpuissance Réunification de l'Allemagne La communauté européenne devient l'Union européenne L'OTAN s'étend à l'Europe centrale | Solidarnosc en Pologne prend le pouvoir et le bloc soviétique s'effondre L'Union Soviétique se désintègre et les anciennes républiques soviétiques accèdent à l'indépendance La Russie expérimente la démocratie au milieu d'une crise sociale | Étend la réforme économique des zones rurales aux centres urbains Atteint une croissance économique de près de 10% par an Entreprend la rénovation de l'infrastructure urbaine |
| Décennie 2000-2010 | Les États-Unis entreprennent la "guerre contre le terrorisme" après le 11 septembre Les États-Unis renversent les talibans en Afghanistan Les États-Unis envahissent l'Irak en 2003 L'UE s'étend à l'Europe centrale L'Occident connaît un effondrement financier Les États-Unis entrent dans une crise systématique en raison de la dette et du ralentissement économique intérieur | La Russie s'engage dans la guerre en Tchétchénie Poursuit la restauration autoritaire du pouvoir d'État sous la direction de Poutine Cherche à devenir une superpuissance énergétique L'économie russe se montre vulnérable aux tendances mondiales et la stagnation sociale persiste | Intègre l'Organisation Mondiale du Commerce S'impose comme l'usine industrielle du monde dépassant les États-Unis dans le secteur manufacturier et devient la deuxième économie mondiale Une classe moyenne forte de 250 millions de personnes émerge suite à 30 ans de croissance économique |

Mais même en l'absence d'une véritable adhésion de la Russie à l'UE, la communauté d'intérêts géopolitique émergente entre les États-Unis, l'Europe et la Russie (de Vancouver à Vladivostok) pourrait entre-temps déboucher sur un cadre formel de consultations permanentes concernant les politiques communes. Comme toute gravitation de la Russie vers l'Ouest serait probablement accompagnée (ou même précédée) par un arrangement similaire avec l'Ukraine, le siège institutionnel d'un tel organe consultatif collectif (ou peut-être entre-temps le Conseil de l'Europe) pourrait être situé à Kiev (l'ancienne capitale de la "Rus" de Kiev, qui avait des liens royaux avec l'Ouest il y a mille ans). Sa localisation dans l'est actuel de l'Europe, et juste au nord de la Turquie, symboliserait la vitalité renouvelée de l'Occident et l'élargissement de son territoire.

Au-delà de 2025, il n'est donc pas irréaliste de concevoir une configuration plus vaste de l'Ouest. La Turquie pourrait alors être déjà un membre à part entière de l'UE, peut-être en étant passée à ce stade par certains arrangements intermédiaires concernant les exigences plus difficiles de l'adhésion à l'UE. Mais avec l'Europe et l'Amérique guidées par une vision intelligente et stratégiquement délibérée d'un Occident plus grand, le processus d'inclusion de la Turquie dans l'Europe devrait être durable même s'il n'est pas rapidement réalisé à court terme. Il est également raisonnable de supposer qu'au cours des deux prochaines décennies ou plus, un accord véritablement coopératif et contraignant entre l'Occident et la Russie pourrait être conclu – dans des circonstances optimales aboutissant même à terme à l'adhésion de la Russie à la fois à l'UE et à l'OTAN – si, dans l'intervalle, la Russie s'engage dans une transformation démocratique véritablement globale fondée sur le droit et compatible avec les normes de l'UE et de l'OTAN.

Pour toutes les parties concernées, ce serait un résultat gagnant-gagnant. Il serait conforme aux pressions sous-jacentes de l'histoire, du changement social et de la modernisation. Pour la Turquie, et pour la Russie plus spécifiquement, cela consoliderait fermement leurs places dans le monde démocratique moderne, tandis que l'inclusion de l'Ukraine assurerait son indépendance nationale. Pour la Turquie et la Russie, l'inclusion de l'Ukraine garantirait l'indépendance nationale.

L'Europe, elle offrirait de nouvelles perspectives d'opportunité et d'aventure. Attirés par les espaces ouverts et les nouvelles possibilités d'entreprendre, les jeunes Européens seraient mis au défi de "partir à l'est", que ce soit au nord-est de la Sibérie ou à l'est de l'Anatolie. La libre circulation des personnes et la possibilité de relever de nouveaux défis pourraient donner un coup de pouce à la vision actuelle de l'Europe, qui est actuellement tellement repliée sur elle-même en matière de sécurité sociale. Des autoroutes modernes et un train à grande vitesse sillonnant la Trans-Eurasie encourageraient les déplacements de population, la présence russe en déclin en Extrême-Orient étant revigorée par une dynamique économique et démographique en provenance de l'Ouest. En quelques années, une Vladivostok de plus en plus cosmopolite pourrait devenir une ville européenne sans cesser de faire partie de la Russie.

Un cadre européen plus large qui impliquerait de diverses manières la Turquie et la Russie signifierait que l'Europe, toujours alliée à l'Amérique, pourrait en fait devenir un acteur critique au niveau mondial. L'Occident élargi qui en résulterait – partageant un espace et des principes communs – serait mieux placé pour contrebalancer les tendances à l'intolérance religieuse, au fanatisme politique ou à la montée de l'hostilité nationaliste dans certaines parties de l'Eurasie en offrant une alternative économique et politique plus attrayante.

Cependant, un Occident plus grand et plus vital doit être plus qu'un renouvellement de la confiance historique en la pertinence universelle des valeurs démocratiques occidentales. Il doit être le résultat d'un effort délibéré de l'Amérique et de l'Europe pour embrasser plus formellement la Turquie ainsi que la Russie dans un cadre de coopération plus large basé sur ces valeurs communes et sur leur véritable engagement démocratique. Pour y parvenir, il faudra du temps, de la persévérance et, dans le cas plus compliqué et donc plus complexe du réalisme russe, de la persévérance. Cela représenterait en tout cas un pas de géant dans la progression historique d'un continent qui, au siècle dernier, a été le théâtre des plus grands massacres de l'histoire, de guerres débilitantes et destructrices, et des expressions les plus organisées de la capacité de l'humanité à se faire justice elle-même. Compte tenu de l'évolution spectaculaire de la politique mondiale au cours des quarante dernières années (voir figure 4.2), à l'ère de l'accélération historique, une telle vision d'un Occident géopolitiquement plus grand et plus vital devenant une réalité au cours du deuxième quart du vingt-et-unième siècle pourrait en fait se révéler être un aperçu trop prudent de l'avenir.

## Carte 4.I au-delà de 2025 : un plus grand Occident – le cœur de la stabilité mondiale

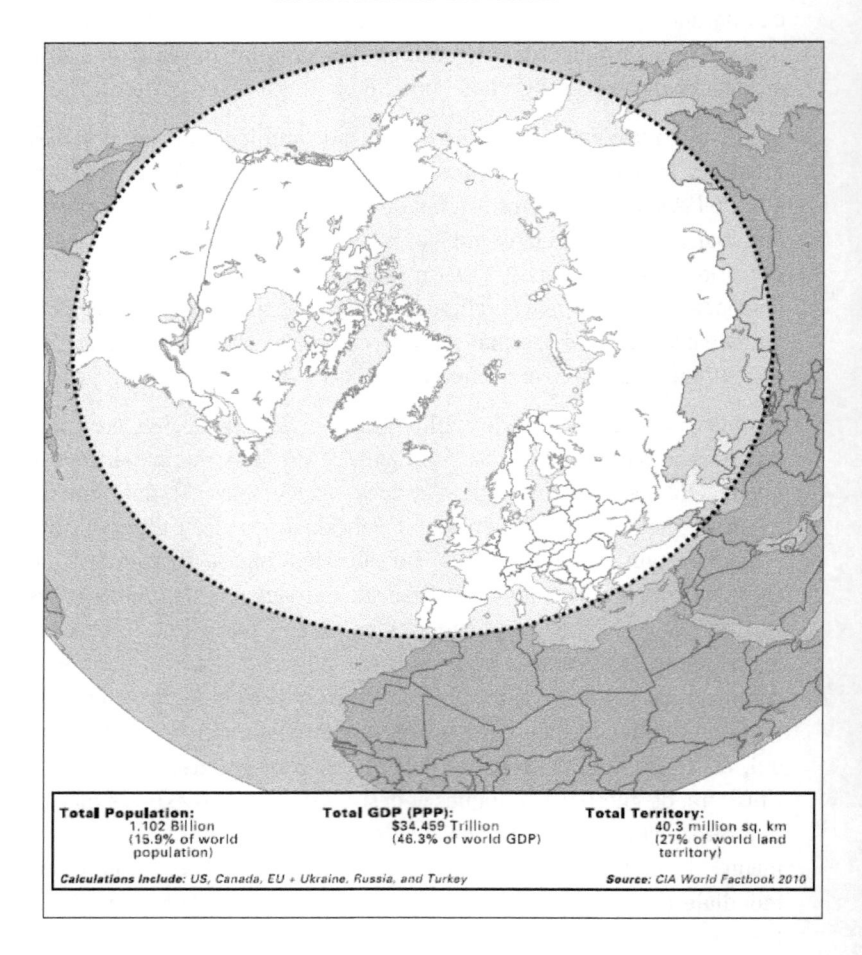

**Total Population:**
1.102 Billion
(15.9% of world population)

**Total GDP (PPP):**
$34.459 Trillion
(46.3% of world GDP)

**Total Territory:**
40.3 million sq. km
(27% of world land territory)

*Calculations Include: US, Canada, EU + Ukraine, Russia, and Turkey*

*Source: CIA World Factbook 2010*

### 3 : UN NOUVEL ORIENT STABLE ET COOPÉRATIF

Étant donné le déplacement en cours du pouvoir mondial de l'Occident vers l'Orient, la nouvelle Asie du XXIe siècle va-t-elle devenir comme la vieille Europe du XXe siècle, obsédée par la rivalité entre États et finalement victime de l'autodestruction ? Si c'est le cas, les conséquences pour la paix mondiale seraient catastrophiques. Cette question doit donc être posée d'emblée, d'autant plus qu'au premier aperçu, les similitudes entre l'Asie d'aujourd'hui et l'Europe d'hier semblent frappantes.

Au début du XXe siècle, l'Europe se trouvait au sommet de son influence globale, mais en trente ans seulement, elle s'est autodétruite. La cause immédiate de cette autodestruction a été l'inadaptation à l'émergence d'une Allemagne impériale affirmée et de plus en plus puissante au sein du système européen existant. D'où une certaine similitude avec les défis posés par la montée de la Chine contemporaine dans la nouvelle Asie d'aujourd'hui. La France, rongée par le ressentiment après sa défaite face à la Prusse en 1870, s'est opposée à la montée de l'Allemagne et en a été alarmée. Certains parallèles contemporains avec l'Inde viennent donc à l'esprit. Au large, mais très influente en Europe, se trouvait la Grande-Bretagne, non pas directement impliquée dans les affaires européennes mais certainement concernée par celles-ci. À cet égard, une certaine analogie avec le Japon contemporain se suggère également. Enfin, la Russie était également impliquée. Son opposition au soutien de l'Allemagne à l'Autriche-Hongrie contre la Serbie a déclenché la Première Guerre mondiale en 1914, et sa collaboration avec l'Allemagne en 1939 a produit la deuxième et finale étape de l'autodestruction de l'Europe. La Russie d'aujourd'hui, inquiète de la Chine, est sympathique envers l'Inde pour faire contrepoids à la Chine.

L'impulsion principale de la catastrophe européenne a été l'incapacité du système interétatique européen (façonné en grande partie un siècle plus tôt par le grand marché impérial conclu lors du Congrès de Vienne en 1815) pour faire face à la montée simultanée d'une nouvelle puissance impériale et pour satisfaire les aspirations effervescentes des nationalismes populistes dans toute l'Europe centrale, qui se sont intensifiées au cours des décennies suivantes. Dans le monde d'aujourd'hui, où l'Europe n'est plus le centre, la question de la stabilité régionale de l'Asie est évidemment d'une importance cruciale pour le bien-être mondial. Cela s'explique non seulement par la montée en puissance de la Chine sur la scène internationale, mais aussi par l'importance évidente du Japon, de l'Inde, de l'Indonésie et de la Corée du Sud dans la hiérarchie économique mondiale, sans parler du poids économique cumulé de plusieurs États asiatiques du Sud-Est de taille moyenne. Ensemble – même s'ils n'agissent pas tous de concert – les États asiatiques représentent 24,7% du PNB mondial et 54% de la population mondiale.

De plus, comme nous l'avons noté dans la première partie, l'énorme partie asiatique de la population mondiale est maintenant largement réveillée politiquement. Sa conscience politique est définie et elle est dynamisée par le nationalisme et/ou la religion, chacun étant imprégné à des degrés divers (en fonction des expériences historiques de chaque pays) de ressentiments anti-occidentaux persistants. Le fil conducteur de leurs récits historiques respectifs – bien que variables – est le thème de l'anti-impérialisme, avec des segments de l'Occident tenus pour responsables des abus passés, réels ou imaginaires. En bref, l'Est n'est pas unitaire et, sur le plan politique, religieux, culturel et ethnique, il est plus diversifié que l'Ouest, qui hésite à s'unifier. Le réveil politique de l'Est est plus récent et ses souvenirs amers plus frais. L'Est est collectivement fier et de plus en plus riche et puissant, mais ses immenses populations sont encore pour la plupart pauvres, surpeuplées et démunies. Et de nombreux pays de l'Est sont hostiles les uns envers les autres. Leur énergie populiste est volatile, tandis que l'intensité de leurs nationalismes rappelle celle de l'Europe au cours du siècle et demi précédent.

Les nationalismes asiatiques, surtout s'ils sont renforcés dans certains cas par la ferveur religieuse, constituent donc une menace majeure pour la stabilité politique de la région. Ils pourraient également devenir un obstacle majeur à l'émergence et/ou à la consolidation de démocraties véritablement stables, surtout si leur attrait potentiellement explosif est déclenché par certains incidents émotionnels dans les relations interétatiques sur une variété de sujets divergents. Des passions déchaînées, politiquement enflammée par des slogans nationalistes, pourraient générer des pressions auxquelles même les régimes autoritaires de la région ne pourraient pas résister. Pire encore, les quelques systèmes relativement démocratiques existants pourraient n'avoir d'autre choix que d'adopter les attentes nationalistes suscitées comme preuve de leur propre solidarité populiste.

Dans ce contexte potentiellement menaçant, les possibilités de conflits sont nombreuses. Certaines pourraient découler de l'intensification des rivalités de pouvoir régionales, celle de la Chine et de l'Inde en étant l'exemple évident. Les conflits sur les droits d'eau ou les frontières pourraient fournir à la fois le prétexte et l'étincelle. Certains – comme dans le cas du Pakistan et de l'Inde – pourraient être déclenchés par des conflits territoriaux non résolus et potentiellement explosifs qui pourraient alors déclencher de violentes haines nationalistes et religieuses au point de menacer la survie des pays respectifs. Certains pourraient être les produits involontaires d'une inimitié historique persistante, comme dans le cas du Japon et de la Chine. D'autres pourraient simplement être les sous-produits d'instabilités internes et d'erreurs de calcul humaines au plus haut niveau ; l'attitude de la Corée du Nord envers la Corée du Sud vient clairement à l'esprit. D'autres pourraient également être déclenchées par des revendications maritimes qui se chevauchent, comme entre la Chine et le Japon, ainsi qu'entre la Chine et ses voisins d'Asie du Sud-Est, au bord de la mer de Chine méridionale. En outre, une Russie en déclin qui ne parvient pas à s'occidentaliser et donc à se moderniser, pourrait également éprouver du ressentiment face aux efforts de plus en plus efficaces de la Chine pour élargir son accès aux ressources naturelles de la Mongolie et des nouveaux États d'Asie centrale.

De très graves tensions internationales pourraient également résulter d'un échec réciproque de l'Amérique et de la Chine à s'adapter en coopération à l'évolution de la répartition du pouvoir politique et économique dans leurs relations bilatérales. Les questions qui précipitent les problèmes – outre la rivalité économique évidente et les différends financiers persistants – pourraient concerner le statut de Taïwan, ou l'étendue de la présence navale américaine à proximité des eaux territoriales chinoises, ou les intérêts dans un conflit coréen.

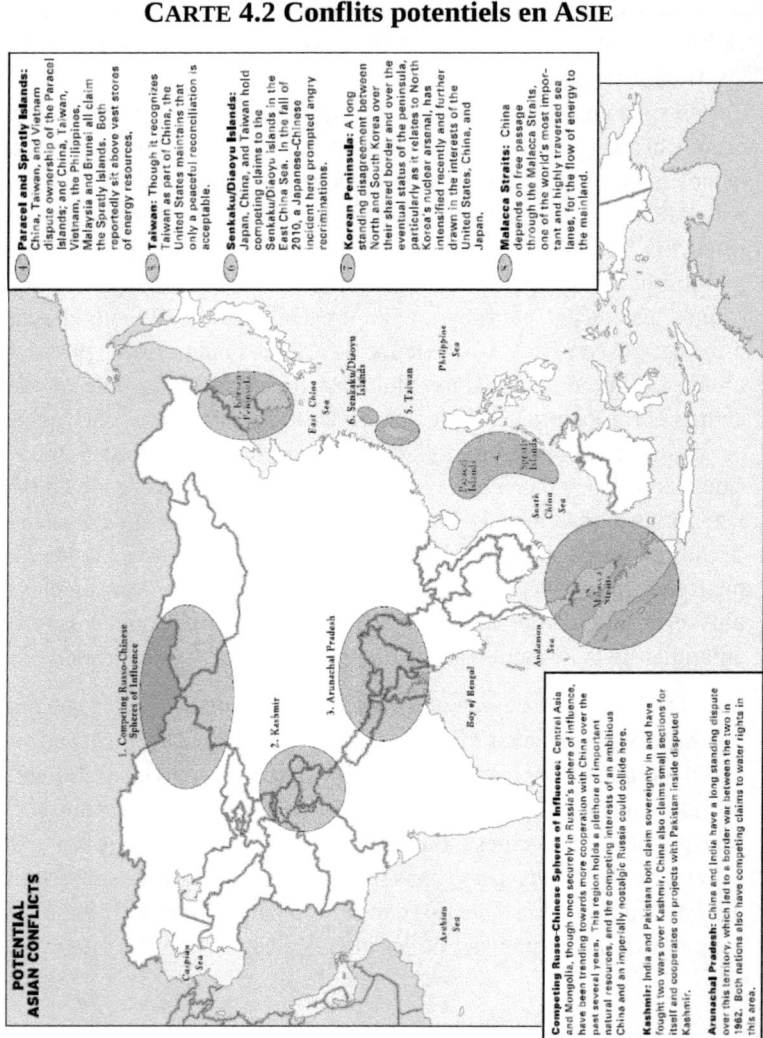

## CARTE 4.2 Conflits potentiels en ASIE

**Paracel and Spratly Islands:** China, Taiwan, and Vietnam dispute ownership of the Paracel Islands; and China, Taiwan, Vietnam, the Philippines, Malaysia and Brunei all claim the Spratly Islands. Both reportedly sit above vast stores of energy resources.

**Taiwan:** Though it recognizes Taiwan as part of China, the United States maintains that only a peaceful reconciliation is acceptable.

**Senkaku/Diaoyu Islands:** Japan, China, and Taiwan hold competing claims to the Senkaku/Diaoyu Islands in the East China Sea. In the fall of 2010, a Japanese-Chinese incident here prompted angry recriminations.

**Korean Peninsula:** A long standing disagreement between North and South Korea over their shared border and over the eventual status of the peninsula, particularly as it relates to North Korea's nuclear arsenal, has intensified recently and further drawn in the interests of the United States, China, and Japan.

**Malacca Straits:** China depends on free passage through the Malacca Straits, one of the world's most important and highly traversed sea lanes, for the flow of energy to the mainland.

**POTENTIAL ASIAN CONFLICTS**

1. Competing Russo-Chinese Spheres of Influence
2. Kashmir
3. Arunachal Pradesh

**Competing Russo-Chinese Spheres of Influence:** Central Asia and Mongolia, though once securely in Russia's sphere of influence, have been trending towards more cooperation with China over the past several years. This region holds a plethora of important natural resources, and the competing interests of an ambitious China and an imperially nostalgic Russia could collide here.

**Kashmir:** India and Pakistan both claim sovereignty in and have fought two wars over Kashmir. China also claims small sections for itself and cooperates on projects with Pakistan inside disputed Kashmir.

**Arunachal Pradesh:** China and India have a long standing dispute over this territory, which led to a border war between the two in 1962. Both nations also have competing claims to water rights in this area.

1. **Sphère d'influence rivale Russo-Chinoise** : l'Asie centrale et la Mongolie, bien qu'autrefois sous influence russe, ont tendance à coopérer de plus en plus ouvertement avec la Chine ces dernières années. Cette région qui abrite les intérêts de la Chine ambitieuse et de la nostalgie impériale de la Russie, contient pléthore d'importantes ressources naturelles, pour le contrôle desquelles ces deux géants pourraient avoir à s'affronter.

**2.** **Le Cachemire** : l'Inde et le Pakistan prétendent tous deux à la souveraineté sur cette région pour laquelle ils ont déjà mené deux guerres. La Chine réclame également de petites sections pour elle-même et coopère aux projets du Pakistan la concernant.

**3.** **Arunachal Pradesh** : la Chine et l'Inde se dispute le territoire depuis longtemps, ce qui conduisit à un affrontement frontalier en 1962. Les deux nations s'affrontent également pour l'accès à l'eau de cette région.

**4.** **Les îles Paracels et Spratleys** : la Chine, Taïwan et le Vietnam se dispute la propriété des îles Paracels ; et la Chine, Taïwan, le Vietnam, les Philippines, la Malaisie et Brunei réclament toutes des droits sur les îles Spratleys. Ces deux régions abritent de vastes ressources énergétiques.

**5.** **Taïwan** : Bien qu'ils reconnaissent Taïwan comme faisant parti de la Chine, les USA maintiennent que seule une réconciliation paisible est acceptable.

**6.** **Îles Senkaku/Diaoyutai** : le Japon, la Chine et Taïwan réclament ces îles de la Mer de Chine orientale. À l'automne 2010, un incident sino-japonais à ce sujet provoqua de vives réactions.

**7.** **La péninsule coréenne** : Le désaccord ancien entre la Corée du Nord et du Sud sur leur frontière respective et sur le statut éventuel de la péninsule, particulièrement concernant l'arsenal nucléaire Nord-coréen, s'est intensifié dernièrement ; ce qui n'a pas manqué d'attiser les intérêts des USA, de la Chine et du Japon.

**8.** **Le détroit de Malacca** : Pour son approvisionnement en énergie, la Chine dépend d'un passage libre à travers le détroit de Malacca, un des points maritime les plus important et les plus fréquenté du globe.

Enfin, il faut considérer l'impact potentiel des armes nucléaires sur ces compétitions régionales. Le nouvel Est comprend déjà trois puissances nucléaires manifestes (Chine, Inde et Pakistan), ainsi qu'une quatrième, la Corée du Nord, qui se présente comme une puissance nucléaire autoproclamée à la menace périodique. Si les engagements américains en matière de sécurité devenaient incertains, le Japon pourrait très vite devenir lui aussi une puissance nucléaire significative, tandis qu'à la périphérie sud-ouest de la nouvelle Asie, l'Iran pourrait déjà être en train d'acquérir des armes nucléaires. L'absence d'un cadre plus large de sécurité collective en Asie (du type de celui qui existe dans l'Europe d'aujourd'hui) et le potentiel de tant de conflits possibles qui pourraient surgir dans un contexte d'aspirations nationalistes aussi volatiles justifie les craintes qu'à un moment donné, un incident international puisse déclencher une flambée régionale plus importante à une échelle qui – surtout si des armes nucléaires sont employées – pourrait égaler ou même éclipser les horreurs que l'Europe a connues au siècle dernier.

Mais, en dépit de la multitude d'incertitudes et d'asymétries en Asie, les arguments à l'appui de la proposition selon laquelle le nouvel Orient est condamné à une guerre internationale destructrice sont loin d'être concluants. Si les similitudes avec l'Europe du XXe siècle peuvent sembler convaincantes, les différences – découlant de la nouveauté des réalités mondiales du XXIe siècle et de l'histoire unique du système interétatique asiatique – sont tout aussi significatives.

Tout d'abord, le fait géopolitique que, contrairement à l'Europe du début du XXe siècle, qui était encore le centre de la puissance mondiale à l'époque, l'Asie n'est pas, ou du moins pas encore, le centre de la puissance militaire mondiale. Cela signifie que tout dirigeant asiatique, lorsqu'il envisage une guerre majeure, doit tenir compte de la possibilité d'une intervention de puissances extérieures indirectement touchées. Par exemple, dans le cas d'une véritable guerre (et pas seulement une escarmouche à la frontière) entre l'Inde et la Chine, la Russie déciderait presque certainement d'aider l'Inde d'une manière ou d'une autre, simplement parce que cela affaiblirait la Chine. Les réactions de l'Amérique seraient probablement calibrées par la crainte qu'aucune puissance n'émerge comme le potentat asiatique décisif. Par conséquent, afin d'éviter une issue unilatérale, l'Amérique s'efforcerait probablement de réduire l'ampleur des objectifs de guerre respectifs ainsi que la portée et l'intensité de la violence entre les protagonistes.

La prise de conscience par les élites dirigeantes asiatiques de la réalité de protagonistes extérieurs potentiels plus puissants peut en partie expliquer pourquoi les budgets militaires des pays asiatiques sont relativement faibles par rapport à leurs PIB respectifs. (Selon la Banque mondiale, la Chine consacre 2%, l'Inde 3% et le Japon 1% de leur PIB à l'armée. Les États-Unis y consacrent 4,6%). Même dans le cas de la Chine et de l'Inde, leurs dépenses militaires et leurs arsenaux nucléaires relativement modestes suggèrent qu'aucune des deux parties n'envisage sérieusement la possibilité d'une résolution décisive par le recours à la force de leurs différends existants ou potentiels – en dépit des soupçons nationaux persistants l'un envers l'autre.

Deuxièmement, l'Asie contemporaine prospère aujourd'hui dans un contexte d'interdépendance commerciale mondiale, qui non seulement empêche de compter sur une action militaire unilatérale, mais crée également des opportunités pour des sources alternatives d'autogratification et d'accomplissement des aspirations nationales, comme par exemple par une croissance économique stimulée par le commerce extérieur, ce qui atténue l'extrémisme nationaliste. La Chine est certainement consciente du fait que la remarquable transformation de ses conditions socio-économiques intérieures, qui s'est étalée sur trente ans, lui a valu une prééminence internationale ainsi qu'un statut économique et financier remarquable. Et l'expérience de la Chine n'est pas unique. D'autres États asiatiques de plus en plus performants (notamment la Corée du Sud et le bloc de l'ANASE) bénéficient d'un réseau de connexions et de relations qui induisent un certain degré de retenue face à l'irrationalité nationaliste. Leurs classes moyennes du XXe siècle ont tendance à être interconnectées avec le monde, à un point tel que leurs prédécesseurs européens du XXe siècle ne l'ont jamais été. Les études à l'étranger, les voyages fréquents, les relations d'affaires, les aspirations professionnelles communes et l'intimité des contacts transnationaux par le biais d'Internet contribuent tous à une vision qui n'est pas à l'abri, certes, des appels nationalistes, mais qui est néanmoins plus consciente de l'interdépendance de leurs intérêts personnels.

Troisièmement, le contraste historique entre l'Europe et l'Asie mérite également d'être reconnu. Comme le souligne une étude remarquable sur l'émergence de la Chine, il y a quelques siècles déjà,

> "les principaux États de l'Asie de l'Est – du Japon, de la Corée et de la Chine au Vietnam, au Laos, à la Thaïlande et au Cambodge – étaient tous liés les uns aux autres, directement ou par l'intermédiaire du centre chinois, par des relations commerciales et diplomatiques et maintenus ensemble par une compréhension commune des principes, des normes et des règles qui régissent leurs interactions mutuelles. De longues périodes de paix entre les puissances européennes étaient l'exception plutôt que la règle… Par contraste, les États nationaux du système est-asiatique ont été presque en paix de façon ininterrompue,

non pas pendant 100 ans mais durant 300 ans"[25]

Enfin, les menaces à la paix en Asie du XXIe siècle tendent également à être différentes de celle de l'Europe du XXe siècle. Dans ce dernier cas, l'impulsion des guerres entre États était en grande partie le produit d'ambitions territoriales nationalement suscitées par des États-nations motivés par l'idée que plus de territoire égale plus de puissance égale plus de statut. Dans sa version la plus extrême, ces aspirations étaient justifiées par des concepts fallacieux d'espace vital ("lebensraum") prétendument nécessaires à la survie nationale. Dans l'Asie contemporaine, les conflits internes dérivés de la diversité ethnique et des loyautés tribales préétatiques plutôt que des ambitions territoriales externes sont plus susceptibles d'être la cause principale de l'instabilité régionale. En effet, à l'exception des craintes du Pakistan à l'égard de l'Inde, la préservation de la stabilité des États existants plutôt que les préoccupations relatives aux desseins territoriaux de leurs voisins pourraient actuellement être la préoccupation la plus sérieuse de la plupart des commandements militaires des États d'Asie du Sud-Est et du Sud-Ouest.

Dans le cas le plus important de l'Inde très peuplée, des troubles régionaux pourraient découler des deux contradictions internes potentiellement perturbatrices de ce pays : entre les très riches et les extrêmement pauvres, la pauvreté en Inde étant plus aiguë qu'en Chine, ainsi que la diversité ethno-linguistique et religieuse de la société indienne. Contrairement à la Chine, où les Chinois Han représentent 91,5% de la population, le plus grand groupe ethnique en Inde en représente environ 70%, ce qui signifie que pas moins de 300 millions de personnes sont en fait des minorités ethniques. En termes de religion, les hindous représentent environ 950 millions d'Indiens, les musulmans environ 160 millions, les sikhs environ 22 millions, et d'autres dans une plus grande variété. Moins de la moitié de la population partage une langue commune, l'hindi. En outre, le niveau d'alphabétisation en Inde est effroyablement bas, la majorité des femmes étant en fait

---

[25] Giovanni Arrighi, *Adam Smith in Beijing : Lineages of the 21st Century* (Londres, 2007), 314-315.

analphabètes. L'agitation rurale est en hausse et n'a pas été contenue malgré la violence qui perdure depuis plus d'une décennie.

De plus, le système politique indien doit encore prouver qu'il peut fonctionner comme "la plus grande démocratie du monde". Ce test aura lieu lorsque sa population sera véritablement éveillée et engagée politiquement. Étant donné les niveaux très élevés d'analphabétisme public dans le pays ainsi que le lien entre les privilèges et la richesse au sommet de l'establishment politique, le processus "démocratique" actuel de l'Inde rappelle plutôt la "démocratie" aristocratique britannique, avant l'apparition des syndicats, dans la seconde moitié du XIXe siècle. La viabilité opérationnelle du système actuel sera véritablement mise à l'épreuve lorsque le grand public hétérogène deviendra à la fois politiquement conscient et assertif. Les différences ethniques, religieuses et linguistiques pourraient alors menacer la cohésion interne de l'Inde. En cas d'escalade incontrôlée, le Pakistan voisin, déjà mis à mal par des troubles tribaux, pourrait également devenir le foyer géopolitique d'une violence régionale plus large.

Dans ce contexte potentiellement conflictuel, la stabilité de l'Asie dépendra en partie de la manière dont l'Amérique réagira à deux triangles régionaux qui se chevauchent et qui sont centrés sur la Chine. Le premier concerne la Chine, l'Inde et le Pakistan. Le second concerne la Chine, le Japon et la Corée, les États du Sud-Est asiatique jouant un rôle de soutien. Dans le cas de la première, le Pakistan pourrait être le principal point de discorde et la source d'instabilité qui précipite la situation. Dans le cas de la seconde, la Corée (du Sud et du Nord) et/ou peut-être aussi Taïwan pourraient devenir des foyers d'insécurité.

Dans les deux cas, les États-Unis restent l'acteur principal, avec la capacité de modifier les équilibres et d'influer sur les résultats. Il convient donc de préciser d'emblée que les États-Unis doivent être guidés par le principe général selon lequel toute implication militaire américaine directe dans des conflits entre des puissances asiatiques rivales doit être évitée. Aucun résultat d'une guerre pakistano-indienne, ou d'une guerre impliquant également la Chine, ou même d'une guerre strictement sino-indienne n'est susceptible de produire des conséquences plus dommageables pour les intérêts américains qu'un engagement militaire américain renouvelé et éventuellement élargi sur le continent asiatique. Et ce dernier pourrait même précipiter une réaction en chaîne plus large d'instabilité ethnique et religieuse en Asie.

Ce qui précède ne s'applique évidemment pas aux obligations des traités américains existants avec le Japon et la Corée du Sud, où les forces américaines sont effectivement déployées. En outre, la non-participation des États-Unis à un éventuel conflit parmi les États asiatiques eux-mêmes ne doit pas impliquer une indifférence à l'égard de leurs résultats potentiels. Les États-Unis devraient certainement utiliser leur influence internationale pour décourager le déclenchement d'une guerre, pour aider à la contenir si elle se produit et pour éviter une issue unilatérale en guise de conclusion. Mais de tels efforts devraient impliquer la participation d'autres puissances potentiellement aussi touchées par une instabilité régionale majeure en Asie. Certaines d'entre elles pourraient même préférer que l'Amérique s'implique tandis qu'elles resteraient sur la touche. Par conséquent, les tentatives nécessaires pour prévenir ou contenir la crise et pour imposer, si nécessaire, certains coûts à la partie la plus agressive ne devraient pas être de la seule responsabilité de l'Amérique.

Le premier triangle implique une compétition pour la primauté de l'Asie. La Chine et l'Inde sont déjà des acteurs majeurs sur la scène internationale. L'Inde est le pays le plus peuplé du monde ; son économie est en plein décollage ; sa structure démocratique formelle et sa viabilité future comme alternative possible au modèle autoritaire de la Chine intéressent tout particulièrement l'Amérique démocratique. La Chine est déjà la deuxième puissance économique mondiale, ce qui ne devrait plus tarder à se produire (et à certains égards, c'est peut-être déjà le cas) en ce qui concerne sa capacité militaire, et elle est en train de devenir rapidement une puissance mondiale en pleine ascension. Ainsi, la relation sino-indienne est intrinsèquement compétitive et antagoniste, le Pakistan étant le point de discorde régional.

Du côté de l'Inde, les tensions existantes et les animosités nationales réciproques sont alimentées par l'hostilité relativement désinhibée envers la Chine qui s'exprime dans les médias non censurés de l'Inde et dans les discussions stratégiques de l'Inde. Invariablement, la Chine y est présentée comme une menace, le plus souvent de nature territoriale, et les publications de l'Inde font fréquemment référence à l'occupation par la Chine, en 1962, de territoires frontaliers contestés par la force. Les efforts de la Chine pour établir une présence économique et politique dans les ports du Myanmar et du Pakistan dans l'océan Indien sont présentés au public comme un projet stratégique pour encercler l'Inde. Les médias chinois, sous contrôle officiels, sont plus discrets dans leurs déclarations mais prennent délibérément l'Inde comme un rival peu sérieux, ce qui renforce les sentiments négatifs des Indiens.

Dans une large mesure, ce sentiment d'éloignement des Chinois à l'égard de l'Inde découle des performances sociétales supérieures de la Chine. Son PNB est considérablement plus élevé que celui de l'Inde, sa modernisation urbaine et l'innovation infrastructurelle sont bien plus avancées, et sa population est considérablement plus alphabétisée ainsi que plus homogène sur le plan ethnique et linguistique (voir figure 4.3, pp. 166-167).

En tout cas, les deux parties sont stratégiquement prisonnières de leurs sentiments subjectifs et de leurs contextes géopolitiques. Les Indiens envient la transformation économique et infrastructurelle de la Chine. Les Chinois méprisent le retard relatif de l'Inde (sur le plan social, illustré de façon dramatique par les niveaux asymétriques d'alphabétisation de leurs populations respectives) et son manque de discipline. Les Indiens craignent la collusion entre Chinois et Pakistanais ; les Chinois se sentent vulnérables face à la capacité potentielle de l'Inde à interférer avec l'accès des Chinois au Moyen-Orient et à l'Afrique par l'océan Indien. Hormis la réitération rituelle dans les communiqués diplomatiques d'un engagement commun en faveur de la paix, des voix sont rarement entendues pour préconiser un accord mutuel global, et c'est pourquoi le dédain réciproque persiste et s'accroît.

Le rôle de l'Amérique dans cette rivalité doit être prudent et détaché. Une politique américaine prudente, en particulier en ce qui concerne une alliance avec l'Inde, ne doit cependant pas être interprétée comme une indifférence au rôle potentiel de l'Inde comme alternative au modèle politique autoritaire de la Chine. L'Inde offre de telles promesses pour l'avenir, surtout si elle parvient à combiner un développement soutenu avec une démocratie plus omniprésente. La cordialité dans les relations avec l'Inde se trouve donc justifiée, bien qu'elle ne devrait pas impliquer un soutien sur des questions aussi litigieuses que le Cachemire, étant donné que le bilan de l'Inde dans ce cas est critiquable, ni impliquer qu'une relation de coopération avec l'Inde vise la Chine.

Étant donné que certains cercles politiques aux États-Unis ont commencé à préconiser une alliance officielle entre les États-Unis et l'Inde, vraisemblablement contre la Chine et en fait aussi contre le Pakistan, il faut aussi déclarer explicitement que toute entreprise de ce genre serait contraire aux intérêts de la sécurité nationale des États-Unis. Cela augmenterait la probabilité d'une implication des États-Unis dans un conflit asiatique potentiellement prolongé. La décision imprudente des États-Unis de 2011 de vendre des armes avancées à l'Inde, contrairement à l'embargo en cours sur les ventes d'armes à la Chine, tout en renforçant les programmes nucléaires de l'Inde, vaut déjà aux États-Unis l'hostilité des Chinois en donnant l'impression que l'Amérique considère la Chine comme son ennemi avant même que la Chine elle-même ait décidé d'être l'ennemi des États-Unis.

De plus, une alliance entre les États-Unis et l'Inde serait une faveur gratuite pour la Russie sans aucune faveur russe en retour. En fait, une telle alliance serait contraire aux intérêts américains à long terme en Eurasie : elle réduirait les craintes de la Russie à l'égard de la Chine et diminuerait ainsi l'intérêt de la Russie à se rapprocher de l'Occident, et elle augmenterait les tentations de Moscou de profiter d'une Amérique distraite attirée par l'Asie pour faire valoir les intérêts impériaux russes en Asie centrale et en Europe centrale. Les perspectives d'un Occident plus vital et plus grand s'éloigneraient ainsi davantage.

Enfin, une alliance américano-indienne serait également susceptible d'intensifier l'attrait du terrorisme anti-américain chez les musulmans, qui en déduiraient que ce partenariat est implicitement dirigé contre le Pakistan. Cela serait encore plus probable si, entre-temps, la violence religieuse entre hindous et musulmans éclatait dans certaines régions de l'Inde. Une grande partie du reste du monde islamique, que ce soit en Asie du Sud-Ouest, en Asie centrale ou au Moyen-Orient, serait amenée à manifester une sympathie croissante et à soutenir les actes terroristes dirigés contre l'Amérique. En bref, en ce qui concerne le premier triangle asiatique, la meilleure partie de la sagesse consiste à s'abstenir de toute alliance qui pourrait obliger les États-Unis à s'engager militairement dans cette partie de l'Asie.

La question n'est pas aussi tranchée en ce qui concerne le deuxième triangle régional impliquant la Chine, le Japon, la Corée du Sud et, dans une moindre mesure l'Asie du Sud-Est. Plus généralement, cette question concerne le rôle de la Chine en tant que puissance dominante sur le continent asiatique et la nature de la position de l'Amérique dans le Pacifique. Le Japon est le principal allié politico-militaire de l'Amérique en Extrême-Orient, même si ses capacités militaires sont actuellement limitées, une situation qui pourrait s'estomper en raison des préoccupations croissantes concernant la montée en puissance de la Chine. Il est également la troisième puissance économique mondiale, n'ayant été que récemment dépassé par la Chine. La Corée du Sud est une puissance économique en plein essor et un allié de longue date des États-Unis, qui compte sur eux pour dissuader tout conflit possible avec son parent éloigné du Nord. L'Asie du Sud-Est a des liens moins formels avec les États-Unis et dispose d'un partenariat régional fort (ASEAN), mais elle craint la croissance de la puissance chinoise. Plus important encore, l'Amérique et la Chine entretiennent déjà des relations économiques qui les rendent toutes deux vulnérables à toute hostilité réciproque, tandis que la croissance de la puissance économique et politique de la Chine constitue un défi potentiel futur à la prééminence mondiale actuelle de l'Amérique.

## CHIFFRES 4.3 : CLASSEMENT MONDIAL DES PERFORMANCES SYSTÉMIQUES DE LA CHINE ET DE L'INDE, ET INDICATEURS DE DÉVELOPPEMENT POUR LA CHINE ET L'INDE

*Classement mondial des performances systémiques de la Chine et de l'Inde*

| VARIABLE | LE RANG DE LA CHINE | PAYS CLASSÉ AU-DESSUS ET AU-DESSOUS DE LA CHINE | LE RANG DE L'INDE | PAYS CLASSÉ AU-DESSUS ET AU-DESSOUS DE L'INDE |
|---|---|---|---|---|
| *Logistique du commerce international*[1] | 27ème | 26ème République tchèque, 28ème Afrique du Sud | 47ème | 46ème Chypre, 48ème Argentine |
| *Développement humain*[2] | 89ème | 88ème République dominicaine, 90ème Salvador | 119ème | 118ème Cap-Vert, 120ème Timor-Leste |
| *L'éducation*[3] | 97ème | 96ème Malaisie, 98ème Suriname | 145ème | 144ème Comores, 146ème Cameroun |
| *Performance environnementale*[4] | 121ème | 120ème Madagascar, 122ème Qatar | 123ème | 122ème Qatar, 124ème Yémen |
| *Compétitivité économique*[5] | 27ème | 26ème Malaisie, 28ème Brunei | 51ème | 50ème Malte, 52ème Hongrie |
| *Perception de la corruption gouvernementale*[6] | 78ème | 73ème Bulgarie, 85ème Maroc (5 à égalité avec la Chine à la 78ème place, y compris la Grèce) | 87ème | 85ème Maroc, 91ème Bosnie-Herzégovine (Albanie, Jamaïque et Libéria à égalité avec l'Inde à la 87ème place) |
| *L'esprit d'entreprise*[7] | 40ème | 39ème Pérou, 41ème Colombie | 53ème | 52ème Panama, 54ème Brésil |

**Notes** :

1. *Indice de performance logistique (LPI) 2010 de la* Banque mondiale.

2. *Indice de développement humain (IDH) 2009 du* PNUD.

3. *Indice de l'éducation 2009 du* PNUD.

4. *Indice de performance environnementale (EPI) 2010.*

5. *Indice de compétitivité mondiale (GCI) 2010-2011 du* Forum économique mondial.

6. *Indice de perception de la corruption (IPC) 2010 de* Transparency International.

7. *Acs-Szerb Global Entrepreneurship and Development Index (GEDI) 2010.*

*Indicateurs de développement pour la Chine et l'Inde[8]*

| INDICATEUR | RANG DE LA CHINE | CHIFFRES | RANG DE L'INDE | CHIFFRES |
|---|---|---|---|---|
| Espérance de vie à la naissance | 94ème | 74,51 ans | 160e | 66,46 ans |
| Taux d'alphabétisation des hommes | – | 95.7% | – | 73.4% |
| Taux d'alphabétisation des femmes | – | 87.6% (2007) | – | 47.8% (2001) |
| Population vivant en dessous du seuil de pauvreté 1,25 $ par jour[9] | – | 15.9% (2008) | – | 41.6% (2008) |
| Taux de croissance de la production industrielle | 4ème | 9.9% | 8ème | 9.3% |
| Investissement (brut fixe) | 1er | 46,3% du PIB | 13ème | 32,4% du PIB |
| Investissement dans la recherche et le développement (2010)[10] | – | 1,4% du PIB (les dépenses brutes s'élevaient à 141,4 milliards de dollars) | – | 0,9% du PIB (Les dépenses brutes étaient de 33,3 milliards de dollars) |
| KM d'autoroute | – | 65 000 km de voie rapide | – | 200 km de voie rapide |

**Notes :**

8. CIA World Factbook 2009 et estimations 2010.

9. UNDP *Human Development Report 2010*

10. *2011 Global R&D Funding Forecast.* Battelle et R&D Magazine. Décembre 2010.

Compte tenu des performances récentes de la Chine, ainsi que de ses réalisations historiques, il serait imprudent de supposer que l'économie chinoise pourrait soudainement s'arrêter. En 1995 (en fait, à mi-parcours du décollage économique de la Chine, qui dure maintenant depuis trente ans), certains économistes américains éminents ont même suggéré que d'ici 2010, la Chine pourrait se retrouver dans la même situation désastreuse que l'Union Soviétique il y a trente ans, selon la fantasmagorie officielle des Soviétiques qui prétendaient dans les années 1960 que d'ici 1980, l'Union Soviétique dépasserait l'Amérique en termes de puissance économique. À l'heure actuelle, il est évident, même pour les plus sceptiques, que l'ascension économique de la Chine est réelle et qu'elle a de bonnes chances de se poursuivre pendant un certain temps, bien que probablement à des taux annuels décroissants.

Il ne s'agit pas de nier que la Chine pourrait être affectée par une baisse internationale de la demande de produits manufacturés chinois ou par une crise financière mondiale. En outre, les tensions sociales en Chine pourraient s'accroître en raison de l'accroissement des disparités sociales. Elles pourraient engendrer une agitation politique, dont les événements historiques de la place Tiananmen en 1989 pourraient à certains égards être un avant-goût. La nouvelle classe moyenne chinoise, qui compte aujourd'hui, selon certains, environ 300 millions de personnes, pourrait exiger plus de droits politiques. Mais rien de tout cela ne rappellerait le désastre systémique de l'Union Soviétique. Le rôle croissant de la Chine dans les affaires mondiales est une réalité à laquelle les Américains devront s'adapter – au lieu de la diaboliser ou de se livrer à des vœux pieux à peine dissimulés concernant son échec.

Le danger le plus grave pourrait venir d'une source tout à fait différente, moins économique et plus sociopolitique. Il pourrait apparaître comme le résultat d'une baisse progressive et initialement imperceptible de la qualité du leadership chinois ou d'une hausse plus perceptible de l'intensité du nationalisme chinois. L'un ou l'autre de ces facteurs, ou les deux combinés, pourraient produire des politiques nuisibles aux aspirations internationales de la Chine et/ou pourraient perturber la tranquille transformation intérieure de la Chine.

Jusqu'à présent, les performances des dirigeants chinois depuis la révolution culturelle ont été généralement prudentes. Deng Xiaoping avait une vision et une détermination guidées par un réalisme pragmatique. Depuis Deng, la Chine a connu trois renouvellements stables de son leadership grâce, en partie, à des procédures standardisées pour assurer la succession prévue des dirigeants. Ses successeurs ont parfois divergé entre eux (par exemple, Hu Yaobang, l'héritier présomptif de Deng, prônait un pluralisme politique plus que ce qui était digestible par ses camarades). Les dirigeants chinois ont fait des efforts pour anticiper les problèmes, et même pour étudier conjointement l'expérience étrangère pertinente pour faire face aux complications inévitables des succès de la politique intérieure. (Dans un exercice tout à fait remarquable, le Politburo chinois se réunit périodiquement pour étudier pendant une journée entière une question extérieure ou intérieure majeure afin d'établir des parallèles pertinents entre l'étranger et l'histoire. La première session a traité, de manière assez révélatrice, des leçons à tirer de l'émergence et de la chute des empires étrangers, le plus récent exemple étant l'empire américain).

La génération actuelle de dirigeants, qui ne sont plus des révolutionnaires ou des innovateurs eux-mêmes, a donc mûri dans un cadre politique établi dans lequel les grands enjeux de la politique nationale ont été fixés sur le long terme. La stabilité bureaucratique – c'est-à-dire le contrôle centralisé – doit leur sembler être la seule base solide pour un gouvernement efficace.

Mais dans un cadre politique hautement bureaucratisé, le conformisme, la prudence et la recherche de faveurs auprès des supérieurs comptent souvent plus pour faire avancer une carrière politique que le courage personnel et l'initiative individuelle. À plus long terme, on peut se demander si une direction politique peut rester longtemps indispensable si elle est si structurée dans sa politique du personnel qu'elle devient, presque sans le savoir, hostile au talent et à l'innovation. Le déclin peut s'installer, tandis que la stabilité du système politique peut être mise en danger si un fossé se creuse entre ses orthodoxies officielles proclamées et les aspirations disparates d'une population de plus en plus éveillée politiquement.

Dans le cas de la Chine, cependant, la désaffection du public ne s'exprimera probablement pas par une quête massive de démocratie, mais plutôt par des griefs sociaux ou des passions nationalistes. Le gouvernement est plus conscient de la première et s'y prépare. Les planificateurs officiels ont même identifié publiquement et très franchement les cinq menaces majeures qui, selon eux, pourraient produire des incidents de masse menaçant la stabilité sociale : (1) disparité entre riches et pauvres, (2) troubles et mécontentement urbains, (3) culture de la corruption, (4) chômage, et (5) perte de confiance sociale.[26]

La montée des passions nationalistes pourrait s'avérer plus difficile à gérer. Il est déjà évident, même à partir des publications officiellement contrôlées, que le nationalisme chinois intense est en hausse. Bien que le régime au pouvoir continue de prôner la prudence en ce qui concerne la position et les objectifs historiques de la Chine, en 2009, les médias chinois les plus sérieux se sont imprégnés des affirmations triomphalistes sur l'éminence croissante de la Chine, sa puissance économique et son ascension continue vers la prééminence mondiale. La possibilité d'une montée soudaine des passions populistes est également devenue évidente dans les explosions de colère publique démonstrative à propos de quelques incidents navals relativement mineurs avec le Japon près d'îles contestées. La question de Taïwan pourrait également, à un moment donné, enflammer les passions publiques belligérantes contre l'Amérique.

En effet, le paradoxe de l'avenir de la Chine est qu'une éventuelle évolution vers certains aspects de la démocratie pourrait être plus réalisable dans le cadre d'un leadership vigilant mais assertif qui canalise prudemment les pressions sociales pour une plus grande redistribution que sous une direction affaiblie qui les dépasse. Un régime affaibli et progressivement plus médiocre pourrait être tenté par l'idée que l'unité politique, ainsi que son propre pouvoir, peuvent être mieux préservés par une politique qui embrasse le nationalisme plus

---

[26] "Au cours des dix prochaines années, les incidents de masse constitueront le plus grand défi pour la gouvernance", *Liaowang Dongfang Zhoukan,* 21 avril 2010.

impatient et plus extrême pour l'avenir de la Chine. Si une direction craignant de perdre son emprise sur le pouvoir et de voir sa vision décliner devait soutenir la poussée nationaliste, il pourrait en résulter une rupture de l'équilibre jusqu'ici soigneusement calculé entre la promotion des aspirations intérieures de la Chine et la poursuite prudente des intérêts de la politique étrangère chinoise.

Ce qui précède pourrait également précipiter un changement fondamental dans la structure du pouvoir politique de la Chine. L'armée chinoise (l'Armée populaire de libération) est la seule organisation nationale capable d'affirmer le contrôle national. Elle est également fortement impliquée dans la gestion directe des principaux actifs économiques. Dans l'éventualité d'un déclin sérieux de la vitalité du leadership politique existant et d'une montée des émotions populistes, l'armée assumerait très probablement un contrôle effectif. Paradoxalement, la probabilité d'une telle éventualité est renforcée par la politisation délibérée de l'état-major chinois. Dans les rangs supérieurs, le taux d'adhésion au parti est de 100%. Et comme le PCC lui-même, les membres du parti de l'APL se considèrent comme étant au-dessus de l'État. En cas de crise systémique, pour les membres du parti communiste en uniforme, la prise de pouvoir serait donc la chose normale à faire. Et la direction politique passerait ainsi entre les mains d'une direction très motivée, très nationaliste, bien organisée, mais inexpérimentée sur le plan international.

Une Chine intensément nationaliste et militariste générerait son propre auto-isolement. Elle dissiperait l'admiration mondiale pour la modernisation de la Chine et pourrait stimuler les sentiments publics anti-chinois résiduels aux États-Unis, peut-être même avec quelques connotations racistes latentes. Elle serait susceptible de donner lieu à des pressions politiques en faveur d'une coalition excessivement anti-chinoise avec les nations asiatiques qui craignent de plus en plus les ambitions de Pékin. Cela pourrait transformer le voisinage géopolitique immédiat de la Chine, actuellement enclin à un partenariat avec le géant d'à côté qui réussit économiquement et en proie à des supplications enthousiastes pour obtenir des assurances extérieures (émanant de préférence des États-Unis) contre ce qu'il considérerait comme une Chine sinistrement nationaliste et agressivement excitée.

Étant donné que les États-Unis ont été déployés militairement sur la base d'engagements pris dans le cadre de traités au Japon et en Corée du Sud depuis plusieurs décennies, la manière dont Pékin se comporte avec son voisinage immédiat aura un impact direct sur l'ensemble des relations américano-chinoises. D'une manière générale, les objectifs stratégiques actuels de la Chine en pleine ascension, mais toujours prudemment délibérée, semblent être motivés par les six grands objectifs suivants :

**1.** Réduire les dangers inhérents à l'encerclement géographique potentiel de la Chine, en raison des liens de sécurité des États-Unis avec le Japon, la Corée du Sud et les Philippines, de la vulnérabilité à l'interdiction de l'accès maritime de la Chine dans l'océan Indien par le détroit de Malacca et de là au Moyen-Orient, en Afrique, en Europe, etc. et de l'absence de routes terrestres économiquement viables pour le commerce avec l'Europe à travers les vastes distances de la Russie et/ou de l'Asie centrale ;

**2.** Se créer une position privilégiée dans une communauté émergente d'Asie de l'Est (qui pourrait inclure une zone de libre-échange entre la Chine, le Japon et la Corée du Sud) et dans l'ANASE déjà existante, tout en limitant – sans l'exclure encore – une présence ou un rôle majeur des États-Unis dans cette communauté ;

**3.** Consolider le Pakistan comme contrepoids à l'Inde et obtenir par ce biais un accès plus proche et plus sûr à la mer d'Oman et au golfe Persique ;

**4.** Pour obtenir un avantage sur la Russie dans le domaine économique en Asie centrale et en Mongolie, ce qui permettrait de satisfaire en partie les besoins de la Chine en ressources naturelles également dans des régions plus proches de la Chine que l'Afrique ou l'Amérique latine ;

**5.** Résoudre en faveur de la Chine le dernier héritage non réglé de sa guerre civile – Taïwan – selon la formule de Deng (d'abord énoncée publiquement aux médias chinois lors d'une visite de cet écrivain) de "une Chine, deux systèmes" ; et

**6.** Établir une présence économique et, indirectement, politique dans un certain nombre de pays du Moyen-Orient, d'Afrique et d'Amérique latine, afin de garantir un accès stable aux matières premières, aux minéraux, aux produits agricoles et à l'énergie, tout en assurant une position dominante sur les marchés locaux pour les produits manufacturés chinois à prix compétitifs et, ce faisant, en gagnant un électorat politique mondial au nom de la Chine.

Les six grands objectifs stratégiques susmentionnés sont un mélange des intérêts géopolitiques et économiques du pays dans ce que certains stratèges chinois ont décrit comme la "grande périphérie" de la Chine, mais ils reflètent également la vision historique de la Chine sur son droit légitime à un rôle régional – peut-être même mondial – dominant. Ils ne sont pas ancrés, comme c'était le cas avec l'Union Soviétique, dans des aspirations idéologiques universelles. Mais ils font retentir la fierté chinoise et le désir présumé, déguisé pour l'instant, que la Chine redevienne – comme elle l'était autrefois – la puissance prééminente du monde, voire remplace l'Amérique. En effet, on remarque déjà que l'ouverture intelligemment calculée de la Chine sur l'étranger – construite autour de slogans concernant "un monde harmonieux" – commence à intriguer l'imagination politique des peuples des parties les moins privilégiées du monde. Pour ceux qui aspirent à une vision d'un avenir plus pertinent que celui offert par le "rêve américain en déclin", la Chine commence à offrir une nouvelle option, celle du rêve chinois naissant.

Chacun des six objectifs chinois peut être atteint avec flexibilité et patience, ou bien la Chine peut poursuivre chaque objectif de manière agressive, afin de miner la position de l'Amérique en Orient. Par exemple, le Japon et la Corée du Sud peuvent être partenaires d'une communauté d'Asie de l'Est qui accepte la participation de l'Amérique en son sein, ou ils peuvent être attirés par une Corée réunifiée sous un parapluie chinois et un Japon neutre détaché des États-Unis (comme dans les autres exemples). En substance, l'intensité du nationalisme chinois est susceptible de déterminer si les objectifs susmentionnés peuvent être assimilés à un modèle d'accommodement, en grande partie avec les États-Unis, ou s'ils deviennent des objectifs à rechercher avec assurance, par une Chine nationaliste de plus en plus préoccupée par une contestation antagoniste avec les États-Unis.

Savoir lequel de ces deux scénarios est le plus probable dépendra de deux considérations fondamentales : la manière dont l'Amérique réagira à l'ascension de la Chine et la manière dont la Chine elle-même évoluera. La perspicacité et la maturité des deux nations seront probablement mises à rude épreuve au cours de ce processus, et les enjeux pour chacune d'entre elles seront énormes. Pour l'Amérique, il s'agit donc de démêler quels aspects des ambitions extérieures de la Chine sont inacceptables et constituent une menace directe pour les intérêts vitaux des États-Unis, et quels aspects reflétant les nouvelles réalités géopolitiques et économiques historiques peuvent être pris en compte, même à contrecœur, sans porter préjudice aux intérêts clés des États-Unis. En effet, évaluer calmement qu'un affrontement direct avec la Chine ne vaut pas la peine et trouver où les limites devraient être tracées afin que la Chine elle-même réalise qu'aller au-delà s'avérerait contre-productif pour ses propres intérêts et/ou au-delà de ses moyens d'affirmation. L'objectif ultime, mais pas à n'importe quel prix, devrait être une Chine qui soit un partenaire constructif et majeur dans les affaires mondiales.

Il s'ensuit qu'en cherchant à augmenter la probabilité que la Chine devienne un partenaire mondial majeur, l'Amérique devrait accepter tacitement la réalité de la prééminence géopolitique de la Chine sur le continent asiatique, ainsi que l'émergence continue de la Chine en tant que puissance économique asiatique prédominante. Mais les perspectives d'un partenariat global américano-chinois seront en fait améliorées si l'Amérique conserve dans le même temps une présence géopolitique propre en Extrême-Orient, basée sur ses liens continus avec le Japon, la Corée du Sud, les Philippines, Singapour et l'Indonésie – et ce, que la Chine l'approuve ou non. Une telle présence encouragerait en général les voisins asiatiques de la Chine (y compris ceux qui ne sont pas explicitement mentionnés) pour profiter de l'implication de l'Amérique dans les structures financières et économiques de l'Asie – ainsi que de la présence géopolitique de l'Amérique – pour poursuivre pacifiquement mais avec une plus grande autonomie leur propre indépendance et leurs propres intérêts dans l'ombre d'une Chine puissante.

Le Japon est un allié crucial pour les États-Unis dans leur effort pour développer un partenariat américano-chinois stable. Ses liens avec l'Amérique soulignent le fait que l'Amérique est une puissance océanique du Pacifique, tout comme les liens de l'Amérique avec la Grande-Bretagne confirment la réalité de l'Amérique étant également une puissance de l'océan Atlantique. Ces deux ensembles de liens rendent possible les partenariats variables de l'Amérique avec l'Europe et la Chine respectivement. La réconciliation progressive et croissante entre la Chine et le Japon est, dans le contexte ci-dessus, également d'un intérêt majeur pour les États-Unis. La présence américaine au Japon, et en particulier les liens de sécurité entre les deux pays, devraient faciliter cette réconciliation. Ce serait particulièrement le cas si elle était recherchée dans le cadre d'un effort sérieux de l'Amérique et de la Chine pour approfondir et élargir la portée de leur propre coopération bilatérale.

Dans le même temps, un Japon plus actif sur le plan international et plus compétent sur le plan militaire serait également un contributeur plus positif à la stabilité mondiale. Certains Japonais éminents ont même insisté pour que le Japon rejoigne le partenariat Transpacifique naissant (TPP), favorisé par les États-Unis, qui vise au libre-échange entre les États situés au bord de l'océan Pacifique (et dénoncé par les experts chinois comme un complot contre la communauté est-asiatique). Le Japon n'aurait toujours pas le pouvoir de menacer la Chine, mais il pourrait contribuer davantage à l'imposition de la paix internationale et, de manière générale, agir davantage en fonction de son statut économique. Les problèmes entre le Japon et la Chine concernant les îles potentiellement riches en pétrole revendiquées par les deux pays pourraient alors être résolus plus facilement en suivant les procédures établies de médiation et d'arbitrage international.

La Corée du Sud, tant qu'elle reste potentiellement menacée et que la péninsule est divisée, n'a d'autre choix que de dépendre de la sécurité de l'Amérique dont l'efficacité dépend à son tour de la présence continue des États-Unis au Japon. En dépit de relations commerciales étendues, l'inimitié historique entre la Corée et le Japon a jusqu'à présent empêché toute coopération militaire étroite, même si elle est dans l'intérêt évident des deux pays en matière de sécurité. Plus la Corée du Sud est en sécurité, moins il est probable qu'il y ait une attaque inattendue de la part du Nord. En fin de compte, la question d'une réunification pacifique peut devenir opportune, et à ce moment-là, le rôle de la Chine peut être crucial pour faciliter peut-être un rapprochement par étapes. Si cela devait arriver, les Sud-Coréens pourraient décider de réévaluer dans quelle mesure une certaine réduction de leurs liens de sécurité avec les États-Unis et surtout avec le Japon pourrait devenir acceptable comme compromis pour la réunion nationale assistée par les Chinois.

Des liens politiques et commerciaux plus étroits entre les États-Unis et l'Indonésie, Singapour, la Malaisie et le Vietnam, ainsi que le maintien des liens historiques entre les États-Unis et les Philippines, amélioreraient également les perspectives de soutien asiatique à une participation directe des États-Unis à l'architecture croissante de la coopération régionale entre États. Les intérêts de chacun de ces États dans une telle relation avec les États-Unis auraient également pour effet de faire mieux comprendre aux Chinois que la stratégie américaine dans l'Océan Pacifique n'est pas destinée à contenir la Chine, mais plutôt à l'engager dans un réseau plus vaste de relations de coopération qui, indirectement, contribuera également à façonner le partenariat mondial bilatéral États-Unis-Chine.

Dans ce contexte plus large de coopération économique et politique, trois questions sensibles entre les États-Unis et la Chine devront être résolues pacifiquement, la première d'entre elles probablement dans un avenir proche, la seconde au cours des prochaines années, et la troisième d'ici une dizaine d'années, en supposant un développement constructif continu des relations bilatérales américano-chinoises dans le cadre plus large de la coopération régionale asiatique.

La première de ces questions sensibles concerne les opérations de reconnaissance américaines sur les bords des eaux territoriales chinoises (à six miles de la côte) ainsi que les patrouilles navales américaines périodiques dans les eaux internationales qui font également partie de la zone économique chinoise. Ces activités sont naturellement provocatrices pour les Chinois, et il ne fait guère de doute que le public américain serait excité si la Chine leur rendait la pareille. En outre, la reconnaissance aérienne présente de sérieux risques de collisions involontaires, puisque les Chinois répondent généralement à une telle reconnaissance aérienne américaine en envoyant leurs avions pour une inspection rapprochée et peut-être même pour du harcèlement.

Il serait possible de trouver un compromis en abordant de manière plus systématique la deuxième question, de plus en plus controversée, à savoir la relation entre le renforcement des capacités militaires des deux États. Le budget de la défense américaine et l'ampleur du programme d'armement américain sont infiniment plus importants, en partie parce que l'Amérique est actuellement engagée dans une guerre et en partie en raison de ses engagements mondiaux. À ce stade, la réponse de la Chine est principalement régionale, mais elle affecte directement les préoccupations américaines en matière de sécurité ainsi que les engagements de l'Amérique envers ses alliés asiatiques. Un effort systématique des deux États pour parvenir à une sorte d'accord sur des plans militaires à plus long terme et des mesures de réassurance réciproque est donc certainement un élément nécessaire de tout partenariat américano-chinois à plus long terme ainsi qu'une source de réconfort pour le Japon et la Corée du Sud. L'absence d'un tel accord deviendra presque inévitablement un obstacle insurmontable, qui non seulement sapera progressivement la coopération existante, mais pourrait aussi engendrer une grave course aux armements.

Le troisième problème géopolitique à long terme est finalement le plus difficile, mais sa résolution pourrait être facilitée par des progrès en ce qui concerne les deux précités. Il concerne le statut futur de Taïwan. Les États-Unis ne reconnaissent plus Taïwan comme un État souverain et reconnaissent le point de vue chinois selon lequel la Chine et Taïwan font partie d'une seule nation. Un arrangement à long terme entre les États-Unis et la Chine devra un jour tenir compte du fait qu'un Taïwan séparé ne peut être protégé par des ventes d'armes américaines sans provoquer l'inimitié de la Chine, et qu'une résolution de type chinois s'inspirant de la formule de longue date de Deng Xiaoping, "une Chine, deux systèmes", fournit une formule élastique pour la réunification, mais aussi pour des accords politiques, sociaux et même militaires distincts. (D'où l'appellation redéfinie, qui devrait être "une Chine, plusieurs systèmes").

La formule "une Chine, deux systèmes", dans sa forme la plus étroite, a été testée à Hong Kong depuis l'extension de la souveraineté chinoise à cette ancienne colonie britannique. Son autonomie interne, y compris la démocratie, s'est avérée viable même si l'APL (l'armée chinoise) y a été déployée. Et étant donné le statut croissant de la Chine, il est douteux que Taiwan puisse rejeter indéfiniment son inclusion dans la Chine sur la base d'une interprétation plus flexible de la formule "une Chine, plusieurs systèmes", n'incluant donc pas une présence de l'APL sur l'île. De toute évidence, la volonté de la Chine et de l'Amérique de parvenir à un compromis sur cette question politiquement et moralement sensible dépendra de la nature des relations globales entre les deux pays. La résolution des deux questions éliminerait les sources les plus probables d'hostilité géopolitique à court terme. À plus long terme, le fait de ne pas régler la troisième pourrait entraîner une rupture véritablement grave de la relation, d'autant plus que les États-Unis ont déjà concédé, sous la présidence de Nixon, leur acceptation du principe partagé par la Chine et Taïwan selon lequel il n'y a qu'une seule Chine.

En fin de compte, comme nous l'avons déjà indiqué, beaucoup dépendra également de la situation intérieure des deux pays. Une Amérique qui renouvelle ses infrastructures, qui redynamise son innovation technologique, qui retrouve son sens de l'optimisme historique et qui surmonte son blocage politique paralysant sera une Amérique qui peut davantage s'adapter et faire face à la montée en puissance de la Chine. Une telle Amérique aura probablement une vision plus claire et moins manichéenne du monde, et sera donc mieux à même d'affronter un monde dans lequel sa prééminence politique doit être partagée dans une certaine mesure.

De même, beaucoup dépend de la façon dont la Chine continue d'évoluer. Ses deux cents dernières années ont été turbulentes et perturbatrices. Sa stabilité et ses progrès actuels n'ont que trente ans. Son dix-neuvième siècle a été marqué par des perturbations, des décadences et de violentes interventions militaires étrangères menant à d'humiliantes "concessions". Son vingtième siècle a été marqué par des luttes presque continues dans le contexte de l'éveil national. Sun Yat-sen et plus tard Chiang Kai-Shek ont été les équivalents chinois ratés de l'Atatürk turc qui a réussi. Mao Zedong était l'équivalent autodestructeur du Staline russe, tout aussi brutal. Seul Deng Xiaoping a accompli ce que Gorbatchev n'avait pas réussi à faire en Union Soviétique : mettre la Chine sur la voie d'une transformation intérieure si réussie en exploitant simultanément les aspirations personnelles du peuple chinois et les ambitions nationales qu'elles suscitaient.

En supposant un succès intérieur continu, il est peu probable que la Chine connaisse dans un avenir relativement proche – disons d'ici 2030 – ce que beaucoup d'Occidentaux espèrent : l'émergence d'une démocratie constitutionnelle de type américano-européen basée sur la classe moyenne. (Notez qu'il a fallu à Taïwan environ soixante ans pour évoluer – avec l'encouragement sympathique américain – de l'autoritarisme à la démocratie constitutionnelle). Le maintien de l'unité nationale dans le contexte de la modernité – accès accru au monde extérieur, élargissement des interactions via Internet et niveau de vie croissant mais inégal – est donc plus susceptible d'impliquer deux alternatives de base, mais sans que l'une ou l'autre ne soit une imitation d'une démocratie pluraliste de type occidental multipartite. La plus dangereuse a déjà été évoquée : une Chine modernisée, affirmée, impatiente, triomphaliste et agressivement nationaliste, dans laquelle l'APL est la source de l'autorité et de l'action. Une telle Chine mettrait en danger non seulement le monde extérieur, mais aussi elle-même.

Une alternative moins troublante sur le plan international à une Chine nationaliste motivée par le chauvinisme de style européen du XXe siècle pourrait être l'émergence de ce que l'on pourrait appeler une Chine confucéenne aux caractéristiques modernes. La culture politique de la Chine a des racines profondes, et elle est imprégnée de ses propres conceptions philosophiques de la vie, de la hiérarchie et de l'autorité. La notion d'"harmonie" intérieure, dans laquelle l'unité affirmée par un cadre autoritaire est censée découler d'un consensus philosophique généralisé, dans lequel le leadership émerge par une sélection méritocratique mais non par une contestation politique ouverte, et dans laquelle la politique est dérivée des "faits" mais n'est pas dogmatisée est profondément ancrée dans le long passé de la Chine. Il est intéressant de noter que Deng Xiaoping a cité à plusieurs reprises l'expression "chercher la vérité dans les faits", faisant ainsi écho à Confucius.

Les dirigeants chinois sont également profondément conscients du "fait" que le grand nombre de citoyens de plus en plus âgés imposera de plus grandes contraintes à la cohésion sociale, menaçant ainsi la notion confucéenne d'"harmonie". (Cet auteur a un jour demandé au président Jiang Zemin quel était son principal problème intérieur, et il a immédiatement répondu par trois mots seulement : "Trop de

Chinois"). Les officiels Chinois ont également reconnu publiquement les risques croissants inhérents aux disparités sociales de plus en plus évidentes de leur pays et à la réalité persistante de centaines de millions de Chinois qui ne sont toujours pas bénéficiaires de la transformation en cours de la Chine. Cela aussi rend aussi important de faire face à ces risques internes pour l'"harmonie" interne que de projeter une doctrine universelle.

En tout cas, la notion d'harmonie est le message que la Chine tente de plus en plus et délibérément de faire passer au monde entier à propos d'elle-même. Dirigée par un fiefdom qui se fait appeler le Parti communiste, la Chine, dans son rayonnement mondial, ne s'identifie pas à la lutte des classes ni à une éventuelle révolution mondiale (sur le mode soviétique) mais se rattache davantage à son passé confucéen et à ses racines bouddhistes. Il est symptomatique de constater que le principal vecteur du dialogue international sur la Chine est constitué par les centaines d'instituts de Confucius qui sont en cours de création dans le monde entier, sur le modèle de l'Alliance française et des British Councils du Royaume-Uni. En plus de faire connaître aux étrangers les enseignements de Confucius, l'héritage bouddhiste de la Chine (partagé avec ses voisins) est désormais également reconnu publiquement. Ce message, d'un point de vue pratique, n'offre pas beaucoup d'indications sur les intentions et la stratégie globale de la Chine. Mais l'accent qu'il met sur la "montée pacifique" et l'harmonie mondiale permet au moins un dialogue et l'intégration complète de la Chine dans le système international.

Dans ce contexte et à plus long terme, il est douteux que la Chine puisse se rendre durablement imperméable aux pressions d'une économie de plus en plus interdépendante et interconnectée dont elle ne pourrait peut-être s'isoler qu'à grands frais. Les conséquences cumulatives de l'émergence d'une classe moyenne consciente de l'importance de la dimension internationale, les innombrables Chinois qui auront étudié à l'étranger, l'attrait inévitablement croissant de millions d'étudiants universitaires pour la démocratie en tant que mode de vie et expression de leur dignité personnelle, l'incapacité pure et simple, à l'ère des communications interactives, d'une élite politique déterminée à imposer à la société un isolement idéologique hermétique, tout cela plaide en faveur de la proposition selon laquelle une Chine finalement moderne et plus prospère sera elle aussi plus encline à rejoindre le courant démocratique.

Le fait que d'ici 2050, la Chine sera une société d'âge relativement moyen, un peu comme le Japon d'aujourd'hui – actuellement, 22% de la population de ce dernier est âgée de soixante ans ou plus, les projections indiquant que d'ici le milieu du siècle, ce sera le cas de 25% de la population chinoise – justifie également l'hypothèse qu'un tel changement ne se produira peut-être pas aussi brusquement que dans le cas des sociétés dont la jeunesse démographique est potentiellement explosive. En effet, l'évolution démographique d'une Chine d'âge moyen et de classe moyenne est susceptible de faciliter une adoption plus évolutive du pluralisme politique comme progression normale vers une culture politique plus compatible avec les traditions de la Chine.

Dans ce contexte historique en évolution, le rôle géopolitique de l'Amérique dans le nouvel Orient devra être fondamentalement différent de son implication directe dans le renouveau de l'Occident. Là, l'Amérique est la source essentielle du stimulus nécessaire à la rénovation géopolitique et même à l'extension territoriale. En Asie, une Amérique engagée dans des structures multilatérales, soutenant prudemment le développement de l'Inde, solidement liée au Japon et à la Corée du Sud et développant patiemment la coopération bilatérale et mondiale avec la Chine est la meilleure source du levier d'équilibre nécessaire au maintien de la stabilité dans le nouvel Orient en pleine expansion.

# Conclusion

## LE DOUBLE RÔLE DE L'AMÉRIQUE

PENDANT LA PREMIÈRE MOITIÉ DU PREMIER MILLÉNAIRE – il y a plus de 1500 ans – la politique des parties relativement civilisées de l'Europe était largement dominée par la coexistence des deux moitiés distinctes, occidentale et orientale, de l'Empire romain. L'empire occidental, dont la capitale se trouvait la plupart du temps à Rome, était assailli par les barbares en maraude. Avec ses troupes stationnées en permanence à l'étranger dans de vastes et coûteuses fortifications, la Rome politiquement débordée a failli s'effondrer au milieu du cinquième siècle. Simultanément, les divisions entre chrétiens et païens ont sapé sa cohésion sociale ; les lourdes taxes et la corruption ont paralysé sa vitalité économique. En 476, avec la chute de Romulus Augustus aux mains des barbares, l'Empire romain d'Occident, alors moribond, s'est effondré. Au cours de la même période, l'Empire romain d'Orient – bientôt connu sous le nom de Byzance – a fait preuve de plus de dynamisme dans son urbanisation et sa croissance économique tout en s'avérant plus efficace dans ses politiques diplomatiques et sécuritaire. Après la chute de Rome, Byzance a continué à prospérer pendant des siècles. Elle a reconquis des parties de l'ancien empire occidental et a vécu – bien que traversant de nombreux conflits – jusqu'à l'émergence des Turcs ottomans au quinzième siècle.

L'importance de ce détournement historique contraste avec la dynamique du monde au XXIe siècle. Les terribles souffrances de Rome au milieu du cinquième siècle n'ont pas endommagé les perspectives plus optimistes de Byzance, car à cette époque, le monde était cloisonné en segments distincts politiquement, géographiquement et économiquement isolés les uns des autres. Le sort de l'un n'a pas affecté directement et immédiatement les perspectives de l'autre. Aujourd'hui, la distance étant rendue insignifiante par les communications rapides et les transactions financières instantanées, le bien-être des régions du monde les plus avancées sur le plan économique et militaire devient de plus en plus interdépendant. À notre époque, contrairement à il y a 1500 ans, la relation organique entre l'Occident et l'Orient peut être soit réciproquement coopérative, soit mutuellement préjudiciable.

Ainsi, le défi central de l'Amérique et sa mission géopolitiquement impérative au cours des prochaines décennies est de se revitaliser et de promouvoir un Occident plus grand et plus vital tout en renforçant simultanément un équilibre complexe à l'Est, de manière à s'adapter de manière constructive à la montée en puissance de la Chine et à éviter le chaos mondial. Sans un équilibre géopolitique stable en Eurasie, promu par une Amérique renouvelée, les progrès sur les questions d'importance centrale pour le bien-être social et, en fin de compte, pour la survie de l'humanité, seraient bloqués. L'échec de l'Amérique à poursuivre une vision géopolitique transcontinentale ambitieuse accélérerait probablement le déclin de l'Occident et provoquerait une plus grande instabilité à l'Est. En Asie, les rivalités nationales, principalement entre la Chine, l'Inde et le Japon, contribueraient à accroître les tensions régionales tout en intensifiant à terme l'hostilité latente entre la Chine et l'Amérique, au détriment des deux.

Par ailleurs, un effort américain réussi pour élargir l'Occident, en en faisant la zone la plus stable et aussi la plus démocratique du monde, chercherait à combiner puissance et principe. Un Occident coopératif élargi, s'étendant de l'Amérique du Nord à l'Eurasie en passant par l'Europe et englobant la Russie ainsi que la Turquie, atteindrait géographiquement le Japon, le premier État asiatique ayant embrassé la démocratie avec succès, ainsi que la Corée du Sud. Cette plus grande portée renforcerait l'attrait de ses principes fondamentaux pour d'autres cultures, et encouragerait ainsi l'émergence progressive, dans les décennies à venir, de diverses formes d'un système politique démocratique universel.

Dans le même temps, l'Amérique devrait continuer à s'engager de manière coopérative avec l'Orient énergétiquement et financièrement influent mais aussi potentiellement conflictuel. Si l'Amérique et la

Chine peuvent s'entendre sur un large éventail de questions, les perspectives de stabilité en Asie s'en trouveront grandement améliorées. Cela sera probablement le cas, surtout si les États-Unis peuvent en même temps encourager une véritable réconciliation entre le Japon – leur principal allié de l'Océan Pacifique – et la Chine, ainsi qu'atténuer la rivalité croissante entre la Chine et l'Inde. Ces objectifs concurrents sont importants car il ne faut pas perdre de vue que l'Asie est bien plus que la Chine. La politique américaine à l'Est doit tenir compte du fait que la recherche d'un équilibre asiatique stable ne peut être à la Chine à travers un partenariat spécial avec Pékin, aussi souhaitable soit-il.

Par conséquent, pour réagir efficacement dans les parties occidentale et orientale de l'Eurasie, l'Amérique doit adopter un double rôle. Elle doit être le *promoteur* et le *garant d'*une unité plus grande et plus large à l'Ouest, et elle doit être l'*équilibreur* et le *conciliateur* entre les grandes puissances à l'Est. Ces deux rôles sont essentiels et chacun doit renforcer l'autre. Mais pour avoir la crédibilité et la capacité de poursuivre ces deux objectifs avec succès, l'Amérique doit montrer au monde qu'elle a la volonté de se rénover chez elle. En laissant de côté la présomption statistique de plus en plus douteuse selon laquelle les taux de croissance nationaux actuels se maintiendront indéfiniment pendant des décennies, les Américains doivent mettre davantage l'accent sur d'autres dimensions de la puissance nationale telles que l'innovation, l'éducation, la capacité à équilibrer intelligemment la force et la diplomatie, la qualité du leadership politique et l'attrait d'un mode de vie démocratique.

Pour que l'Amérique réussisse en tant que promoteur et garant d'un Occident renouvelé, il sera essentiel de nouer des liens étroits entre les États-Unis et l'Europe, de maintenir l'engagement américain envers l'OTAN et de gérer prudemment un processus progressif américano-européen visant à intégrer, peut-être de différentes manières, la Turquie et une Russie véritablement démocratique à l'Occident. Les États-Unis doivent encourager l'approfondissement l'unification de l'Union européenne et garantir sa pertinence géopolitique, en restant actifs dans la sécurité européenne, tout en poussant l'Europe à accroître sa propre activité politique et militaire. L'étroite coopération entre la Grande-Bretagne, la France et l'Allemagne – l'alignement politique, économique et militaire central de l'Europe – doit se poursuivre et s'élargir. En outre, les consultations germano-franco-polonaises concernant la politique orientale de l'Europe – essentielles pour l'adaptation et l'expansion de l'UE à l'Est – doivent à la fois se renforcer et s'étendre. L'Amérique est la source essentielle de l'impulsion historique de ce projet, car sans sa présence active, la nouvelle et encore fragile unité européenne pourrait se fragmenter.

En engageant stratégiquement la Russie tout en sauvegardant l'unité occidentale, le "triangle de Weimar" franco-germano-polonais peut jouer un rôle constructif pour faire avancer et consolider la réconciliation en cours mais encore fragile entre la Pologne et la Russie. Le soutien franco-allemand à cette réconciliation renforcerait le sentiment de sécurité de la Pologne et rassurerait la Russie sur le fait que le processus a une dimension européenne plus large. Ce n'est qu'alors que la réconciliation russo-polonaise, si souhaitable, pourrait devenir véritablement globale, comme l'est déjà la réconciliation germano-polonaise, et les deux réconciliations contribueraient alors à une plus grande stabilité en Europe. Mais pour que la réconciliation polono-russe soit productive et durable, elle doit passer du niveau gouvernemental au niveau social, par le biais de contacts interpersonnels étendus et de nombreuses initiatives éducatives communes. Les accommodements opportuns des gouvernements, qui ne sont pas fondés sur des changements fondamentaux des attitudes populaires, ne dureront pas. En 1939, le régime nazi d'Hitler en Allemagne et le régime de Staline en Russie soviétique ont fait de tels accommodements, mais deux ans plus tard, ils étaient en guerre.

En revanche, l'amitié franco-allemande de l'après-guerre, bien qu'initiée au plus haut niveau (le général de Gaulle et le chancelier Adenauer jouant tous deux un rôle historique), a également été promue avec succès sur le plan social et culturel. Même les récits nationaux français et allemands respectifs sont devenus fondamentalement compatibles, fournissant une base solide pour des relations de bon voisinage authentiques – et donc une ferme fondation pour une alliance pacifique. Le même processus doit être exactement répétée dans le cas polono-russe, et une fois qu'il aura pris de l'ampleur, il produira ses propres effets positifs sur le plan international. En outre, la Pologne pourrait alors jouer un rôle essentiel non seulement en ouvrant les portes de l'Europe à la Russie, mais aussi en encourageant l'Ukraine et le Belarus à aller de l'avant dans la même direction par leurs propres moyens, ce qui accroîtrait les intérêts de la Russie à faire de même. Le processus historique souhaitable d'élargissement de l'Occident doit donc être guidé stratégiquement et solidement ancré. Il doit être soutenu par une alliance atlantique plus large au sein de laquelle la Pologne s'associe véritablement à une Allemagne qui, à son tour, est étroitement liée par amitié à la France.

Ce qui précède exigera de l'Amérique et de l'Europe de la persévérance et un examen stratégique. Et la Russie elle-même devra évoluer afin de satisfaire aux normes de l'UE. Mais à long terme, la Russie ne voudra pas être laissée pour compte, surtout si la Turquie et l'UE progressent dans la résolution des obstacles actuels. En outre, une partie significative de l'opinion publique russe est en avance sur son gouvernement en ce qui concerne l'adhésion à l'UE. Un sondage réalisé en Russie début 2011 par Deutsche Welle, le service allemand de radiodiffusion internationale, a indiqué que 23% des Russes estiment que la Russie devrait devenir membre de l'UE au cours des deux prochaines années, 16% dans deux à cinq ans, 9% dans cinq à dix ans, 6% beaucoup plus longtemps, tandis que 28% n'étaient pas sûrs et que seulement 18% étaient purement contre. Mais s'ils sont favorables à l'adhésion à l'UE, le public russe n'est généralement pas conscient du caractère exigeant des critères de qualification pour l'adhésion à l'UE. Au mieux, comme c'est déjà le cas pour la Turquie, le processus d'admission est susceptible d'avancer, puis de s'enliser et de faire un nouveau bond en avant, probablement par étapes et peut-être grâce à des dispositions transitoires. À l'heure actuelle, cependant, il serait prématuré de tenter de dessiner un schéma détaillé de l'architecture politique exacte d'un Occident finalement élargi.

Cependant, si l'Amérique ne favorise pas l'émergence d'un Occident unifié plus important, des conséquences désastreuses pourraient s'ensuivre. Les ressentiments historiques européens pourraient se réveiller, de nouveaux conflits d'intérêt pourraient voir le jour et des partenariats compétitifs à courte vue pourraient prendre forme. La Russie pourrait exploiter de manière discordante ses ressources énergétiques et, enhardis par la désunion occidentale, chercher à absorber rapidement l'Ukraine, réveillant ses propres ambitions impériales et contribuant à un plus grand désordre international. L'Europe étant passive, les différents États européens, à la recherche de plus grandes opportunités commerciales, pourraient alors chercher un compromis avec la Russie. On peut envisager un scénario dans lequel une relation spéciale se développe entre la Russie et l'Allemagne ou l'Italie en raison d'intérêts économiques propres. Le Royaume-Uni se rapprocherait alors des États-Unis dans une réaction négative à une union qui s'effrite et qui est politiquement litigieuse. La France et la Grande-Bretagne se rapprocheraient également tout en considérant l'Allemagne comme une menace, la Pologne et les États baltes plaidant désespérément pour des garanties de sécurité supplémentaires de la part des États-Unis. Le résultat ne serait pas un nouvel Occident plus vital, mais plutôt un Occident qui se fragmente progressivement et dont la vision s'amenuise.

De plus, un tel Occident désuni ne pourrait pas concurrencer efficacement la Chine pour imposer une pertinence systémique mondiale. Jusqu'à présent, la Chine n'a pas articulé un dogme idéologique qui prétend que ses récentes performances sont applicables au niveau mondial et les États-Unis ont pris soin de ne pas faire de l'idéologie le point central de leurs relations avec les pays clés, reconnaissant que des compromis sur d'autres questions sont parfois inévitables (comme par exemple, le contrôle des armes avec la Russie). Avec sagesse, les États-Unis et la Chine ont explicitement adopté le concept de "partenariat constructif" dans les affaires mondiales, et les États-Unis – tout en critiquant les violations des droits de l'homme par la Chine – ont pris soin de ne pas stigmatiser le système socio-économique chinois dans son ensemble. Mais même dans un tel contexte moins antagoniste, un Occident plus grand et renouvelé serait en bien meilleure position pour rivaliser pacifiquement – et sans ferveur idéologique – avec la Chine quant au système qui constitue un meilleur modèle pour le monde en développement dans ses efforts pour répondre aux aspirations de ses masses désormais politiquement réveillées.

Mais si une Amérique anxieuse et une Chine ultraconfiante devaient glisser vers une hostilité politique croissante, il est plus que probable que les deux pays s'affronteraient dans un conflit idéologique mutuellement destructeur. L'Amérique ferait valoir que le succès de la Chine est fondé sur la tyrannie et nuit au bien-être économique de l'Amérique. Les Chinois interpréteraient ce message américain comme une tentative de miner et peut-être même de fragmenter le système chinois. En même temps, la Chine se présenterait de plus en plus au monde comme un rejet de la suprématie occidentale, la reliant à l'ère de l'exploitation rapace des faibles par les forts, faisant appel idéologiquement à ceux du tiers monde qui souscrivent déjà à un récit historique très hostile à l'Occident en général et, depuis peu, à l'Amérique en particulier. Il s'ensuit que l'Amérique et la Chine, par intérêt personnel intelligent, seraient mieux servies par une retenue idéologique mutuelle. Tous deux devraient résister à la tentation d'universaliser les particularités de leurs systèmes socio-économiques respectifs et de se diaboliser mutuellement.

En ce qui concerne la question à plus long terme de la stabilité asiatique, les États-Unis doivent jouer le rôle d'équilibreur et de conciliateur. Ils devraient donc éviter toute implication militaire directe en Asie et chercher à concilier les animosités de longue date entre les principaux acteurs d'Extrême-Orient, notamment entre la Chine et le Japon. Dans le nouvel Orient, le principe cardinal qui doit guider la politique américaine doit être que les États-Unis ne s'engageront sur le continent asiatique en réponse à des actions hostiles que si elles sont dirigées contre des États dans lesquels les déploiements américains fondés sur des traités s'inscrivent dans le contexte international de longue date.

En substance, l'engagement de l'Amérique en Asie en tant qu'équilibreur de la stabilité régionale devrait reproduire le rôle joué par la Grande-Bretagne dans la politique intra-européenne au cours du XIXe et du début du XXe siècle. Les États-Unis peuvent et doivent être l'acteur clé pour aider l'Asie à éviter une lutte pour la domination régionale, en jouant le rôle de médiateur et en compensant les déséquilibres de pouvoir entre les rivaux potentiels. Ce faisant, ils devraient respecter le rôle historique et géopolitique particulier de la Chine dans le maintien de la stabilité en Extrême-Orient. Engager avec la Chine un dialogue sérieux sur la stabilité régionale contribuerait non seulement à réduire la possibilité d'un conflit américano-chinois, mais aussi à diminuer la probabilité d'une erreur de calcul entre la Chine et le Japon, ou la Chine et l'Inde, et même à un moment donné entre la Chine et la Russie sur la question des ressources et le statut des États d'Asie centrale. Ainsi, l'engagement équilibré de l'Amérique en Asie est finalement dans l'intérêt de la Chine également.

Dans le même temps, les États-Unis doivent reconnaître que la stabilité en Asie ne peut plus être imposée par une puissance non asiatique, surtout après la guerre de Corée qui n'a pas abouti, l'échec de la guerre du Vietnam, l'attaque non provoquée contre l'Irak en 2003 et la prolongation de la guerre en Afghanistan, par l'application directe de la puissance militaire américaine. En effet, les efforts des États-Unis pour renforcer la stabilité asiatique pourraient s'avérer contre-productifs – les États-Unis se lançant dans une répétition coûteuse de leurs récentes guerres – et même aboutir à une répétition de ce qui s'est passé en Europe au cours du XXe siècle. Si l'Amérique s'engageait activement dans la formation d'une alliance anti-chinoise avec l'Inde (et peut-être avec certains autres États du continent) ou dans la promotion d'une militarisation anti-chinoise du Japon, elle pourrait générer un dangereux ressentiment mutuel. L'équilibre géopolitique de l'Asie du XXe siècle doit reposer davantage sur une approche régionale autonome et constructive des relations entre États et moins sur des alliances militaires avec des puissances non asiatiques qui divisent la région.

En conséquence, le principe directeur de la politique américaine d'équilibre et de conciliation à l'Est doit être l'idée que, hormis ses obligations envers le Japon et la Corée, l'Amérique ne doit pas se laisser entraîner dans une guerre entre les puissances asiatiques sur le continent. La réalité est que si de telles guerres seraient débilitantes pour les protagonistes, les intérêts vitaux américains ne seraient pas menacés par elles. Mais en ce qui concerne le Japon et la Corée, les États-Unis sont retranchés dans ces deux pays depuis plus de cinquante ans à la suite de la Seconde Guerre mondiale. L'indépendance et l'autonomie de ces pays seraient brisées – tout comme le rôle de l'Amérique dans le Pacifique – si des doutes surgissaient quant à la durabilité des engagements américains de longue date fondés sur des traités. En outre, le Japon est une île offshore et, à cet égard, ses relations avec l'Amérique – principal allié de l'Amérique en Extrême-Orient – rappellent quelque peu les liens de l'Amérique avec la Grande-Bretagne, en particulier pendant la Seconde Guerre mondiale et les années incertaines de la guerre froide. La Corée du Sud, actuellement divisée, est une extension de cette relation et les États-Unis mettraient en danger leurs propres intérêts à long terme en Extrême-Orient si le sérieux de leur engagement dans la défense de ces deux pays devenait peu fiable. Cependant, l'Amérique peut jouer un rôle constructif en encourageant la retenue entre les principaux acteurs – et donc éviter le coût d'une guerre pour protéger le Japon ou la Corée – par un soutien politique, diplomatique et économique actif à un équilibre régional des pouvoirs. Cela permettrait à la fois d'améliorer l'influence politique américaine et de contribuer à une plus grande stabilité en Asie.

Le rôle de l'Amérique en tant que conciliateur à l'Est sera particulièrement critique, notamment en ce qui concerne les relations entre le Japon et la Chine. Les relations américano-japonaises, et à travers elles la promotion d'une réconciliation sino-japonaise, devraient être le tremplin d'un effort concerté pour développer un triangle de coopération américano-japonais-chinois. Un tel triangle fournirait la structure nécessaire pour traiter de manière constructive les préoccupations stratégiques résultant de la présence régionale accrue de la Chine. De même que la stabilité en Europe n'aurait pas pu se développer sans l'élargissement progressif de la réconciliation franco-allemande à la réconciliation germano-polonaise, qui a à son tour facilité l'émergence d'une coordination tacite germano-franco-polonaise en matière de sécurité, l'encouragement délibéré d'un approfondissement des relations sino-japonaises – notamment aussi sur le plan social et culturel – peut également être le point de départ d'une plus grande stabilité en Extrême-Orient.

Dans le cadre de cette relation triangulaire, la réconciliation sino-japonaise contribuerait à renforcer et à consolider une coopération américano-chinoise plus complète. Les Chinois savent que l'engagement de l'Amérique envers le Japon est ferme, que le lien entre les deux est profond et authentique, et que la sécurité du Japon dépend directement de l'Amérique. Et les Japonais savent qu'un conflit avec la Chine serait réciproquement destructeur et donc que l'engagement américain avec la Chine est indirectement une contribution à la sécurité et au bien-être du Japon. Compte tenu de cette dynamique, la Chine ne considérerait pas le soutien américain à la sécurité du Japon comme une menace, et le Japon ne considérerait pas non plus la poursuite d'un partenariat américano-chinois plus étroit et globalement plus étendu, à la limite d'un arrangement géopolitique très informel du G-2, comme une menace pour ses propres intérêts. L'approfondissement de la relation triangulaire pourrait également atténuer les préoccupations du Japon concernant l'éventuelle élévation du renminbi au rang de troisième monnaie mondiale, ce qui consoliderait davantage l'intérêt de la Chine dans le système international existant et atténuerait ainsi les inquiétudes des Américains quant au rôle futur de la Chine.

En bref, un rôle actif des États-Unis en Asie est essentiel non seulement pour promouvoir la stabilité dans la région mais, plus encore, pour créer des circonstances dans lesquelles les relations américano-chinoises évoluent pacifiquement et en coopération, et finissent par se transformer en un vaste partenariat politique et économique mondial. En effet, la relation entre l'Amérique et la Chine pourrait bien devenir le creuset de la capacité du continent eurasien le plus peuplé et le plus dynamique économiquement du monde à conjuguer succès intérieur et stabilité régionale.

Historiquement, l'Amérique a montré qu'elle se montre à la hauteur lorsqu'elle est mise au défi. Mais le monde du vingt-et-unième siècle présente des défis bien différents de ceux du passé. Le monde est maintenant presque partout réveillé politiquement, avec des millions de personnes qui s'agitent sans cesse à la recherche d'un avenir meilleur. Il connaît également la dispersion du pouvoir mondial – avec plusieurs nouveaux aspirants qui se développent rapidement à l'Est. Par conséquent, le monde d'aujourd'hui est beaucoup moins susceptible d'être dominé par une seule puissance, même par une puissance aussi puissante militairement et politiquement influente que les États-Unis. Mais, puisque l'Amérique n'est pas encore Rome et que la Chine n'est pas encore son Byzance, un ordre mondial stable dépend en fin de compte de la capacité de l'Amérique à se renouveler et à agir avec sagesse en tant que *promoteur et garant d'*un Occident revitalisé et en tant qu'*équilibreur et conciliateur* d'un nouvel Orient naissant.

# Postface

## APPLIQUER UNE VISION STRATÉGIQUE À CERTAINS DILEMMES ACTUELS ÉMERGENTS

DEPUIS LA PARUTION DE CE LIVRE, trois questions sont devenues de plus en plus importantes, urgentes et peut-être même dangereuses. La première concerne les tensions croissantes au Moyen-Orient, où la stabilité est menacée par une confluence d'événements en Iran, en Israël et en Syrie, et où la menace d'une guerre est particulièrement importante entre Israël et l'Iran. La seconde concerne l'avenir de la stabilité à long terme en Asie, et en particulier le rôle à cet égard des relations entre les États-Unis et la Chine. L'enjeu final contient la possibilité croissante de ce qui est en fait des guerres invisibles, menées par des cyber-attaques, des attaques de drones et des réseaux terroristes transnationaux de sources inconnues. La manière dont l'Amérique gérera ces défis spécifiques sera déterminante pour ses perspectives globales au-delà de 2020 et jusqu'en 2050.[27]

---

[27] Les opinions exprimées ici sont apparues initialement dans trois de mes éditoriaux : "The 'Stupidest' War? Iran Should Be Key Topic at Hearings", *Washington Post* (1/3/2013) ; "Giants, but Not Hegemons", *New York Times/International Herald Tribune* (2/13/2013) ; et "The Cyber Age Demands New Rules of War", *Financial Times* (2/24/2013). Ils ont été modifiés pour être inclus dans le présent essai.

## Sur l'Iran

Déterminer comment faire face au programme nucléaire iranien est peut-être le défi le plus immédiat auquel sont confrontés les États-Unis. Une frappe offensive sur l'Iran, comme certains le souhaitent, serait une erreur colossale. Il est donc essentiel que la question de la guerre ou de la paix avec l'Iran soit totalement évacuée, en gardant à l'esprit l'intérêt national des États-Unis. Bien que le président ait habilement évité un engagement militaire à une certaine date, l'absence d'un accord négocié avec l'Iran concernant son respect du traité de non-prolifération nucléaire intensifiera inévitablement une certaine clameur étrangère et extrémiste nationale pour une action militaire américaine, seule ou en coordination avec Israël.

En conséquence, les cinq implications potentielles pour les États-Unis d'une guerre autogénérée méritent d'être examinées de près :

> ➢ Quelle est l'efficacité probable des frappes militaires américaines contre les installations nucléaires iraniennes, avec des conséquences de quelle durée et à quel coût humain pour le peuple iranien ?

> ➢ Quelles pourraient être les représailles de l'Iran contre les intérêts américains, et avec quelles conséquences pour la stabilité régionale ? Dans quelle mesure l'instabilité qui en résulterait pourrait-elle nuire aux économies européennes et asiatiques ?

> ➢ Une attaque américaine pourrait-elle être justifiée comme conforme aux normes internationales, et le Conseil de sécurité des Nations unies – en particulier la Chine et la Russie, étant donné leur droit de veto – serait-il susceptible de l'approuver ?

> ➢ Puisque l'on considère qu'Israël possède plus de 100 armes nucléaires, quelle est la crédibilité de l'argument selon lequel l'Iran pourrait attaquer Israël sans que le premier ne se dote lui-même d'un arsenal nucléaire significatif, y compris d'une capacité de seconde frappe lui permettant de survivre – des perspectives qui ne se réaliseront pas avant plusieurs années ?

➤ Un autre engagement stratégique des États-Unis pourrait-il constituer un arrangement plus durable et moins téméraire pour neutraliser la menace nucléaire iranienne potentielle qu'un déclenchement unilatéral de la guerre dans un cadre régional potentiellement explosif ?

Les meilleures estimations disponibles suggèrent qu'une grève américaine limitée n'aurait qu'un effet temporaire. Des attaques répétées seraient plus efficaces, mais le nombre de victimes civiles augmenterait en conséquence, et il y aurait des risques épouvantables de rejets de radiations. Le nationalisme iranien serait galvanisé par une haine prolongée des États-Unis, au bénéfice politique du régime au pouvoir.

L'Iran, en représailles, pourrait rendre la vie plus difficile aux forces américaines dans l'ouest de l'Afghanistan en activant un nouveau front de guérilla. Téhéran pourrait également précipiter une violence explosive en Irak, qui pourrait à son tour mettre toute la région en feu, le conflit s'étendant à travers la Syrie jusqu'au Liban et même à la Jordanie. Bien que la marine américaine devrait être en mesure de maintenir le détroit d'Ormuz ouvert, l'escalade des coûts d'assurance pour les flux pétroliers aurait des répercussions négatives sur les économies d'Europe et d'Asie. Les États-Unis seraient largement blâmés.

Compte tenu de la récente et déplorable performance des États-Unis aux Nations unies – où les États-Unis et Israël n'ont obtenu le soutien que de 7 États sur 188 à l'encontre de l'adhésion de la Palestine à l'ONU – on peut également prédire sans risque qu'une attaque américaine non sanctionnée contre l'Iran susciterait l'indignation du monde entier. L'Assemblée générale des Nations unies pourrait-elle alors condamner les États-Unis ? Il en résulterait un isolement international sans précédent pour une Amérique déjà profondément enracinée dans la tourmente prolongée de la région.

Le Congrès devrait également prendre note que nos amis du Moyen-Orient et d'Europe qui préconisent une action militaire américaine contre l'Iran sont généralement assez réticents à verser leur propre sang dans un nouveau conflit au Moyen-Orient. Pour aggraver les choses, le plus immédiat bénéficiaire d'un recours inconsidéré à la guerre serait la Russie de Vladimir Poutine, qui serait capable de faire payer à l'Europe son pétrole presque à volonté tout en ayant les coudées franches pour menacer la Géorgie et l'Azerbaïdjan et ainsi couper l'accès de l'Europe aux sources d'énergie de la Caspienne.

Il s'ensuit donc que l'échec d'une solution négociée satisfaisante avec l'Iran ne doit pas être considéré comme le déclencheur d'une nouvelle guerre provoquée par les États-Unis, qui ne sera probablement pas limitée à l'Iran. Une voie plus prudente et plus productive pour les États-Unis serait de poursuivre les sanctions douloureuses contre l'Iran tout en adoptant officiellement pour le Moyen-Orient la même politique qui, pendant des décennies, a réussi à protéger les alliés européens et asiatiques de l'Amérique contre les menaces beaucoup plus dangereuses émanant de la Russie stalinienne et, dernièrement, de la Corée du Nord dotée de l'arme nucléaire. Les États-Unis s'engageraient publiquement à ce qu'une menace militaire iranienne visant Israël ou tout autre ami des États-Unis au Moyen-Orient soit traitée comme si elle était dirigée contre les États-Unis eux-mêmes et précipiterait une réponse américaine proportionnée.

Un débat public sérieux sur ces questions pourrait contribuer à générer un consensus national selon lequel un raccourci imprudent vers la guerre – qui n'est actuellement privilégié ni par le peuple américain ni par les israéliens – n'est pas la réponse la plus sage à une crise potentiellement grave. En effet, Meir Dagan, l'ancien chef du Mossad israélien, aurait-il pu avoir raison lorsqu'il a déclaré sans ambages qu'une attaque contre l'Iran est "la chose la plus stupide que j'ai jamais entendue" ? Heureusement, il existe une meilleure option, même si elle n'est pas parfaite.

## Sur les conflits en Asie

Bien que ses tensions soient les plus aiguës, le Moyen-Orient n'est pas le seul point de discorde mondial ; le risque de conflits régionaux existe également en Asie. À long terme, le maintien d'une relation fructueuse entre les États-Unis et la Chine sera encore plus décisif pour prévenir l'escalade des tensions dans la région, même si beaucoup craignent que le duopole américano-chinois émergent ne conduise inévitablement à un conflit. Certes, le bilan historique est sombre. Depuis le début de la politique mondiale il y a 200 ans, quatre longues guerres (dont la guerre froide) ont été menées pour la domination de l'Europe, chacune d'entre elles ayant pu aboutir à l'hégémonie mondiale d'une seule superpuissance.

Pourtant, plusieurs développements au cours des dernières années ont changé la donne. Les armes nucléaires rendent les guerres hégémoniques trop destructrices, rendant ainsi la victoire insignifiante. Les triomphes économiques nationaux unilatéraux ne peuvent être obtenus dans une économie mondiale de plus en plus imbriquée sans précipiter des conséquences désastreuses pour tous. En outre, la population du monde est aujourd'hui largement réveillée politiquement et n'est donc pas si facilement soumise, même par les plus puissants. Enfin et surtout, ni les États-Unis ni la Chine ne sont animés par des idéologies hostiles.

De plus, malgré nos systèmes politiques très différents, nos deux sociétés sont, de différentes manières, ouvertes. Cela aussi compense la pression exercée au sein de chaque société respective en faveur de l'animosité et de l'hostilité. Plus de 100 000 Chinois sont étudiants dans des universités américaines et des milliers de jeunes Américains étudient et travaillent en Chine ou participent à des programmes spéciaux d'études ou de voyage. Contrairement à ce qui se passe dans l'ancienne Union Soviétique, des millions de Chinois se rendent régulièrement à l'étranger. L'année dernière, quelque 1,3 million de visiteurs chinois sont venus aux États-Unis et des millions de jeunes Chinois sont en contact quotidien avec le monde par le biais d'Internet.

Tout cela contraste fortement avec l'auto-isolement sociétal des candidats au pouvoir mondial des XIXe et XXe siècles, qui intensifiait les griefs, accroissant l'hostilité, facilitant la diabolisation des uns et des autres. Néanmoins, nous ne pouvons pas totalement ignorer le fait que l'espoir d'une relation amicale chinoise ces dernières années a été mis à l'épreuve par des polémiques toujours plus antagonistes, notamment dans les médias des deux parties. Cela a été alimenté en partie par les spéculations sur le déclin prétendument inévitable de l'Amérique et sur la montée rapide et implacable de la Chine.

Le pessimisme quant à l'avenir de l'Amérique tend à sous-estimer sa capacité d'auto-renouvellement. Les optimistes exubérants quant à la prééminence inévitable de la Chine sous-estiment le fossé qui sépare encore la Chine de l'Amérique – que ce soit en termes de PIB par habitant ou de capacités technologiques respectives. Paradoxalement, la réussite économique vraiment admirable de la Chine intensifie maintenant le besoin systémique d'ajustements sociaux et politiques complexes pour savoir comment et dans quelle mesure une bureaucratie dirigeante qui se définit elle-même en tant que communiste peut continuer à diriger un système de capitalisme d'État avec une classe moyenne montante qui cherche à obtenir plus de droits.

L'agitation simpliste concernant la menace militaire chinoise potentielle pour l'Amérique ignore les avantages que les États-Unis tirent également de leur situation géostratégique très favorable sur les rives ouvertes des deux grands océans ainsi que de ses alliés transocéaniques de tous les côtés. En revanche, la Chine est géographiquement encerclée par des États qui ne sont pas toujours amis et n'a que très peu d'alliés, voire aucun. Il arrive que certains voisins de la Chine soient tentés par cette situation d'attirer les États-Unis pour soutenir leurs revendications spécifiques ou leurs conflits d'intérêt avec la Chine. Heureusement, certains signes indiquent qu'un consensus se dégage sur le fait que ces menaces ne doivent pas être résolues unilatéralement ou militairement, mais par la négociation. Les médias américains n'ont pas facilité les choses en qualifiant le rééquilibrage relatif de l'administration Obama en faveur de l'Asie de "pivot" (bien que le mot n'ait jamais été utilisé par le président lui-même) avec des connotations militaires. En fait, le regain d'intérêt pour l'Asie ne devait être qu'une réaffirmation constructive de la réalité inchangée selon laquelle les États-Unis sont à la fois une puissance Pacifique et une puissance Atlantique.

Compte tenu de tout cela, la véritable menace qui pèse sur la stabilité des relations entre les États-Unis et la Chine ne découle pas d'intentions hostiles de la part de l'un ou l'autre pays, mais de la possibilité inquiétante qu'une Asie revitalisée puisse glisser dans le genre de ferveur nationaliste qui a précipité l'Europe dans les conflits du XXe siècle pour les ressources, les territoires ou le pouvoir. Les points de discorde potentiels sont nombreux : Corée du Nord contre Corée du Sud, Chine contre Japon, Chine contre Inde, ou Inde contre

Pakistan. Le danger est que si les gouvernements incitent ou autorisent la ferveur nationaliste comme une sorte de soupape de sécurité, le sentiment nationaliste peut devenir incontrôlable.

Dans un tel contexte potentiellement explosif, l'engagement politique et économique des États-Unis en Asie peut être un facteur de stabilisation essentiel. En effet, le rôle actuel de l'Amérique en Asie devrait être analogue à celui de la Grande-Bretagne dans l'Europe du XIXe siècle, en tant qu'influence "offshore" équilibrante sans s'immiscer dans les rivalités de la région et sans tenter d'atteindre une domination sur elle. Pour être efficace, constructif et stratégiquement sensible, l'engagement des États-Unis en Asie ne doit pas se fonder uniquement sur les alliances existantes avec le Japon et la Corée du Sud. L'engagement doit également signifier l'institutionnalisation de la coopération américano-chinoise.

En conséquence, l'Amérique et la Chine devraient délibérément empêcher que leur concurrence économique ne se transforme en hostilité politique. Un engagement mutuel bilatéral et multilatéral – et non une exclusion réciproque – est ce qu'il convient. Par exemple, les États-Unis ne devraient pas rechercher un "partenariat trans-Pacifique" sans la Chine, et la Chine ne devrait pas rechercher un pacte économique régional global sans les États-Unis. L'histoire peut éviter de répéter les conflits calamiteux du XXe siècle si l'Amérique est présente en Asie en tant que stabilisateur – et non en tant que policier en puissance – et si la Chine devient la puissance prééminente, mais non dominatrice, dans la région.

En janvier 2011, le président Obama et le président chinois récemment retraité Hu Jintao se sont rencontrés et ont publié un communiqué détaillant audacieusement les entreprises communes et proposant de construire un partenariat historiquement sans précédent entre l'Amérique et la Chine. Avec la réélection d'Obama en 2012 et l'accession de Xi Jinping à la présidence de la Chine en mars 2013, les deux dirigeants devraient se rencontrer régulièrement pour revalider et redynamiser les relations entre les États-Unis et la Chine. Que cette relation soit vitale et solide ou faible et pleine de suspicion, le monde entier en sera affecté.

## Sur les guerres anonymes

Les tensions au Moyen-Orient ou en Asie ne déterminent pas entièrement les risques actuels pour la stabilité politique mondiale. Les tensions interétatiques ne sont pas nouvelles, et les préoccupations concernant l'Iran et la stabilité en Asie ne sont pas sans précédent historique. Ce qui introduit une dimension unique de menace au XXIe siècle, c'est plutôt la manière dangereuse dont l'évolution de la cybertechnologie, la sophistication des drones et les réseaux terroristes modifient les normes de base au sein desquelles les États eux-mêmes interagissent. Il pourrait en résulter des guerres anonymes sans précédent.

Les deux siècles qui se sont écoulés depuis le Congrès de Vienne ont vu la communauté internationale établir progressivement des "règles du jeu" pour guider les relations interétatiques, même entre des pays peu amicaux. Le postulat de base a été la formule "ne me faites pas ce que vous ne voulez pas que je vous fasse". Cependant, les progrès technologiques signifient qu'aujourd'hui ces règles pourraient être dangereusement remises en cause. Le système international est en danger.

Après l'époque de Metternich, Talleyrand et Castlereagh, des conceptions élaborées se sont développées sur la transition de la paix formelle à la guerre. Il s'agissait d'échanges de diplomates soigneusement scénarisés, de règles sur le traitement des prisonniers de guerre et, finalement, d'une définition partagée des crimes de guerre. Tout cela impliquait l'idée que si la guerre et la paix sont des conditions fondamentalement différentes, elles nécessitent toutes deux des règles de conduite. Plus récemment, l'utilisation d'armes nucléaires a rendu la distinction entre les deux plus dramatique. Le caractère destructeur de ces armes était sans précédent mais, paradoxalement, cela a encouragé un comportement plus prudent de la part des États qui les possédaient. L'existence de ces armes a également créé une nouvelle hiérarchie mondiale avec quelques États nucléaires au sommet et le reste en dessous.

Aujourd'hui, les règles du jeu interétatique se dégradent. Les capacités hautement sophistiquées d'infliger la violence sur des cibles éloignées, ainsi que le terrorisme transfrontalier et étatique, sapent la démarcation claire entre ce qui est permis et ce qui ne l'est pas. Les avancées scientifiques ont également accru la portée potentielle d'actes dont les auteurs peuvent ne pas être facilement identifiés et qui peuvent ne pas être interceptés en temps utile. En effet, la communauté mondiale est témoin d'une dépendance croissante des États à l'égard d'actes de violence dissimulés sans déclaration de guerre. Les dirigeants peuvent désormais utiliser des drones aériens à longue distance pour des frappes mortelles à travers les frontières nationales contre les individus ciblés, tuant parfois aussi des civils.

La diffusion sophistiquée des virus informatiques peut perturber les actifs militaro-industriels des rivaux. Les États peuvent commettre des assassinats non reconnus de dirigeants étrangers et de scientifiques engagés dans le développement d'armes. Ils peuvent soutenir le piratage d'institutions étrangères à des fins de renseignement ainsi que d'entreprises privées pour obtenir des avantages commerciaux. Certains États expérimentent également une cyberguerre plus globale destinée à perturber l'infrastructure opérationnelle des États ciblés, comme dans le cas de l'attaque contre l'Estonie et ses institutions bancaires en 2007. Un État voyou mais technologiquement sophistiqué peut désormais acquérir la capacité de lancer une cyberattaque non mortelle mais paralysante contre le système socio-économique et les institutions publiques les plus importantes d'un pays cible sans que la source de l'attaque soit rapidement identifiable.

Les dangers inhérents à la dégradation du système international déjà vulnérable ne peuvent être surestimés. Le chaos social, avec la peur paralysante entraînée par l'incertitude quant à ses origines, pourrait s'étendre. Cette dégradation n'est pas le produit de l'un ou l'autre État particulièrement menaçant. Elle est plutôt la conséquence de la vulnérabilité croissante du système mondial aux pressions cumulatives : innovation technologique, bouleversements populistes massifs et de plus en plus impatients, et modification de la répartition du pouvoir géopolitique.

Dans ce contexte instable, les États concurrents ont tendance à porter des jugements subjectifs sur leur propre conduite. Il y a là des leçons à tirer de l'avènement de l'ère des armes nucléaires. Après la fin de la Seconde Guerre mondiale en 1945, les États-Unis se sont sagement abstenus d'une attaque préventive contre l'URSS qui aurait exploité son monopole atomique mais qui aurait probablement eu des conséquences monstrueuses. Mais la retenue a inauguré un effort soviétique pour obtenir d'abord l'égalité nucléaire, puis la supériorité. La détermination admirablement cohérente de l'Amérique à empêcher cette dernière, ainsi que probablement aussi la montée d'une Chine dotée de l'arme nucléaire mais de plus en plus anti-soviétique, ont contraint l'Union Soviétique à se contenter finalement d'une parité nucléaire vérifiable.

Une discussion ouverte sur les nouveaux risques actuels pour la stabilité mondiale pourrait encore aider à éviter des catastrophes sans précédent. Les gouvernements responsables qui ont un intérêt dans la stabilité mondiale et la capacité technologique doivent convoquer un processus visant à établir des règles qui empêchent la dérive vers des actes d'agression cachés. En tant que premier innovateur mondial, les États-Unis devraient prendre l'initiative. Mais pour que ce processus soit productif, les États-Unis eux-mêmes – tout en résistant à la tentation de faire aux autres ce que l'Amérique empêche les autres de faire – doivent s'assurer que leurs vulnérabilités ne sont pas facilement exploitées par des adversaires qu'il est difficile d'identifier. Il est étonnant que les États-Unis, qui sont apparemment capables d'utiliser des ordinateurs pour injecter des virus indétectables dans des cibles étrangères sensibles, semblent si vulnérables et si mal informés en ce qui concerne le piratage de leurs propres actifs par des étrangers.

Une dissuasion calme et déterminée – y compris des efforts intensifiés pour identifier les auteurs de manière crédible ainsi qu'une volonté de riposter en nature – doit être le point de départ de nouvelles règles du jeu véritablement réciproques. La nécessité de telles règles devient urgente.

Le vingt-et-unième siècle pourrait bien devenir une ère de prospérité renouvelée pour les valeurs et les peuples d'Amérique. Mais dans chaque cas, la clé du succès est d'éviter une précipitation téméraire vers des solutions simplistes et belliqueuses au détriment de réponses plus sophistiquées, mesurées et fondées sur des principes. En ces temps de plus en plus complexes et interconnectés, les solutions hâtives et unilatérales – souvent imposées à l'Amérique par des intérêts étrangers – ne sont plus conformes à l'esprit et aux réalités de notre nouvelle ère. Le grand défi aujourd'hui n'est pas l'hégémonie, mais la tourmente, et pour faire face à cette dernière, il faut une vision stratégique, des objectifs fermes, et un sens éclairé de nos valeurs.

# Remerciements

L'ÉCRITURE D'UN LIVRE est un processus solitaire, mais un cadre intellectuellement stimulant et agréable peut rendre la tâche beaucoup plus facile. De même, l'assistance d'un personnel professionnel compétent peut fournir un soutien essentiel à la recherche et des suggestions utiles tout en protégeant l'auteur de toute distraction perturbatrice. L'éditeur, en tant que source de la première évaluation externe de la signification et de la clarté du message de l'auteur, peut aider à affiner le manuscrit pour en faire un véritable livre. Enfin, et c'est loin d'être le moins important, un conjoint critique mais sympathique peut être la source vitale à la fois d'une critique directe et d'un encouragement parfois très nécessaire. J'ai eu de la chance à tous ces égards, et j'en suis très reconnaissant.

Le SCRS, superbement dirigé depuis maintenant plus de dix ans par John Hamre, m'a offert d'innombrables possibilités d'affiner ma perspective géopolitique sur les affaires mondiales et sur le rôle de l'Amérique dans ces affaires. De même, le SAIS de l'université Johns Hopkins m'a offert une plate-forme pour un dialogue critique avec sa faculté dirigée par sa doyenne Jessica Einhorn, très dynamique sur le plan intellectuel. On ne pourrait demander une meilleure combinaison. Mon bureau au SCRS – habilement et joyeusement dirigé par Diane Reed – m'a permis de me concentrer sur l'essentiel et donc de me libérer de distractions qui prenaient beaucoup de temps.

Mes deux assistants de recherche très doués et énergiques, Ted Bunzel et Matt King, tous deux recrutés dans le cadre de l'exigeant programme d'affaires internationales de l'université de Yale, ont constitué un terrain d'essai talentueux pour ma "vision stratégique" ainsi qu'un soutien essentiel à la recherche. Plus précisément, Ted, présent lors de la création du livre, a aidé à affiner mon ébauche initiale et à rassembler les données justificatives, en particulier pour la première moitié du livre. Il a également aidé à organiser l'analyse socio-économique critique des perspectives américaines dans la deuxième partie de l'ouvrage. Matt a ensuite pris la relève et, dans la troisième partie, il a transformé avec compétence mon plan initial des sections traitant du Mexique et du patrimoine mondial en de véritables ébauches pour mon examen. Il a fait preuve de créativité en élaborant les cartes et les graphiques de la deuxième partie. Dans les dernières étapes de notre travail, il a joué un rôle vraiment essentiel en m'aidant à resserrer l'ensemble du manuscrit, à affiner son argument central, et aussi à répondre aux nombreuses questions soulevées par l'éditeur. Enfin, il a participé activement aux délibérations concernant le choix du titre de l'ouvrage.

Tim Bartlett, l'éditeur méticuleux de Basic Books, était un critique exigeant. Il a mis en évidence les faiblesses de mon raisonnement, il n'a cessé d'attirer l'attention sur mes répétitions et a ainsi contribué à l'élaboration d'un manuscrit plus maigre et plus ciblé, il a soulevé des questions pointues concernant le cadre historique plus large de l'argument géopolitique du livre, et il s'est engagé de manière constructive dans nos discussions concernant son titre. Nous devons également remercier d'autres personnes de Basic Books pour leur contribution : notamment Michele Jacob, directrice de la publicité, Kay Mariea, directrice des services d'édition, et Paula Cooper, rédactrice en chef. Ils ont tous contribué à améliorer le livre et donc, je l'espère, à en élargir la lecture.

Comme pour tous mes livres, ma femme, Muska, a été la source essentielle d'encouragement personnel. Elle m'a poussé à l'écrire. Elle m'a mis au défi de persévérer. Elle a lu et a impitoyablement disséqué mes premières ébauches. Elle était aussi implacable dans ses critiques constructives que dans son exhortation à faire preuve d'audace pour défendre une vision stratégique plus prometteuse pour demain que la simple continuation de ce qui est aujourd'hui.

# Déjà parus

## POST COVID-2.0
### DÉCONFINEMENT À REBOURS & MUSELIÈRE POUR TOUS

*Éditions Le Retour aux Sources — Jean-Michel Vernochet*

La social-démocratie, matrice toujours féconde, parturiente d'une humanité déchue...

## LA DÉBÂCLE
### GUERRES OLIGARCHIQUES CONTRE LES PEUPLES

*Éditions Le Retour aux Sources — Jean-Michel Vernochet*

Les guerres actuelles sont des conflits de normalisation destinés à fondre les peuples, les identités et les souverainetés, dans le grand chaudron du mondialisme apatride, déraciné et nomade....

## Gauche vs Droite
## LA GUERRE CIVILE FROIDE
### LA THÉOGONIE RÉPUBLICAINE DE ROBESPIERRE À MACRON

*Éditions Le Retour aux Sources — Jean-Michel Vernochet*

La guerre idéologique du XXIème siècle, après avoir opposé capitalisme et collectivisme, fait aujourd'hui se confronter le globalisme, soit la République universelle, aux Nations et aux traditions...

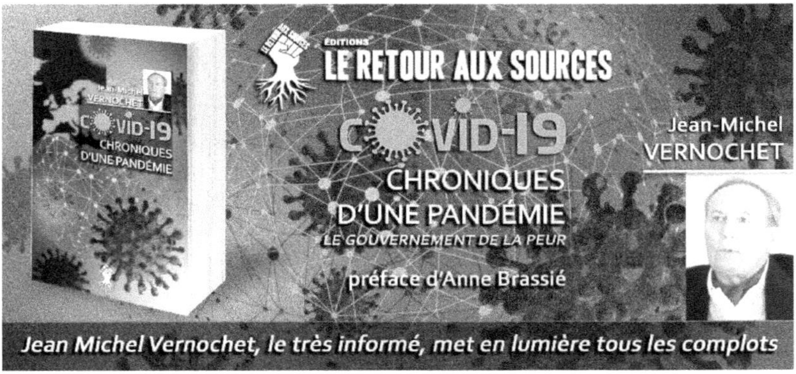
ÉDITIONS
LE RETOUR AUX SOURCES
COVID-19
CHRONIQUES D'UNE PANDÉMIE
LE GOUVERNEMENT DE LA PEUR
préface d'Anne Brassié
Jean-Michel VERNOCHET
Jean Michel Vernochet, le très informé, met en lumière tous les complots

ÉDITIONS
LE RETOUR AUX SOURCES
GILETS JAUNES
LES RACINES DE LA COLÈRE
Vers l'insurrection civile
Jean-Michel VERNOCHET
Le Pays réel habillé de jaune, est en guerre contre un système qui le tue...

L'incroyable histoire de l'engagé volontaire
qui captura à lui seul 1180 prisonniers !

L'imposture du sauveur
1917-1918 / 1941-1945
Un ouvrage passionnant qui balaye de nombreux clichés
et rétablit des vérités historiques méconnues

ÉDITIONS
HISTOIRE DE L'ARMÉE FRANÇAISE
des origines à nos jours
L'armée française a souvent occupé
la première place en Occident
Certains de ses chefs militaires ont marqué le monde par leur génie tactique et stratégique

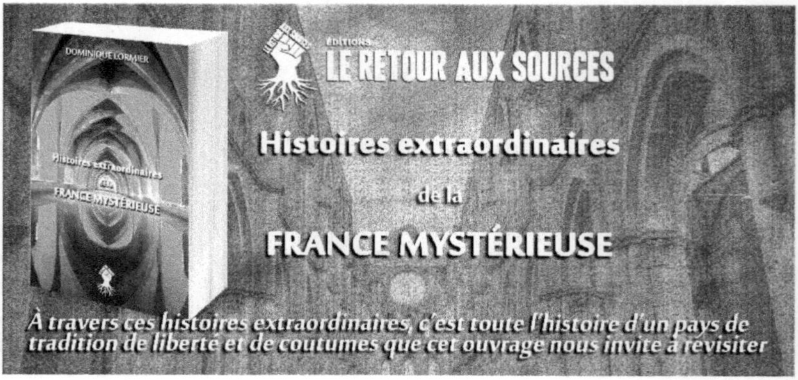
DOMINIQUE LORMIER
ÉDITIONS
LE RETOUR AUX SOURCES
Histoires extraordinaires
de la
FRANCE MYSTÉRIEUSE
À travers ces histoires extraordinaires, c'est toute l'histoire d'un pays de
tradition de liberté et de coutumes que cet ouvrage nous invite à revisiter

ÉDITIONS
LE RETOUR AUX SOURCES
Histoires extraordinaires et mystérieuses de L'HUMANITÉ
DOMINIQUE LORMIER
Ces histoires ahurissantes et fantastiques, retracent les origines des grands mythes

ÉDITIONS
LE RETOUR AUX SOURCES
LES GRANDES AFFAIRES D'ESPIONNAGE en FRANCE de 1958 à nos jours
DOMINIQUE LORMIER
- La fin du conflit algérien
- L'enlèvement de Ben Barka
- Jacques Foccart et l'Afrique
- Le mercenaire Bob Denard
- La bombe atomique française
- La guerre froide
- Le terroriste Carlos
- Le Liban
- Le Rainbow Warrior
- La Libye
- L'éclatement de la Yougoslavie
- Le terrorisme islamiste
- Le retour des espions russes de Poutine
De nombreuses révélations incroyables, venant de personnes de tout premier plan, sont présentées dans cette enquête très documentée

ÉDITIONS
LE RETOUR AUX SOURCES
LES GRANDES BATAILLES de la PREMIÈRE GUERRE MONDIALE
Une vision globale, tactique et stratégique des douze grandes batailles qui marquèrent un tournant dans l'histoire militaire

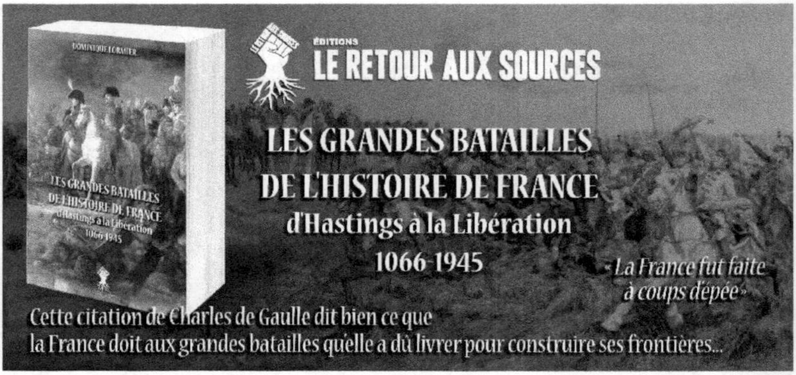
ÉDITIONS
LE RETOUR AUX SOURCES
LES GRANDES BATAILLES
DE L'HISTOIRE DE FRANCE
d'Hastings à la Libération
1066-1945
« La France fut faite
à coups d'épée »
Cette citation de Charles de Gaulle dit bien ce que
la France doit aux grandes batailles qu'elle a dû livrer pour construire ses frontières...

ÉDITIONS
LE RETOUR AUX SOURCES
LES VICTOIRES FRANÇAISES
de 1914 à nos jours
L'auteur démontre clairement que
l'armée française a souvent joué un rôle prépondérant

ÉDITIONS
LE RETOUR AUX SOURCES
MICHEL DRAC
PENSER LE RÉEL POUR SORTIR DU SYSTÈME

ÉDITIONS
LE RETOUR AUX SOURCES
LES MÉTHODES INFAILLIBLES DE CHARLES SANNAT
INVESTIR DANS L'IMMOBILIER
Le patrimoine immobilier tient une place toute particulière dans le cœur des Français

ÉDITIONS
LE RETOUR AUX SOURCES
LES MÉTHODES INFAILLIBLES DE CHARLES SANNAT
MARRE D'ÊTRE PAUVRE / DEVENIR RICHE
Oui, il existe des techniques, des méthodes et des moyens
pour devenir riche et vivre dans l'abondance...
Avoir à nouveau une France forte et conquérante est
largement possible, mais pour cela, et parce que le monde a changé,
les vieilles recettes n'ont plus aucun sens.

ÉDITIONS
LE RETOUR AUX SOURCES
LES MÉTHODES INFAILLIBLES DE CHARLES SANNAT
TROUVER UN TRAVAIL OU EN CHANGER
Imaginez qu'en tournant les pages de ce livre,
vous découvriez un monde totalement inattendu...

PAUL DAUTRANS
LA DIXIÈME PORTE
ÉDITIONS
LE RETOUR AUX SOURCES
PAUL DAUTRANS
LA DIXIÈME PORTE
SI VOUS TRAVAILLEZ EN ENTREPRISE, MÉFIEZ-VOUS DE CE LIVRE...

MAURICE GENDRE & JEF CARNAC
LES NOUVELLES SCANDALEUSES
ÉDITIONS
LE RETOUR AUX SOURCES
MAURICE GENDRE & JEF CARNAC
LES NOUVELLES SCANDALEUSES
LE MONDE DANS LEQUEL VOUS VIVEZ N'EST PAS LE MONDE QUE VOUS PERCEVEZ...

PAUL DAUTRANS
MANUEL DE L'HÉRÉTIQUE
ÉDITIONS
LE RETOUR AUX SOURCES
PAUL DAUTRANS
MANUEL DE L'HÉRÉTIQUE
UN LIVRE QUI METTRA EN COLÈRE ABSOLUMENT TOUS LES CONS

www.leretourauxsources.com

Lightning Source UK Ltd.
Milton Keynes UK
UKHW020700300622
405186UK00009B/501